重载铁路技术创新模式

——30 t 轴重神华重载铁路运输技术创新探索与实践

薛继连　著

中　国　铁　道　出　版　社

2014年·北　京

内 容 简 介

本书是在神华铁路多年技术创新实践探索和"重载铁路技术创新模式"课题研究基础上形成的。全书共分8章,总结回顾了神华铁路围绕技术创新战略主线,制定目标和任务,进行重载铁路成套技术与装备研发的历程,提出了重载铁路技术创新模式,并围绕技术创新模式的主要特征,从需求引领技术创新、企业主导技术创新、平台支撑技术创新、机制驱动技术创新、工程实现技术创新五个方面展开论述。

本书观点新颖,结构系统,内容丰富,数据翔实,具有很强的理论探索性和实践指导性,对我国铁路运输企业及其他资源型企业的技术创新模式选择和技术创新管理具有重要的借鉴和参考价值。

图书在版编目(CIP)数据

重载铁路技术创新模式:30 t轴重神华重载铁路运输技术创新探索与实践/薛继连著. —北京:中国铁道出版社,2014.10
ISBN 978-7-113-19038-5

Ⅰ.①重… Ⅱ.①薛… Ⅲ.①重载铁路-铁路工程-研究-中国
Ⅳ.①U239.4

中国版本图书馆CIP数据核字(2014)第180018号

书　　名: 重载铁路技术创新模式——30 t轴重神华重载铁路运输技术创新探索与实践
作　　者: 薛继连

责任编辑: 傅希刚　**编辑部电话:** (010)51873142　**电子信箱:** 532544186@qq.com
封面设计: 郑春鹏
责任校对: 马　丽
责任印制: 陆　宁　高春晓

出版发行: 中国铁道出版社(100054,北京市西城区右安门西街8号)
网　　址: http://www.tdpress.com
印　　刷: 中国铁道出版社印刷厂
版　　次: 2014年10月第1版　2014年10月第1次印刷
开　　本: 787 mm×1 092 mm　1/16　印张:15.5　插页:1　字数:261千
书　　号: ISBN 978-7-113-19038-5
定　　价: 60.00元

序

重载铁路是大宗货物运输的主要方式，具有运能大、效率高、运输成本低等显著优势，已成为世界货运现代化的重要标志。我国重载铁路从20世纪80年代初起步，在经过技术改造的繁忙干线上开行整编式重载列车的同时，新建重载铁路上开行单元式和组合式重载列车。进入21世纪后，我国铁路大力推进"货运重载化"，取得了一系列技术创新成果，使我国重载铁路技术跻身于世界先进行列。

神华集团是以煤为主，集煤矿、电力、铁路、港口、航运、煤制油、煤化工等多元经营为一体的综合能源企业集团。神华铁路包括包头至神木、神木至朔州、朔州至黄骅港铁路，大同至准格尔、黄骅港至万家码头铁路，以及准格尔至神池、甘其毛都至万水泉铁路等，实现铁路网集疏运一体化，构成了我国西煤东运的大通道，为缓解我国煤炭运输紧张状况发挥了重要作用，为国家经济社会发展作出了突出贡献。

影响重载运输能力的要素，主要有列车运行速度、列车运行密度和列车牵引质量。如果把列车运行速度从80 km/h提高到120 km/h，或者把列车追踪时间由14分钟压缩到10分钟，可增加运能40%～50%。而提高列车牵引质量，采用多机牵引、同步操纵技术及重载配套技术，更可使运能成倍增加。提高重载铁路运输能力是一项系统工程，必须要有顶层设计、整体部署。神华集团制定"大轴重、大牵引质量、高密度"并举发展战略，以重载综合集成创新为主攻方向，先后攻克了基础设施扩能改造、大功率交流传动电力机车、载重100 t级运煤货车、新型移动宽带通信、列车运行控制、运营管理等关键技术和核心装备，建立了既有铁路 30 t 轴重的重载铁路运输技术体系，开创了我国重载铁路运输新途径。

神华集团深知，本企业作为重载技术的“领先用户”，虽然有强大创新动力，但要承担全部探索重任，仅依靠自身力量是远远不够的，必须实行开放创新、协同创新。通过建立“以我为核心、联合多主体”的网络创新组织，完善制度、机制、利益分配和诚信建设体系，有效整合资金、技术、人才、信息等资源，大幅度提高了企业技术创新能力。特别是依托国家“863 计划”、国家科技支撑计划等重点项目，加强前期调研和论证，细化和规范技术创新管理流程，加强过程监管和后评估，确保了技术创新的高质量和高效益。

朔黄铁路公司在神华集团领导下，建立现代企业制度，按照全寿命期管理思想，从项目筹划、投融资、设计施工到开办运营，实行一体化运作，迎来了良好的经济效益和社会效益，创造了具有时代特色的“朔黄模式”。近年来，朔黄铁路大力推进技术创新和管理创新，由政府引导力、市场拉动力、技术推动力及企业家创新力、群众创造力构成企业强大的创新动力，推动持续创新升华，走出了一条依靠内涵扩大再生产的发展新路。以朔黄铁路为代表的神华铁路成为铁路创新驱动发展的典范。这里，企业家的创新理念和开拓精神尤其值得赞赏。

神华集团重载铁路技术创新积累了宝贵经验，其创新模式特色体现在：一是需求引领，从国家战略需求和企业自身实际需求出发，立足于解决运输生产重大问题，使技术创新更具针对性、实用性和前瞻性。二是企业主导，突出神华集团在技术创新中的主体地位和总体责任，该企业既是技术创新需求的主体，也是研发投入的主体；既是科技创新的实验现场，也是科研成果的最终用户，在技术创新发起、过程监管和成果应用等方面发挥主导作用。三是平台支撑，通过整合国内外优势科技资源，搭建产学研用创新平台，建设创新文化，有效支撑重载铁路技术创新。四是机制运行，构建协调、激励和评价等运行机制，保障技术创新主体各负其责、协同合作和动态反馈。五是工程实现，将取得的各项技术创新成果，及时应用于工程实践，形成生产力，研有所用、用有实效，最大程度地发挥了技术创新综合效应。

本书观点新颖，内容翔实，凝练出神华重载铁路技术创新模式，在企业创新需求确立、技术创新过程组织、技术创新平台与运行机制建立、技术创新成果工程化应用等方面，提供了颇有价值的见解，不仅具有理论探索性，而且也有实践指导性。这对我国铁路运输企业及其他资源型企业的技术创新模式选择和技术创新管理具有重要指导意义，对铁路企业乃至其他大型国有企业面临的创新提质、管理增效等问题亦有参考借鉴价值。

孙永福

甲午年中秋于北京

前　　言

重载铁路是世界铁路货物运输的发展方向。重载铁路运输因其运能大、效率高、运输成本低而受到世界各国铁路的广泛重视，已成为大宗货物最为经济有效的运输方式。

增加轴重是提高重载铁路运输能力的主要途径。目前我国主要开行25 t轴重列车，限制了我国铁路货物运输能力的提高。我国铁路特别是既有铁路30 t及以上大轴重重载运输技术尚属空白，技术难度大、涉及面广，需要集中优势力量，立足自主创新和原始创新，攻克轴重30 t及以上重载铁路运输发展的关键技术，研制核心装备，建立适合于我国国情的30 t轴重重载铁路运输技术体系。

神华集团有限责任公司是1995年10月经国务院批准设立的国有独资公司，是以煤炭为基础，集煤矿、电力、铁路、港口、航运、煤制油煤化工一体化发展、产运销一条龙经营，跨地区、跨行业、多元化经营的综合能源企业集团，是中央直管的国有重要骨干企业，是我国规模最大、效益最好、现代化程度最高的煤炭生产企业和世界上最大的煤炭经销商，在国家能源产业和国民经济中占有重要地位。

神华铁路主要以外运神华自产煤为主，并兼顾地方煤炭。神华铁路主要有包神、神朔、朔黄、大准、甘泉铁路等，营业里程共计1 765 km。目前神华铁路主要开行轴重为25 t的万吨列车，神华铁路运量自2008年2.35亿t增加到2013年3.9亿t，保持了每年8%的稳定增长，连续五年实现年运量3 000万t增长。

神华集团长期致力于我国重载铁路技术创新。先后主持开展国家863计划“朔黄重载铁路桥梁和路基检测与强化技术研究”、国家科技支撑计划“轴重30 t以上煤炭运输重载铁路关键技术与核心装备研制”等一大批项目研发，重点围绕重载铁路建设技术、既有重载铁路扩能改造技术、重载铁路运营与维护技术、30 t轴重重载运输关键技术与核心装备等领域开展技术创新，在大功率交流传动电力机车、载重100 t级大轴重货车、重载铁路综合检测车、重载运输新型移动宽带通信系统、重载铁路基础设施强化与维护、重载列车控制、重载铁路信息化等方面取得了一大批高水平科技成果，创立了具有我国自主知识产权的既有铁路30 t及以上轴重重载运输成套技术体系，率先在全国开行轴重30 t重载列车，开辟了我国既有铁路开展30 t轴重重载运输的新途径。

神华铁路技术创新始终坚持以企业为主体、以需求为导向，产学研联合，优势互补，引进国外咨询，开展国际化合作，实现了科学研究与工程实践验证紧密结合。经过多年的探索和实践，构建了以“需求引领、企业主导、平台支撑、机制驱动、工程实现”为主要特征的重载铁路技术创新模式，显著提升了神华重载铁路技术和装备水平，推动了我国铁路重载运输技术进步，为保障国家能源安全做出了较大贡献。

本书是在神华铁路多年技术创新实践探索和“重载铁路技术创新模式”课题研究基础上形成的。全书共分8章，总结回顾了神华铁路以技术创新为主线，制定创新发展目标和任务，致力于重载铁路成套技术与装备研发的发展历程（第1，2章），提出了重载铁路技术创新模式（第3章），并围绕技术创新模式的主要特征，从需求引领技术创新（第4章）、企业主导技术创新（第5章）、平台支撑技术创新（第6章）、机制驱动技术创新（第7章）、工程实现技术创新（第8章）五个方面展开论述，观点新颖，结构系统，内容丰富，数据翔实，具有很强的理论探索性和实践指导性，对我国铁路运输企业及其他资源型企业的技术创新模式选择和技术创新管理具有重要的借鉴和参考价值。

在本书撰写过程中，得到中南大学、神华集团相关部门、朔黄铁路公司、神朔铁路公司等大力支持，中南大学王孟钧、周庆柱、陈辉华、冯芬玲、王青娥、张彦春、张镇森、陆洋、杨亚频、郑俊巍、黄音、崔忠东等参与了研究和资料加工整理工作，神华集团贾晋中、杜彬、李晓建、孟宪洪等参与了研究和资料收集工作，同时，本书参考了国内外许多专家、学者的研究成果，在此一并表示衷心感谢！

本书能在较短时间内公开出版发行，感谢中国铁道出版社的支持和相关同志付出的辛勤劳动！

由于作者水平和时间有限，不妥之处在所难免，敬请各位读者批评指正。

薛继连

2014年6月30日

目　　录

第 1 章　神华重载铁路发展概述 …… 1

1.1　国内外重载铁路发展现状 …… 1

1.1.1　重载铁路界定 …… 1

1.1.2　国际重载铁路发展现状 …… 2

1.1.3　我国重载铁路发展现状 …… 9

1.2　神华重载铁路发展历程 …… 13

1.2.1　艰苦创业阶段 …… 13

1.2.2　提质升级阶段 …… 15

1.2.3　创新发展阶段 …… 16

1.3　神华重载铁路的地位与作用 …… 18

1.3.1　神华重载铁路是我国能源运输的“大动脉” …… 19

1.3.2　神华重载铁路是神华集团的“生命线” …… 20

1.3.3　神华重载铁路是践行绿色发展的重要载体 …… 20

第 2 章　神华重载铁路运输技术研发 …… 22

2.1　神华重载铁路技术创新战略部署 …… 22

2.1.1　总体思路与主线 …… 22

2.1.2　创新目标与任务 …… 25

2.1.3　战略实施保障措施 …… 29

2.2　重载铁路工程建设与既有线加固技术 …… 31

2.2.1　复杂地质条件下高精度综合勘察与选线 …… 31

2.2.2　特殊土条件下重载铁路路基施工 …… 34

2.2.3　复杂地质条件下特长双线隧道综合施工 …… 38

2.2.4　重载铁路桥梁路基检测与强化 …… 42

2.2.5 重载铁路全寿命期环境友好工程 …… 46

2.3 重载铁路机车车辆与控制技术 …… 48

2.3.1 大功率交流传动电力机车 …… 48

2.3.2 载重 100 t 级大轴重货车 …… 53

2.3.3 800 MHz + 400 kHz 机车无线重联控制技术 …… 56

2.3.4 列车风管贯通检测安全保护 …… 58

2.4 重载铁路新型移动通信技术 …… 62

2.4.1 LTE-R 宽带移动通信系统 …… 62

2.4.2 基于 LTE 的无线重联控制系统 …… 64

2.4.3 基于 LTE 的重载铁路移动闭塞系统 …… 69

2.5 重载铁路运营与维护技术 …… 71

2.5.1 轮轨关系及延长钢轨使用寿命研究 …… 72

2.5.2 重载铁路运输综合(仿真)培训系统 …… 74

2.5.3 重载铁路综合检测车研制 …… 78

2.6 重载铁路信息化技术 …… 80

2.6.1 重载铁路企业资源管理系统 …… 80

2.6.2 重载铁路综合运输信息系统(EST) …… 82

2.6.3 重载铁路安全管控系统 …… 84

第 3 章 神华重载铁路技术创新模式构建 …… 88

3.1 重载铁路技术创新模式内涵与特征 …… 88

3.1.1 技术创新模式理论基础 …… 88

3.1.2 重载铁路技术创新模式内涵 …… 90

3.1.3 神华重载铁路技术创新特征 …… 91

3.2 神华重载铁路技术创新模式的提出 …… 94

3.2.1 前期调研 …… 94

3.2.2 质性研究 …… 95

3.2.3 特征模型 …… 99

3.2.4 模型检验 …… 101

3.2.5 研究结果 …… 107

第4章　需求引领技术创新……………………………………………… 109

4.1　需求与技术创新的互动关系 ……………………………………… 109
4.1.1　需求引领技术创新内涵 ……………………………………… 109
4.1.2　需求与技术创新互动关系模型 ……………………………… 110
4.1.3　坚持需求引领技术创新的战略意义 ………………………… 112
4.2　神华重载铁路运输需求分析与预测 ……………………………… 112
4.2.1　我国煤炭生产与铁路运输背景 ……………………………… 113
4.2.2　神华煤炭运量分析 …………………………………………… 115
4.2.3　神华重载铁路运输能力检算 ………………………………… 118
4.3　神华重载铁路运输规划与实施 …………………………………… 121
4.3.1　铁路网规划 …………………………………………………… 122
4.3.2　新建线路及配套铁路 ………………………………………… 123
4.3.3　既有铁路扩能改造 …………………………………………… 128
4.3.4　核心技术与装备研发 ………………………………………… 130

第5章　企业主导技术创新……………………………………………… 135

5.1　领先用户主导的网络组织模式 …………………………………… 135
5.1.1　神华重载铁路技术创新组织结构 …………………………… 136
5.1.2　神华重载铁路技术创新组织特征 …………………………… 137
5.1.3　神华重载铁路技术创新网络的动态变化 …………………… 138
5.2　重载铁路技术创新的发起 ………………………………………… 139
5.2.1　识别需求 ……………………………………………………… 139
5.2.2　把握方向 ……………………………………………………… 140
5.3　重载铁路技术创新的过程管控 …………………………………… 142
5.3.1　建章立制 ……………………………………………………… 142
5.3.2　预算管理 ……………………………………………………… 145
5.3.3　风险监控 ……………………………………………………… 146
5.4　重载铁路技术创新成果管理 ……………………………………… 148
5.4.1　成果验评 ……………………………………………………… 148
5.4.2　成果分配 ……………………………………………………… 150

第 6 章　平台支撑技术创新 …… 154

6.1　重载铁路技术创新平台的内涵及构成 …… 154
6.1.1　重载铁路技术创新平台的内涵 …… 154
6.1.2　重载铁路技术创新平台的特征 …… 155
6.1.3　重载铁路技术创新平台概念模型 …… 157
6.2　重载铁路技术创新平台要素的整合 …… 160
6.2.1　技术要素整合 …… 160
6.2.2　人才要素整合 …… 163
6.2.3　资金要素整合 …… 166
6.2.4　信息要素整合 …… 167
6.3　重载铁路技术创新平台主要形式 …… 168
6.3.1　合作/委托研发 …… 168
6.3.2　专项课题研究 …… 169
6.3.3　合作工程试验 …… 170
6.3.4　产业技术联盟 …… 170
6.3.5　科研工作站 …… 171
6.4　重载铁路技术创新平台支撑作用 …… 171
6.4.1　实现资源整合 …… 172
6.4.2　加强组织协同 …… 172
6.4.3　促进工程应用 …… 173

第 7 章　机制驱动技术创新 …… 175

7.1　重载铁路技术创新机制驱动模型 …… 175
7.2　重载铁路技术创新机制构成 …… 178
7.2.1　激励约束机制 …… 178
7.2.2　协同合作机制 …… 180
7.2.3　评价反馈机制 …… 182
7.3　重载铁路技术创新机制运行 …… 186
7.3.1　文化引导 …… 186
7.3.2　制度保障 …… 189

7.3.3　对标促进 …… 192
7.3.4　执行控制 …… 199

第 8 章　工程实现技术创新 …… 203

8.1　工程实现技术创新概述 …… 203
8.1.1　工程实现技术创新内涵 …… 203
8.1.2　工程实现技术创新的特征 …… 204
8.1.3　工程实现技术创新的过程 …… 205
8.2　重载铁路技术创新的工程实现方式 …… 206
8.2.1　坚持试验先行 …… 207
8.2.2　开展第三方评估 …… 209
8.2.3　加强技术集成 …… 212
8.2.4　重视知识产权管理与保护 …… 214
8.3　神华重载铁路技术创新成效 …… 216
8.3.1　关键技术突破 …… 217
8.3.2　创新成果丰硕 …… 217
8.3.3　综合效益显著 …… 223
8.4　展望：坚持走特色创新之路 …… 225

参考文献 …… 229

第1章 神华重载铁路发展概述

发展重载铁路运输，有利于降低运输成本，提高运输经济效益，对于国家能源安全和环境、资源可持续利用具有重要战略意义。神华重载铁路是我国铁路重载运输体系的重要组成部分，是我国能源运输的“大动脉”，神华集团的“生命线”。把握国际重载铁路发展趋势以及我国重载铁路发展现状，回顾神华重载铁路发展历程，明确神华重载铁路在神华集团乃至我国煤炭运输中的地位和作用，是神华重载铁路技术创新的前提和基础。

1.1 国内外重载铁路发展现状

1.1.1 重载铁路界定

铁路重载运输是在一定的铁路技术装备条件下，采用大功率内燃或电力机车，扩大列车编组长度，提高列车轴重和牵引质量，采用特殊运输和组织方式，使牵引重量和输送能力达到一定标准的运输方式。重载铁路充分发挥铁路集中、大宗、长距离以及全天候的运输优势，以达到增加运输能力、提高运输效率、降低运输成本的目的。

世界各国的铁路由于运营条件、技术装备水平不同，所采用的重载列车形式和组织方式也各有特点，对重载铁路的界定，主要以牵引重量、轴重和年运量为指标。随着世界重载运输的快速发展，重载运输的定义不断更新。国际重载运输协会先后于 1986 年、1994 年和 2005 年三次修订了重载铁路标准，见表 1—1。

表 1—1　国际重载铁路标准定义更新情况表

年代/会议名称	牵引重量	轴重	年运量	备　注
1986 年国际重载运输协会温哥华会议	≥5 000 t	≥21 t	≥2 000 万 t	至少满足牵引重量、轴重和年运量三条中的两条
1994 年国际重载运输协会北京会议	≥5 000 t	≥25 t	≥2 000 万 t	
2005 年国际重载运输协会巴西会议	≥8 000 t	≥27 t	≥4 000 万 t	

按照国际重载运输协会 1986 年 10 月加拿大温哥华会议的定义，重载铁路应满足牵引重量 5 000 t、轴重 21 t、年运量 2 000 万 t 三个条件中的两项。1994 年国际重载运输协会北京会议上又重新对重载运输的定义进行了修订，规定重载运输需满足下列三条标准中的至少两条：经常、定期开行或准备开行总重至少为 5 000 t 的单元列车或组合列车；在长度至少为 150 km 的线路区段上年计费货运量至少达 2 000 万 t；经常、正常开行或准备开行轴重 25 t 以上（含 25 t）的列车。2005 年国际重载运输协会巴西年会上对重载铁路的定义再次作了最新修订，要求至少满足以下三条标准中的两条：重载列车牵引重量至少达到 8 000 t；轴重为 27 t 及以上；在至少 150 km 线路区段上年运量超过 4 000 万 t。

1.1.2　国际重载铁路发展现状

重载铁路运输以其运能大、效率高、成本低、能耗小等独特的技术经济优势在货物运输中发挥着重要作用，高效、节能成为重载铁路技术的发展方向。重载运输发达国家主要通过研制大功率交流传动机车，提高列车牵引质量和运行速度，缩短机车周转时间来提高运输效率。同时，通过改变编组信息（编组辆数、空重车数和牵引总重等）、机车属性（机车的运行阻力和能耗利用效率等）、车辆属性（车辆的自重、基本阻力计算参数和载重等因素）和运行状态（列车在运行过程中的起停，牵引运行、制动、惰行等）等来达到节能目的。这些技术主要包括：高效、节能的大功率交流传动机车研制技术；大轴重、轻量化车辆研制技术和多联车组技术；长大编组重载列车及配套技术；高效的装卸装备研制技术等。

随着重载运输行业的快速发展，重载运输安全形势严峻，以先进技术保证重载运输的安全可靠性已成为各个国家研究的重点，也是重载运输的发展方向。重载运输发达国家主要通过提高载运装备高可靠性、建造可靠耐久的基础设施、采用先进的基础设施养护维修和检测技术以及运用兼备列车运行控制与安全监控功能的列车控制系统来保证重载列车的运行安全。

1. 研制高效、节能的大功率交流传动机车，提高列车牵引动力

交流传动技术的本质特点是牵引电机采用交流异步电动机以代替交直传动中的直流电动机驱动，三相异步牵引电机在相同条件下输出功率高于直流电机，而且牵引力的变化是无极平稳的，启动时可以获得较大黏着力。启动黏着系数可达到 0.43 ~ 0.50、牵引黏着系数可以达到 0.32 ~ 0.39，可以充分发挥大的牵引能力。用 3 台功率都为 3 000 kW 的交流传动内燃机车可以代替 5 台相同功率的直流传动内燃机车来牵引 16 000 t 重载列车。另外，三相异步牵引电机具有维修量小、使用效率高、环境污染小等优点，四象限交流器可以方便地实现牵引与再生能量的转换，为再生制动创造条件。

重载机车交流传动技术最新的发展趋势主要体现在：轻量化三相交流异步电机以提高单位质量功率；采用 IGBT 大功率牵引交流器，其体积和重量比同等容量的 GTO 变流器减少 1/3 ~ 1/2，且具有驱动简单、保护容易、不用缓冲电路、开关速度快等优点，这些优点使得交流传动机车得到普及；采用基于网络（现场总线）的控制系统，将主变控制、辅变控制和微机网络控制统一在一个平台上，并具有智能化故障诊断功能，可靠性高。此外，美国采用了新型微机控制的防滑防空转系统，进一步提高机车的黏着性能。

2. 研制大轴重、轻量化的重载车辆，采用多联车组技术，增加有效载重

（1）大轴重车辆研制技术

国际重载铁路车辆通常采用载重量大、强度高、自重系数小的四轴货车。世界各国重载列车轴重不断增加，如表 1—2 所示。美国重载列车车辆轴重由 30 t 提高到 35.4 t；南非重载铁路列车车辆轴重达 35 t；澳大利亚列车车辆轴重由现在 37.5 t 提高到 40 t；巴西重载列车编组车辆轴重为 30 t。澳大利亚 BHP 靠增加轴重来提高列车载重量，5 年内使运输成本降低 50%。以 1980 年为基准，1999 年北美一级铁路通过增加轴重，生产率提高 171%，货车平均容量提高 15.1%，运行成本下降 65%，运输市场份额由 37.5% 提高到 40.3%。可见，采用大轴重车辆提高重载车辆载重已经成为国内外重载车辆发展趋势。

（2）车体结构轻量化技术

降低车辆自重可以增加载重，同时节约能源，提高效益。美国重载货车 90% 采用了铝合金车体，其成本仅比钢车体增加 1/3，但使用寿命大大延长，而且降低了车辆自重，增加了有效载重，取得了良好的经济效益。

表 1—2　国内外重载铁路代表线路轴重

国　　家	主要重载线路代表	轴重(t)
美国	BNSF,UP,CSX	29.8～35.4
	NS,KCS IC	
加拿大	DP　CN	29.8～35.4
澳大利亚	BHP,FMG	30～40
	QR(昆士兰)	21～25
南非	Orex	35
	Rechard	30～35
巴西	CVRD 卡拉其	29.8,32
	维多利亚	29.8
瑞典	LKAB	30
中国	大秦铁路	25
	朔黄铁路	25～30

(3) 多联车组技术

美国开发的多单元运煤货车组，由 5 辆敞车通过铰接式转向架连接成为一个整体，每两辆车体间用一个铰接式转向架连接，只在每一车组的两端设立独立转向架和端墙，敞车车体之间取消端墙，以充分利用端部的空间，这样可使相同载重的列车长度缩短 30%，在与普通列车长度相同的情况下，这种铰接式多单元列车可提高载重 30%。

3. 采用长大编组列车增加牵引重量，提高运输效率

国外实际运营的重载列车牵引重量一般为 1～3 万 t，美国重载列车编组通常为 108 辆货车，牵引重量为 13 600 t；加拿大典型单元重载列车编组为 124 辆货车，牵引重量为 16 000 t；南非重载列车的牵引重量一般为 20 000 t；澳大利亚纽曼山重载铁路列车的编组通常为 320 辆货车，牵引重量在 37 500 t；巴西维多利亚—米纳斯铁路标准编组列车为 320 辆编组，列车牵引重量 31 000 t。自采用长大编组重载列车及配套技术以来，澳大利亚 BHP 公司劳动生产率逐年提高，成本逐年下降，以 2000 年与 1980 年相比，燃油消耗下降 43%，每百万吨矿石运输所需人力从 30 人减少到 5 人。

4. 研制高效的装卸装备，加快机车车辆周转速度，提高使用效率

高效率的漏斗装煤设备及其他装煤设备(如底开门煤车的传送带装煤机)等可以保证重载列车均衡装煤，缩短装卸周期，从而加快机车车辆周转

速度。目前，世界重载发达国家 1 万 t 重载列车装煤时间普遍在 40～60 分钟，而卸煤采用翻车机设备可 3 车或 4 车同时翻转，不摘钩作业，1 万 t 煤可在 1 小时内卸完。

5. 研制高可靠性的机车车辆关键部件，确保行车安全

（1）采用径向转向架确保重载机车走行部安全

国外重载机车的径向转向架技术日臻成熟。美国 GM-EMD、GE 等公司生产的机车均采用径向转向架。经长期运营表明，美国 GM-EMD 公司生产的 HTCR 径向转向架可以大大地减小轮对与轨道的冲角，有效地降低了轮轨间的横向作用力，减少轮轨磨耗及阻力，提高了运行稳定性，延长了机车车轮寿命。

（2）通过改进或优化转向架部件和结构，降低轮轨磨耗，提高稳定性

由于提高车辆轴重会加剧车轮与钢轨的磨耗，为减少轮轨磨耗，各国都致力于改进重载车辆转向架性能，主要体现在：改进车轮材质，提高车轮耐剥离性能，如美国成功研制一种新合金材质车轮，与传统车轮相比，相同运量条件下车轮踏面的剥离长度减少 59%，深度减少 43%；改进车辆弹簧悬挂系统以减少车辆运行时对轨道的冲击振动，如美国对重载车辆的三大件转向架进行改进并研制出新型转向架悬挂系统：新型转向架在 35.4 t 轴重下，与 30 t 轴重的三大件转向架相比，其曲线区段横向力和阻力降低 50%，直线区段阻力降低 15%，点头、沉浮加速度小于 1.0g，最高运行速度 100 km/h。

（3）采用高强度旋转车钩、高性能缓冲器和牵引杆，减小纵向冲动

开行重载列车的最大隐患是由于列车纵向力过大发生断钩、脱轨事故，这种事故占美国重载列车事故总数的 90% 左右，因此，提高车钩强度及缓冲器的容量性能是保证重载列车安全的重要措施。目前，美国 AAR 标准规定 E 级车钩破坏强度为 9 342 kN，Mark50 型缓冲器容量为 53.8 kJ，行程为 83 mm，能量吸收率为 90%。国外铁路车辆之间还采用牵引杆连接，牵引杆具有质量轻、制造简单、成本低和检修量少的优势，并且消除了车辆间的连接间隙，提高了安全性。

6. 强化轨道结构，满足线路耐久性和平顺性

（1）铺设无缝线路，减小列车运行对线路的作用力

铺设无缝线路是美国、加拿大、澳大利亚、南非等国家提高重载列车运行平稳性，减小其对线路作用力的主要措施。钢轨接头是轨道结构的薄弱部位，与普通线路比较，无缝线路的钢轨接头数量大大减少，从而使得

列车冲击振动少、运行平稳，可满足重载列车轴重和速度的增加对轨道结构的强度、平稳性和平顺性要求。此外，无缝线路养护维修费用低，轨道和机车车辆的使用寿命延长。研究表明，采用无缝线路后因钢轨接头数量大量减少，列车运行阻力约降低6%，钢轨使用寿命延长25%以上，减少线路25%的维修工作量和材料消耗，并减少20%的机车维修费用。

（2）采用可动心轨道岔及其他新型道岔，减少线路道岔区间的动力作用

由于道岔存在平纵断面的几何不平顺，列车通过时会产生附加动力作用，使道岔损坏，影响行车安全。美国、加拿大、南非、澳大利亚、巴西等国家在重载线路上普遍采用可动心轨道岔及新型菱形辙叉，以减少线路道岔区间的动力作用，提高可靠性。根据美国2004年的试验表明，替换原有辙叉的新型菱形辙叉，可使重载列车对线路的动载荷系数从3.0降至1.3，美国采用新型菱形辙叉可节省维修费用1亿美元。目前，各种新型缓冲式轨下垫板也正在普韦布洛FAST环行线上进行试验。

（3）研究开发耐磨、防表面裂纹、防轨内裂纹的新型钢轨，提高钢轨寿命

美国针对重载线路经常出现的钢轨表面裂纹、轨内裂纹进行了大量的研究试验，开发了新HE型钢轨(Hyper Eutectold)，它具有耐磨、抗表面裂纹及轨内裂纹生成的特殊性能。通过现场试验证明，该型钢轨在曲线地段比普通钢轨耐磨性提高38%。俄罗斯研究的巴氏钢轨也取得了良好效果。

（4）研究铝热焊新技术，保证钢轨接头部分强度

无缝钢轨的焊接接头经常发生断裂。法国研发了新型的铝热焊技术设备，可保证接头部分的材质强度比钢轨母体还好。

7. 配备大型养路机械，运用准确可靠的检测技术

（1）配备多元化、多品种、专业化的大型养路机械

重载线路的养护维修是保证重载列车安全运行的基础，世界重载运输发达国家均采用大型养路机械来保证重载线路运营期技术标准的实现，并配备多元化、多品种、专业化的大型养路机械。各种大型养路机械采用全新的技术与工艺，效率和性能更高，包括捣固车、道砟清筛车、线路稳定车、边坡整形车、道岔捣固车、线路大修列车等。普拉塞公司最新型的09-3X型连续走行式三枕捣固车集连续捣固、轨道稳定、道床整形3种功能为一体，作业速度为2 200 m/h，比双枕捣固车效率提高47%；RM900型道砟清筛车具有1 000 m^3/h的道砟处理能力，比RM80型效率提高54%。

（2）运用准确可靠的检测技术确保基础设施的安全性

在轨道检测方面，美国、加拿大、澳大利亚、巴西、南非等国家采用先进的轨检车技术，应用惯性制导系统、矢量化计算方法、自行标定与自检，对轨道的各种几何形状参量、线路不平顺及钢轨断面磨耗进行检测，提高重载线路的安全性和使用效率。基于超声波探伤工作原理，美国开发研制了新型低频涡流钢轨探伤车，探伤速度可达80 km/h以上。

在路基检测方面，美国采用了新型地面探测雷达装置检测路基状态，并将其安装在车辆上，采集的数据可直接对路基横断面图像进行处理，确认道砟囊、软黏土、底砟深度及湿土区等病害，可及时处理路基病害。

在接触网状态检测方面，南非、澳大利亚和巴西等国家采用力测量法原理，通过测量弓网之间的垂直、纵向、横向三维接触力和接触导线相对轨面的高度、拉出值、磨耗等参数，对重载线路牵引供电接触网系统进行状态监测，保证接触网处于正常工作状态。

（3）采用预防性保养维修体制，延长线路使用寿命

美国等重载发达国家更加侧重于预防性保养，南非和澳大利亚的重载铁路均采用预防性维修的管理体制。美国诺福克铁路公司（NS）试验表明，采用预防性打磨比修理性打磨的钢轨年伤损率降低65%。澳大利亚采用预防性钢轨打磨技术，半径小于450 m的曲线区段，每通过8 MGT总重打磨一次，半径大于4 000 m的直线区段，每通过30 MGT总重打磨一次，打磨支出合理费用是1万澳元/km，而钢轨寿命延长50%～58%。巴西MRS采用预防性循环打磨技术，在1 674 km的线路上，节油3%，钢轨寿命延长1倍，断轨率降低45%。南非对道岔采用定期预防性打磨，改善道岔接触应力状态，打磨前接触应力为3 300 MPa，打磨后为2 376 MPa，打磨前横向力为43.86 kN，打磨后为42.54 kN。

8. 采用智能化、网络化、自动化的列车控制技术

（1）采用Locotrol动力分布系统和ECP技术控制列车牵引制动

随着计算机、通信信号和电子等技术的发展，美国GE公司研制的机车无线同步操纵系统（Locotrol）被逐步改进，以满足长大重载列车的运行安全需要。采用Locotrol系统可使得主控机车通过通信系统向中后部机车发布同步牵引和制动命令，实现前、中、后部机车同步参与全列车的车管排风与充风，加快列车的充排风速度，提高制动波传播速度，有利于减轻列车制动纵向力，减小重载列车车钩和缓冲器受力。在重载列车运行的一些特殊

坡段，Locotrol 可以根据需要对机车进行异步操纵，避免车钩受力过大；在弯道上减少列车阻力，减轻轮轨磨耗，降低燃油成本 5% ~6% 。

美国 UP 运煤列车在安装 Locotrol 前，列车载重限制在 8 000 t，而安装 Locotrol 后，在保证车钩力不受限的情况下，载重提至 16 000 t，制动缓解速度提升至普通列车两倍，列车运行更加安全。目前全球超过 12 000 台机车使用了 Locotrol 系统。

ECP 是美国于 1995 年开始研制的重载列车制动新技术，1997 年装车试验并取得成功，1999 年美国 AAR 开始制定 ECP 规范标准。ECP 的主控机车通过网络直接控制车辆的副风缸向制动缸充风制动或制动缸排风缓解，使整列车的车辆同时响应制动、缓解信息。它具有严格的同步性，同时还具有阶段制动和阶段缓解性能，通过有线或无线的方式，同时实现机车动力分散牵引控制。ECP 系统对列车管、电缆或制动软管的意外分离或故障能立即作出正确响应，将故障导向安全。

世界各国采用 ECP 技术取得了良好效果，平均车钩力降低 25% ，断钩事故基本消灭，并消除制动工况下的脱轨，制动距离可缩短 50% ~70% ，消除意外紧急制动现象，车辆平均周转时间至少缩短 9% ，压力空气消耗降低，节能 23% ，车辆维修费用降低，车轮磨耗减少 7% ，闸瓦磨耗减少 27% ，车轮踏面剥离大大减轻，车体疲劳载荷降低。

（2） 利用全方位的重载铁路安全监控技术实时监控列车运行状态

以重载列车网络控制系统为平台，实现快速准确的列车控制、状态监视和故障诊断，提高列车运行的安全性。目前，国外重载机车越来越多地采用先进的列车网络控制系统，借助网络传递重联控制信息，逻辑顺序控制信息，牵引、制动和速度控制信息，并对列车进行状态监视和故障诊断。实践表明，基于计算机网络的列车控制与故障检测技术的运用，不仅可以提高重载列车系统的集成度、可靠性和可维修性，而且可以节省列车连线并减轻重量。具有代表性的列车网络控制系统主要有欧洲和北美两种模式：欧洲模式的列车通信网络速度较高，实时性较强；北美模式可以分为有线列车通信网络和无线列车通信网络，有线车载网络基于 LonWorks 现场总线，基础标准是 IEEE1473 列车通信网络协议。

运用重载机车故障遥测监控技术监测机车故障，提高机车运用安全性。2001 年，美国 GM-Elx4D 公司为重载机车开发了 IntelliTrain 机车故障遥测监控系统。该系统可对每台机车实施全寿命周期服务，大大提高了机车使用效率，降低了成本。2003 年，IntelliTrain 系统在机车上安装使用，两年多的使用证明，该系统可发现机车 80% 的潜在运行故障，比预期的修理期可提早发现故障 7 ~ 21 天，延长了机车使用周期。所有故障的 50% 是在乘务人员从未报告过的情况下发现的，机车的总故障率下降 70% 。

采用集成型路旁安全监测系统，确保车辆关键部件安全。美国研发的集成型路旁安全监测系统采用远程信息服务系统进行管理，系统包括路旁轴承声学探测系统（ABD）、转向架性能监测系统（TDP）、车轮扁疤检测系统（SWD）、车轮冲击载荷测试系统（WILD）、车轮外形检测系统（WPD）、车轮温度测试系统（WTD）、红外轴承温度探测系统（HBD）。路旁轴承声学探测系统采用拾音器采集列车通过的噪声，应用高频共振原理，分辨出轴承的工作状态，其正确判别率达 90% ，可有效防止轴承故障。

1.1.3　我国重载铁路发展现状

我国铁路重载运输起步于 20 世纪 80 年代初，为缓解繁忙干线运输能力紧张状况，以开行组合列车为主。近 10 年来，我国重载铁路运输技术得到了迅速发展，在重载机车技术、重载车辆技术、重载列车控制与制动技术、工务技术、安全监控技术及运输组织管理方面取得突破与创新，重载运输已初具规模，整列式重载列车在繁忙干线普遍开行，单元式重载列车和组合式重载列车在大秦铁路等线路开行，为我国重载铁路技术进步和国民经济快速发展发挥了重要作用。

1. 提高大功率机车可靠性和稳定性

目前，我国已先后研制出 HXD_1、HXD_2、HXD_3 型 3 种型号的大功率电力机车和 HXN_3、HXN_5 型 2 种型号的大功率内燃机车，5 种系列型号衍生出 11 种不同性能产品（HXD_1、HXD_{1B}、HXD_{1C}、HXD_2、HXD_{2B}、HXD_{2C}、HXD_3、HXD_{3B}、HXD_{3C}、HXN_3、HXN_5），如表 1—3 所示。大功率机车已成为我国重载铁路运输通道上的主要牵引机车。

表 1—3　我国重载铁路机车

型号	功率(kW)	应　　用	研　发　单　位
HXD_1	9 600	HXD_1/HXD_2 型电力机车目前全部配属太局湖段，主要作为大秦 2 万 t 重载组合列车牵引动力	株洲电力机车及德国西门子研发
HXD_2	10 000		大同电力机车及法国阿尔斯通研发
HXD_3	7 200(六轴)	主要负责京沪线、京广线等干线货运，并担任某些客运任务	大连机车车辆有限公司和日本东芝公司联合研制
HXN_3	4 660	机车配属沈阳铁路局通辽机务段，担当干线货运列车牵引任务	中国北车集团大连机车车辆有限公司以及美国 EMD 联合制造

续上表

型号	功率(kW)	应　　用	研发单位
HXN_5	4 660	目前配属于哈局哈段,京局怀段(丰),乌局库段,沈局吉段担负货运任务	由美国通用电气研制,透过技术转移的方式,由南车戚墅堰机车车辆厂制造
HXD_{1B}	9 600(六轴)	主要负责京九线等干线货运	南车株洲电力机车有限公司与德国西门子公司联合研制
HXD_{1C}	7 200(六轴)	负责京沪线、京广线等干线货运	南车株洲电力机车研制
HXD_{2B}	9 600(六轴)	HXD_{2B}-0001～0220 上局宁东段,部分上局徐段专用,牵引徐州至云台山的货运	中国北车集团大同电力机车有限责任公司与法国阿尔斯通公司联合研发
HXD_{2C}	7 200(六轴)	负责京沪线、京广线等干线货运	中国北车同车公司自主创新的最新成果
HXD_{3B}	9 600	上局宁东段、京局丰段、京局丰段(石)、沈局苏段担任干线牵引任务	中国北车集团大连机车厂与德国庞巴迪共同制造
HXD_{3C}	7 200(六轴)	已有近 350 台投入使用,担负国内干线的货运任务	中国北车集团大连机车车辆有限公司研发及生产

现阶段，我国已掌握大功率机车研发技术并实现国产化应用，针对大功率机车检修所需的配套设施及技术体系也已基本形成，实现大功率机车检修的规模化和集约化。正在着手进行水冷 IGBT 变流器、电机轴控技术、三相异步牵引电机等研究，攻克上述核心技术瓶颈，提高轮轨黏着系数和持续牵引力，进一步提高机车关键部件可靠性、主辅及控制电路匹配性和机车整体运行稳定性，以提高重载铁路运输效率，并实现节能减排。

2. 研发 30 t 轴重及以上重载车辆

目前，我国已掌握 C_{63}、C_{64}、C_{70}、C_{76}、C_{80} 等 5 种型号的重载专用货车的研制技术，5 种系列型号衍生出 11 种不同性能产品（C_{63}、C_{63A}、C_{64}、C_{70}、C_{70A}、C_{70B}、C_{76}、C_{76H}、C_{80}、C_{80B}、C_{80H}），并已完全实现自主化生产运营，如表 1—4 所示。重载 70 t 级和 80 t 级货车保有量分别超过 90 000 辆和 30 000 辆。轴重 25 t、载重 80 t、运行速度 100 km/h 的 C_{80} 型铝合金运煤专用敞车和 C_{80B} 型不锈钢运煤专用敞车已经成为我国重载铁路运输通道特别是大秦线 2 万 t 重载运输的主型车辆。

与此同时，与我国重载铁路运输 25 t 轴重车辆的研发应用同步，车体结构设计与材料应用、加强型车钩锻造、大容量缓冲器、新兴交叉杆等配套技术也得到了同步发展，逐步形成了较为完善的国产 25 t 轴重车辆研制体系。然而，我国重载车辆轴重和技术储备与重载发达国家相比仍具有较大差距，核心技术瓶颈主要体现在车体结构轻量化、低动力作用转向架以及降低轮轨磨耗等 3 个方面，这也是突破轴重 30 t、载重 100 t 级，运行速度 100 km/h 及以上大轴重货车研发技术的关键所在。

表 1—4　我国重载铁路车辆

<table>
<tr><th>型号</th><th>材　质</th><th>载重</th><th>自重</th><th>总重</th><th>轴重</th><th>时速</th><th>应　用　情　况</th><th>生产厂家</th></tr>
<tr><td>C80</td><td>铝合金</td><td>80 t</td><td>≤20 t</td><td>100 t</td><td rowspan="5">25 t</td><td>100</td><td rowspan="2">大秦线 2 万 t 重载运输专用敞车</td><td rowspan="3">中国北车集团</td></tr>
<tr><td>C80B</td><td>不锈钢</td><td>80 t</td><td>≤20 t</td><td>100 t</td><td>100</td></tr>
<tr><td>C76</td><td>高强钢</td><td>76 t</td><td>22.9 t</td><td>99 t</td><td>100</td><td>标准线上应用,实现重载运输不摘钩连续翻卸作业</td></tr>
<tr><td>C80H</td><td>铝合金</td><td>80 t</td><td>19.4 t</td><td>100 t</td><td>110</td><td>大秦线 2 万 t 重载运输专用敞车</td><td rowspan="2">中国南车集团</td></tr>
<tr><td>C76H</td><td>高强钢</td><td>75 t</td><td>24t</td><td>99 t</td><td>120</td><td>大秦线 2 万 t 重载运输,实现不摘钩连续翻卸作业</td></tr>
<tr><td>C70</td><td rowspan="3">强钢</td><td>70 t</td><td>≤23.8 t</td><td>93.8 t</td><td rowspan="3">23 t</td><td>120</td><td>2005 年大秦线</td><td rowspan="6">中国北车集团</td></tr>
<tr><td>C70A</td><td>70 t</td><td>≤23 t</td><td>93 t</td><td>120</td><td>2006 年神华集团</td></tr>
<tr><td>C70B</td><td>70 t</td><td>≤23.8 t</td><td>93.8 t</td><td>120</td><td>2007 年全路应用</td></tr>
<tr><td>C64</td><td>全钢</td><td rowspan="3">61 t</td><td rowspan="3">22.5 t</td><td rowspan="3">83.5 t</td><td rowspan="3">21 t</td><td rowspan="3">100</td><td rowspan="3">全路应用</td></tr>
<tr><td>C63</td><td rowspan="2">耐候钢</td></tr>
<tr><td>C63A</td></tr>
</table>

3. 基础设施“速密重”强化改造

我国重载铁路线路建造统一采用中活载作为标准活载，线路设计采用 25 t 轴重条件下的桥梁、路基和轨道设施。同时，针对重载铁路线路建造技术开展了深入研究，并形成 25 t 轴重条件下比较完善的技术体系及标准，主要包括：适用于我国重载铁路的线路技术标准、重载铁路路基结构设计及地基处理关键技术、重载铁路桥梁设计技术体系和重载铁路无砟轨道设计关键技术等。但我国重载线路建造过程中以中活载设计的基础设施(桥梁、路基等)仅适应于轴重不超过 30 t 的重载列车，并且既有线路的承重能力提升空间有限，部分基础设施技术标准已不能满足 30 t 及以上轴重条件下长大编组重载列车的开行需求。

根据大秦铁路和朔黄铁路的运输需求，对桥梁、路基和轨道结构等线路基础设施进行了全面的状态评估和强化改造，已满足轴重 25 t、载重 80 t 级、运行速度 100 km/h、牵引质量 20 000 t 的重载运输，并积累了一定的评估和强化技术基础。然而，由于机车和车辆轴重的提高，重载列车牵引质量、长度和运行速度的增加，导致重载线路荷载压力的大幅度提升，使得在大轴重、高密度的运营条件下，我国重载铁路轨道和结构状态及破坏特性较一般传统线路的区别十分明显。因此，亟需根据我国重载铁路的运营条件、路桥轨结构特点和线路变化规律，研究和突破适应于轴重 30 t 及以上的既有重载铁路基础设施强化关键技术。

4. 构建综合集成的无线通信系统平台

我国 GSM-R 无线通信系统不仅实现了无线列调、平面调车无线通信和区间移动通信等语音通信功能，同时，还承担了车次号、尾部风压和道口无线预(报)警等数据的无线传输任务。大秦铁路基于铁路综合数字移动通信系统(GSM-R)平台，成功推广运用了 Locotrol 技术，解决了机车间通信距离受限的关键问题，通信信号技术已满足了机车同步操纵和语音传输等业务需求。但由于既有 GSM-R 网络早期规划时主要针对语音传输等简单业务需要，传输速率低、带宽窄、覆盖范围小，难以完全满足重载铁路集列车同步、移动闭塞、行车调度和安全监控等多种业务为一体的综合无线通信需求。因此，需要构建高可靠性、高安全性、大容量、高速率、快速接入的车地间安全监控、调度指挥和行车信息传输的综合移动通信系统。

5. TDCS 自动化管理和实时监测

我国重载铁路已形成了由铁路总公司、铁路局和车站等三层网络结构组成的列车调度指挥系统(TDCS)，此系统能够很好地覆盖全路的现代化铁路运输。TDCS 的应用，大大减轻了行车调度员和车站值班员的劳动强度，在实现透明指挥、提高效率、保证安全等方面发挥了重要作用。此外，以 TDCS 为平台研发出分散自律集中系统(CTC)，并于 2007 年在大秦铁路投入使用。CTC 是在 TDCS 的基础上，组建分散自律、智能化、高安全、高可靠的新一代调度集中系统，解决了列车作业与调车作业的冲突，实现列车与调车作业的统一控制，满足了重载运输列车高密度运行和复杂多变情况的要求。目前，我国的 CTC 调度集中系统主要侧重于实现行车控制的智能化，正在向重载铁路的网络化安全监控和综合运输业务自动化管理方面发展。

6. 研究列车在途安全状态实时监测技术

我国已完善并推广了机车和车辆故障检测诊断系统、对固定设施进行多层次多方位检测的技术和装备、机车车辆安全运行的地面检测系统，形成了分散检测、集中报警、网络监控、信息共享的安全监控体系，以保障重载列车提速和运行安全。但是，大秦铁路开行的 2 万 t 重载列车，采用的是美国 Locotrol 系统的同步操控方式运行重载组合列车，不仅在动力同步控制、牵引、网络、制动等核心技术知识产权为外方所有，而且“同步操控方式”不能完全满足在多坡道和多弯道上列车纵向力控制，以及组合式和混编式重载列车的运行状态控制，仍然存在列车纵向力控制难度大、车钩受力大等安全隐患。因此，需要研究和突破列车在途安全状态实时检测技术。

综上所述，我国重载铁路技术取得了显著的成就，在年运量、牵引质量等技术指标已居世界前列，但由于我国重载铁路技术研究起步相对较晚，在轴重和养护维修技术方面与国外先进水平还存在较大差距，轴重还未达到国际重载标准 27 t，重载铁路轨道结构状态长期检测、轨道状态评估、线路维修对策、轨道结构强化措施等方面相对滞后。因此，我国重载铁路轴重有较大提升空间，轴重是衡量铁路重载运输的重要指标之一，提高轴重是提高运输效率的重要措施，增大轴重将是我国重载铁路发展的重要方向。2013 年，我国《铁路主要技术政策》已将既有线重载轴重目标值定为 27 t，新建重载铁路轴重不小于 30 t。近年来，我国加大重载铁路运输技术研究力度，特别是 30 t 及以上轴重重载铁路运输成套技术研发，借鉴世界发达国家重载运输发展的经验和先进技术，形成了重载铁路技术研发主线和重点突破方向，为实现我国重载铁路运输的可持续发展打下良好基础。

1.2 神华重载铁路发展历程

神华集团有限责任公司(简称神华集团)起源于 1985 年开发建设的神华工程，是 1995 年 10 月经国务院批准设立的国有独资公司，是以煤炭为基础，集煤矿、电力、铁路、港口、航运、煤制油煤化工一体化开发为一体，跨地区、跨行业、多元化经营的综合能源企业集团。神华集团为扭转运输紧张的被动局面，瞄准世界铁路科技发展前沿，学习和借鉴国外经验，根据神华重载铁路特点和实际需要，在货物运输方面以重载运输作为主攻方向，以研究和开行不同类型的重载列车运输方式作为铁路扩能、提效的重要手段，神华重载铁路得到了快速发展。截至 2014 年上半年，神华集团投入运营的铁路包括包神铁路、神朔铁路、朔黄铁路、大准铁路、甘泉铁路等，在建或已批复建设的铁路包括准池铁路、黄大铁路、巴准铁路、塔韩铁路等。三十年来，神华重载铁路从无到有、由弱到强，经历了艰苦创业、提质升级和创新发展等三个阶段。

1.2.1 艰苦创业阶段

1986 年至 2005 年是神华重载铁路的艰苦创业阶段，以包神铁路开工建设为起点，以朔黄铁路通过国家验收为终点。该阶段的重要特征是由外部环境推动和运输需求拉动铁路发展，铁路发展服从煤炭产业发展的需要。该阶段神华重载铁路在运输需求的引领下，积极响应国家战略，体现了能源央企的社会责任，在艰难的自然条件和复杂的宏观环境中，相继建成了包神铁路、神朔铁路、大准铁路和朔黄铁路，形成了神华铁路网的基本骨架，奠定了神华重载铁路发展的坚实基础。

1985 年，党和国家做出了能源发展战略西移的重大部署，开发建设神府东胜煤田，以保证能源持续发展，缓解我国煤炭供应紧缺局面。由于神府东胜煤田远离海岸线，交通不便，煤炭运输受到严重制约，解决煤炭运输成为当务之急。因此，为加快铁路发展，开始鼓励地方政府或企业合资建设铁路。当年国务院批准神府东胜煤田项目包括煤矿、铁路、公路、电力、水源、通信等主体工程建设，由华能精煤公司统一规划，统一安排实施，为煤田开发创造良好的投资环境。

1986 年，华能精煤公司和内蒙古自治区及陕西省集资合建包神铁路，解决矿区北线的煤炭运输，同时着手进行矿区至港口东线铁路方案研究工作，逐步形成了完整的总体规划框架，拉开了神华重载铁路发展的序幕。包神铁路 1986 年开工建设，1989 年开通运营，第一列运煤专列经京包线运往秦皇岛，实现神东煤炭铁路直接装车外运。

1988 年，随着神府东胜矿区开发规模的扩大，仅靠包神铁路北运的煤炭外运通道难以满足神华集团的煤炭运输要求，1988 年开始修建神朔铁路，1996 年开通试运营，达到了利用北同蒲、大秦线的富余能力，将神府东胜地区煤炭部分外运的目的。此后，包神铁路于 2000 年电气化改造开通运营，2002 年神朔铁路复线工程开工，2004 年全部建成，并完成全线自动闭塞改造工程，2005 年开通运行。

1990 年大准电气化铁路开工，1996 年铺架贯通，1997 年全线投入临管运营，并开通电气化牵引运行，1999 年通过国家验收，正式投入运营。

1995 年神华集团有限责任公司成立后，随着煤炭产量急剧扩大，经大秦线的北路外运通道能力不足。针对神东矿区煤炭，运输瓶颈制约严重的实际情况，神华集团提出了建设产运销一体化体系的战略决策，并加快了朔黄铁路和黄骅港西煤东运新通道的建设速度。朔黄铁路西起山西省神池县神池南站，东至河北省黄骅市黄骅港站，正线总长 594 km，横跨山西、河北两省的 5 个地区（市）、22 个县（市），与大秦、北同蒲、京沪、京广、京九等重大干线接轨，属国家 Ⅰ 级干线，双线电气化铁路，与神朔铁路连接而形成了全长约 820 km 的铁路西煤东运第二大通道。朔黄线于 1997 年 11 月 25 日开工兴建，2000 年 5 月 18 日建成通车。朔黄铁路修建和运营初期，由一个以煤炭生产为主的企业负责建设、管理与运营，在技术、人才、经验等方面都严重不足，而且还受到政策等外部发展环境的制约。朔黄铁路公司在神华集团的带领下，克服了投融资体制机制、多目标决策、建设施工和运营管理等多方面难题，探索出了合资铁路建设与管理的“朔黄模式”。朔黄铁路开通当年完成运量 524 万 t，随后运量逐年大幅增长。

2002 年后，神华集团根据企业发展规划和神华煤炭外运需要，确立“源于国铁，优于国铁”的基本发展思路，采取网运分离、机车混跑的方式。包神铁路实现内燃换蒸汽的机车动力换型。2004 年，神朔铁路年运量超亿吨，成为中国继大秦线后第二条年运量突破亿吨的铁路运煤专线。同年，朔黄铁路双线电气化全线开通，2005 年通过国家验收。

神华集团还相继启动了黄万铁路、巴准铁路、大准铁路复线工程以及神朔铁路和朔黄铁路的扩能改造。截至 2004 年底，神华集团投入运营的铁路包括包神、神朔、朔黄和大准等线路，线路总长度为 1 293 km。神华集团的路港发展不仅有力地支持了神府东胜煤田的开发和煤炭外运，而且在促进地区的物资流通和经济发展方面也发挥了重要的作用。

1.2.2 提质升级阶段

2006 年至 2009 年，是神华重载铁路的提质升级阶段，是神华重载铁路加快改革和发展的关键时期。该阶段神华集团相继启动神朔和朔黄铁路万吨级列车扩能改造工程；同时，黄万铁路建成开通，大准铁路复线工程、巴准铁路开工建设，黄大铁路、准池铁路前期工作进展顺利。该阶段的重要特征是外部需求与企业战略推动铁路网建设和发展，铁路网集疏运一体化的战略部署得到贯彻，铁路网得到进一步完善，神朔铁路、朔黄铁路的扩能改造和新线建设作为神华集团战略目标的有机组成部分和实现手段有机地推进，朔黄、神朔等干线铁路的运输能力得到大大地提升。

黄万铁路于 2006 年 10 月 8 日开通，12 月 15 日与天津南疆港区进港铁路联通。黄万铁路近期运输能力达到了 4 200 万 t，为神华煤炭开辟了下水便捷新通道，随着运输形式的发展，其扩能改造工程初步规划已经形成。

从 2005 年朔黄线通过国家验收开始，神华集团积极实施扩能技术改造，先后投资 6.1 亿元对神池南、肃宁北、黄骅港站进行了站改，投资 6.63 亿元将朔黄铁路神池南至黄骅港全线 544.1 km 上行正线全部换铺成 75 kg/m 重型钢轨无缝线路，使朔黄线的通过能力由6800万t提高到1.7亿t，为朔黄铁路每年运量增长上千万吨提供了基础保障。

为进一步缓解我国煤电“瓶颈”制约问题，2008年朔黄铁路启动了第二轮扩能改造工程，以达到年运量3.5亿t以上的条件，将工程建设、企业效益与国家需要有机结合起来。2008年，朔黄铁路先后进行8次万吨重载列车牵引试验。2009年，对沿线13个车站（神池南、宁武西、龙宫、原平南、东冶、小觉、西柏坡、三汲、定州西、肃宁北、沧州西、黄骅南、黄骅港）进行改造，以开行2万t重载组合列车为主，辅以万吨列车和小列（5000t）的开行。2009年，神朔、朔黄铁路公司自主开发“机车重载无线同步操纵控制系统”，填补了国内空白；2009年，神华重载铁路首列万吨列车试验开行成功，当年神华重载铁路实现运输周转量1382亿t·km。

在国家正式实施《中长期铁路网规划》，铁路建设大规模展开，铁路投融资体制改革不断深化的背景下，神华集团积极开展铁路新线建设。按照神华集团《“十一五”规划和2020年远景目标》的部署，积极推进“北上南下”战略，打通北与天津万家码头、南与山东大莱龙铁路大家洼站间的铁路运输通道，推动形成以朔黄线为东西干线，黄万、黄大线南北纵贯环渤海经济区，“一路连多港”的“鱼刺形”铁路布局。完善环渤海地区出海口的布局和与大通道联络线的修建，规划和建设西部煤炭生产基地的铁路集疏运系统。此外，随着“西煤东运”和“北煤南运”的形势变化，神华集团主动出击，加快集团路港资源和临近合资铁路的整合发展，不断壮大路网规模，提升运输资源利用效率。

1.2.3 创新发展阶段

2010年至今是神华重载铁路创新发展阶段。随着神华集团各煤炭基地建设步伐的加快和矿区开采规模的扩大，神华煤炭产量的逐年上升，同时将建成配套的疏运港口，铁路运能越来越成为制约神华集团发展的关键环节，通过多种技术途径扩大神华铁路运输能力十分紧迫。

提高重载铁路运输能力可采用增建新线、增加列车行车密度、牵引质量和加大轴重等主要技术措施来实现。但是，增建新线不仅投资大、建设周期长、见效慢，而且占用大量土地资源、破坏环境、征地难度大；单纯依靠增加行车密度，运输能力提高有限，难以实现线路扩能目标，同时，行车密度的增加、间隔时间缩短，加大了调度指挥和行车作业工作量，不利于行车安全。而通过既有铁路扩能改造，在既有线基础设施强化改造基础上，采取增加车辆轴重，提高牵引质量，开行 2 万 t 及以上重载列车，使既有线运能在较短时间内获得大幅度提升，总体投资规模小，建成投产速度快。

随着神华重载铁路扩能改造工程的陆续推进，神华集团越来越认识到技术创新对重载铁路乃至企业发展的重要支撑和推动作用，同时，企业战略目标的实现必须通过多种技术创新渠道系统推进才能实现。因此，必须加强技术创新的针对性和系统性，大力推进重载铁路技术系统化创新，注重形成铁路重载运输技术及装备体系，以创新驱动神华重载铁路跨越式发展。

2010 年，朔黄铁路公司与中南大学、铁三院等相关院校、科研院所横向联合，开展国家高技术研究发展（863）计划“重载铁路桥梁和路基检测与强化技术研究”；对“大轴重载单元列车技术研究”进行了评审鉴定；委托美国铁路技术中心（TTCI）对朔黄线进行现场考察、综合评估。2010 年，在设备维修方面实现了大型机械化养路；工务、供电、电务设备维修实施“立体养护”新思路，以及“四电”等所有设备全面养护的理念，并实现了“动态监测、状态检修”，实现全面提高维修水平的规划目标；在信号方面实现了车站微机联锁的逐步改造，朔黄线全部实行微机连锁。2010 年 9 月，新建巴准铁路复线、黄骅港三期工程取得国家发改委批准，逐渐实现 3.5 亿 t 扩能的集疏运系统。2010 年 12 月，大准至朔黄铁路联线项目（准池铁路）获批，设计年运输能力为 2 亿 t 级，是朔黄铁路上游第二条煤源集运通路。

2011 年，朔黄铁路综合运输系统（EST）开通运行，集成了 30 多个应用系统，是目前国内最先进的铁路运输信息系统。同时，朔黄铁路全线 40 个车站开通了“CTC”（分散自律调度集中系统），试运行成功，顺利转入正常运行，使朔黄铁路调度指挥实现了远程操控列车智能辅助指挥的目标。“朔黄重载铁路轮轨关系及延长钢轨使用寿命”研究课题成功通过成果评审和项目验收，其科技成果在国内重载铁路领域具有开创性和借鉴意义，并且实际应用初显成效。夏普、GE 联手打造朔黄铁路调度指挥中心视频会议系统，完成用于指挥中心的应急指挥及视频会议工程。2011 年 4 月，召开了“新建铁路黄大线初步设计”评审会；2011 年 8 月，新建铁路黄大线可行性研究方案和黄大线项目核准申请报告通过内部审核。2011 年 12 月，神华准池铁路有限责任公司成立。2011 年，朔黄铁路连续第六年实现年运量突破亿吨，比 2010 年提前 23 天突破亿吨，较 2006 年首次突破亿吨提前 126

天，有效缓解了神华铁路机力紧张的局面。3.5 亿 t 朔黄铁路扩能改造工程“四站一场”提前完成通车，扩能改造带动了多项技术取得突破，创造了多项全国第一。

2012 年，朔黄铁路增加万吨列车开行对数，各联合运输单位采用购置新车和旧车改造等方法进行万吨列车改造。“六站一场”顺利开通，朔黄铁路 3.5 亿 t 以上扩能改造主体工程全面完工。机车综合通信设备首次线上试验取得成功，以一部终端实现无线列调、机车内重联电话、组合列车多机车之间通话、列尾风压传送等功能。朔黄铁路万吨列车操纵控制单元程序(OCE)全部成功升级。机车重联方式得到拓展，同步操纵技术得到升级，可兼容上行“1+1”模式和下行“2+0”模式，达到了“灵活组合、高效使用”的目的。2012 年 10 月，朔黄铁路公司召开 TD-LTE 项目车载设备安装方案协调会，讨论 TD-LTE 系统试验期间车载设备的安装方案。11 月，成功完成世界首例 2 万 t 列车新型无线宽带通信系统(LTE-R)业务功能试验，是国内外 4G 无线网技术应用于重载铁路行业的重大技术创新。12 月，编组 C_{80} 车辆 216 辆、总重 21 600 t、列车总长为 2 720 m 的神华 2 万 t 重载试验列车成功开行，完成了 2 万 t 站线扩能改造。

截至 2012 年底，神华集团拥有包神铁路、神朔铁路、朔黄铁路、大准铁路、黄万铁路等自营铁路干线，运营里程 1 470.33 km。在建巴准铁路和甘泉铁路，里程 495 km。准池铁路、新海铁路、塔韩铁路、榆神矿区联络线、神黄铁路三四线、黄大铁路等新建项目进行前期工作。同时，神宝公司、胜利能源公司、神东煤炭集团公司、神宁集团公司、新疆能源公司建有矿区专用铁路，构建矿区与铁路运输通道的铁路运输网络，如图 1—1 所示。到 2015 年末，神华集团铁路运营里程将达到 3 380 km；神朔铁路运输能力提升至 2.2 亿 t；朔黄铁路运输能力达到 3.5 亿 t 以上；大准铁路复线改造后运输能力达到 2 亿 t 以上。神华重载铁路的发展不仅有力地支持了神府东胜煤田的开发和煤炭外运，而且在促进地区的物资流通和经济发展方面也发挥了重要的作用。

1.3 神华重载铁路的地位与作用

神华重载铁路投入运行以来，运量持续快速增长，收入和利润大幅增加，取得了良好的经济和社会效益，在神华集团乃至我国煤炭运输中发挥重要作用，体现出重要的战略价值。

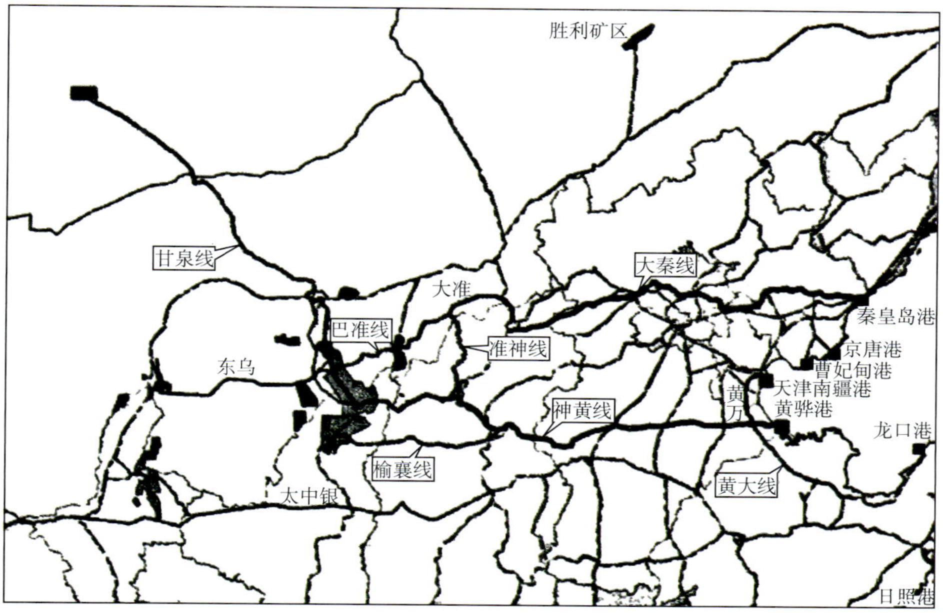

图 1—1　神华重载铁路网络示意图

1.3.1　神华重载铁路是我国能源运输的“大动脉”

神华重载铁路是解决神华煤炭外运的一条专用通道，也是国家西煤东运第二大通道，为保障国家能源安全作出了重要贡献。我国一次能源结构基本特点是“富煤、贫油、少气”，煤炭是我国战略上最安全可靠的能源。随着能源需求快速增长，我国“以煤为主”的能源生产和消费结构短期内将难以扭转，煤炭承担着保障我国能源供应的主要责任。我国煤炭资源分布具有明显的“西多东少、北富南贫”特征，煤炭市场供需分布极不均衡，煤炭资源主要集中在中西部地区，而东南沿海和中南部等煤炭主要消费地区长期处于煤炭供应短缺状态，具有明显的“生产地与消费地逆向分布”特征，“西煤东运”和“北煤南运”的局面在较长时期内不会改变。长期以来我国铁路运输能力一直处于紧张状态，导致一部分煤矿受煤炭运输环节的制约，产能不能完全发挥。全国煤炭的运输需求十分迫切，煤炭运输压力巨大。

神华重载铁路连接陕西、内蒙古西部和山西大型煤炭基地与渤海出海口，对保证华东和华南地区的能源供给以及扩大煤炭出口具有重要意义。而且，神华重载铁路网的运营提高了煤炭运输的机动性，避免了过于集中于大秦一条重载线路所带来的运输风险，有助于提高能源运输安全保障能力。

1.3.2 神华重载铁路是神华集团的“生命线”

铁路业务在神华“一体化”产业格局中占据着十分重要的战略地位。“有路才神”，铁路是神华集团自产煤炭运输的经济命脉，避免了国内大多数煤炭企业“以运定产”生产经营方式的制约。铁路是神华集团矿、路、电、港、煤制油和煤化工一体化开发独特竞争优势的核心环节。对神华集团而言，铁路的“旁侧效应”十分明显，有助于实现集团内的产业协同、与地方的“包容式”发展以及“项目换资源”等；同时，铁路也能够产生较好的财务效益，是富有潜力的业务增长极。朔黄铁路是神华铁路的重要成员，朔黄铁路对实现集团战略目标的贡献也是全方位的，既是体现科学发展与和谐共赢的重要方面，也是支持经济总量翻番的业务新增长点和运输通道的战略支撑。

铁路投资巨大，资产专用性强，沉淀成本大，因此，铁路属于强自然垄断行业，铁路路权具有排他性。目前我国铁路运输瓶颈制约明显，尤其是煤炭运输能力严重不足，煤炭运输通道具有很大的战略价值。神华重载铁路是神华集团自产煤炭运输的经济命脉，增强了神华煤炭销量的调控空间。神华铁路的存在使得集团能够在现有环境下摆脱铁路运输瓶颈制约，充分保障神华煤炭向沿海需求集中地区的运输，有助于稳定客户和延伸产业链，也有助于降低综合运输成本和提高神华煤炭的竞争力。同时，神华重载铁路不仅仅是神华煤炭专用线，也是能够产生较大经济价值的业务新增长点。从神华集团营业收入与利润结构看，2012 年铁路板块营业收入为 270.4 亿元，占总收入的 8%；铁路板块营业利润为 109.9 亿元，占总利润的 14%。这一方面表明神华铁路对神华煤炭运输的重要贡献；另一方面，也充分表明了神华铁路在第三方运输方面存在巨大的增长潜力，是支撑神华集团经济总量翻番的重要业务增长极。

1.3.3 神华重载铁路是践行绿色发展的重要载体

神华重载铁路作为我国线路最长、运量最大、等级最高的货运合资铁路，为缓解铁路运输紧张状况，降低运输成本发挥了积极作用。重载铁路在资源和环境方面的可持续发展优势在国际上得到了共识，被认为是最适于可持续发展的“绿色交通工具”。有关数据显示，铁路在节约土地、节约能源、保护环境等方面具有明显优势：在土地占用方面，完成单位运输量所占用的土地面积，铁路仅为公路的 1/10 左右；在能源利用方面，铁路占用交通行业不足 1/6 的能源消耗，但完成了全社会 1/2 的工作量；在保护环境方面，铁路在各种运输方式中的排放是最少的，尤其电气化铁路被公认为是清洁、环保型交通工具。发展铁路运输方式是减少资源占用的有效方略。重载铁路能够有效的释放铁路运能，提高货物运输效率，是国际铁路货物运输的发展趋势。

大力发展重载铁路，既是神华集团不断突破自身运输瓶颈谋求长远发展的关键所在，也是积极响应国家创建资源集约型、环境友好型社会的号召，实现资源和环境可持续发展的必然选择。神华集团把加强节能减排作为集团贯彻落实科学发展观和履行社会责任的重要任务。重载运输板块对集团节能减排具有十分重要的贡献和作用，是神华集团践行绿色发展的重要载体。神华重载铁路从运营之初，就致力于改善运营环境与现代化生产条件，在重载列车减震、降噪、减少粉尘污染、降低电磁辐射影响、控制大气污染等方面进行改造；致力于开发铁路运输节能降耗技术，包括新能源、可再生能源和资源回收再生利用等技术的研发。

第2章 神华重载铁路运输技术研发

随着神华集团快速发展，为缓解神华煤炭运输压力，保障国家能源安全，神华集团借鉴国内、外重载铁路经验，精心进行战略部署，致力于30 t轴重重载运输成套技术研发，以快速提升神华铁路运输能力和重载运输技术装备水平。

2.1 神华重载铁路技术创新战略部署

回顾神华重载铁路发展历程可以发现，神华重载铁路技术创新是在神华集团的系统规划和统一部署下，在国家重大需求与企业发展战略的宏观背景下，技术创新需求与技术创新能力交互作用的过程，技术创新战略框图如图2—1所示。国家重大需求和企业发展战略是神华重载铁路技术创新的拉动因素，直接决定技术创新具体过程中各个环节的方向和性质。神华集团为满足国家重大能源需求和自身发展需求，按照创新驱动发展的战略要求，提出重载铁路技术创新战略，包括创新总体思路、创新目标、战略主线、主要任务和保障措施。通过构建重载铁路技术创新平台，为技术创新提供基础平台和支撑保障，通过创新资源的投入，加强组织建设和制度建设，形成组织协同、资源整合的技术创新体系，以提升技术创新能力，保障重载铁路技术创新活动顺利进行。

2.1.1 总体思路与主线

1. 总体思路

神华集团在科技发展战略统领下，实施“大轴重、大牵引质量、高密

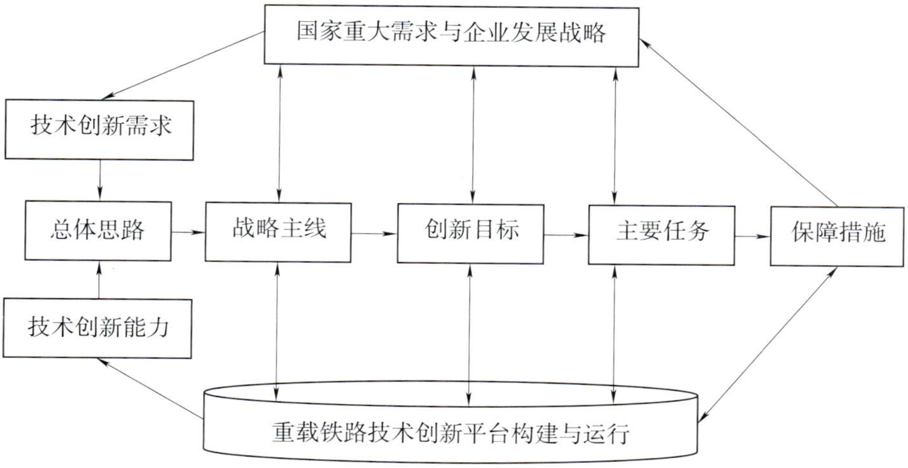

图 2—1　神华重载铁路技术创新战略框图

度”并举战略，围绕既有重载铁路开行大轴重重载列车的目标，按照“系统规划、工程依托、同步实施、国际合作”的原则，以重载铁路运输综合集成系统创新为主攻方向，突出重载铁路工程建设与既有线改造、重载机车车辆与控制、重载新型移动通信技术、重载铁路运营与维护和重载铁路信息化等成套技术，掌握具有自主知识产权的关键技术，以构建产学研结合的创新平台为基础，完善创新机制，形成可持续创新体系，开展科研、试验、技术改造和工程实践工作。神华重载铁路技术创新的总体思路为：

（1）立足需求

从自身实际需求出发，立足于解决生产经营活动中的重大技术问题，着力提高创新的针对性、实用性和前瞻性；结合企业实际，把技术创新与运输需求紧密结合，缩短研发周期；将原始创新、集成创新和引进消化吸收再创新有机结合，高新技术与适用技术并重，切实将创新成果转化为运输生产力。神华重载铁路技术创新的需求体现在两方面：一方面是解决神华集团重载铁路扩能改造以及新建重载铁路项目建设与管理过程中的技术难题，突破关键工程技术问题，满足国家和神华集团运输增长需求；另一方面是破解重载铁路行业发展的重大共性技术难题，引领重载铁路技术发展，为神华集团增强在重载铁路技术方面的话语权乃至重载铁路技术的输出创造条件。

（2）整合资源

建立技术创新要素资源库，根据科研项目的需要，有针对性地整合相关资源形成协作体，通过开展产学研密切合作，实现优势互补，发挥资源组合的整体效应。以市场机制为导向，积极开展国内外科技合作与产学研联合科技攻关，提升创新能力。与技术相关企业、优势互补的制造业或科技型企业集团在技术开发应用研究等领域结成战略合作关系，以及与有关科研院所、高等院校紧密结合，共同解决神华重载铁路的各种技术难题。

（3）协同合作

突出神华集团在技术创新中的主导作用。企业既是技术创新需求的主体，也是研发投入的主体；既是开展科技创新的试验平台，也是科研成果的最终用户。重视重载铁路技术装备的系统集成，按照成套技术体系发展技术装备，确保各项技术装备有机衔接，形成综合能力，实现整体最优。坚持以形成技术能力和工程能力为双目标，通过积累不断提高创新能力。自主研发与合作创新协调统一，研究开发与应用推广协调统一，经济效益、社会效益与生态效益有机统一。

（4）高效适用

处理好技术创新阶段性和连续性的关系，发挥产学研联合攻关的优势，开展核心技术攻关，集中人力、财力和物力对建设和运输生产中急需解决的关键问题进行技术攻关，创新成果转化的重点是提高铁路运输能力和质量。坚持先进、成熟、经济、适用、可靠的技术方针，突出全局性、战略性和前瞻性，抓住核心技术，瞄准国际国内先进水平，实现技术水平的跨越式提升。坚持技术创新与国家中长期科技发展战略和企业发展战略衔接，服务于集团公司发展总体战略，形成技术创新在解决神华煤炭运输乃至神华集团发展重大问题上的合力，为战略目标的实现和经济发展方式转变提供有力的科技支撑。注重成果转化效果，强化技术成果的推广应用，做到研发与应用同步，成熟一个应用一个。

（5）持续创新

坚持体制机制创新，以提高自主创新能力为出发点，完善相关制度，建立可持续的科技创新体系。重点是完善以神华集团为核心的产学研合作、科技创新要素参与分配、绩效考核奖惩和创新型人才长效激励等机制，形成层次分明、全员创新和持续创新的氛围。通过技术创新平台的建设和实施，建立一整套运行机制，保障技术创新的方向、动力和持续改进。

2. 战略主线

神华重载铁路技术创新坚持从实际出发，根据神华集团运输需求提炼技术创新目标，形成技术创新项目，以合作创新、协同创新模式为主，搭建技术创新平台，合理配置外部科研力量与内部研发资源，与装备制造商、科研院所、工程设计与施工、工程咨询单位、高等院校等建立广泛的战略合作关系，组建优秀的项目团队，采用走出去、请进来相结合的方式，掌握国际重载发达国家的技术特点，并遴选部分研究内容作为国际合作项目，积极开展国际合作。构建并完善技术创新体制机制和资源要素，形成产、学、研紧密合作的开放型技术创新体系，提升重载铁路技术创新核心能力。依托具体工程，通过工程试验等手段，检验研究成果正确性、可靠性和适用性，神华重载铁路技术创新战略主线如图 2—2 所示。

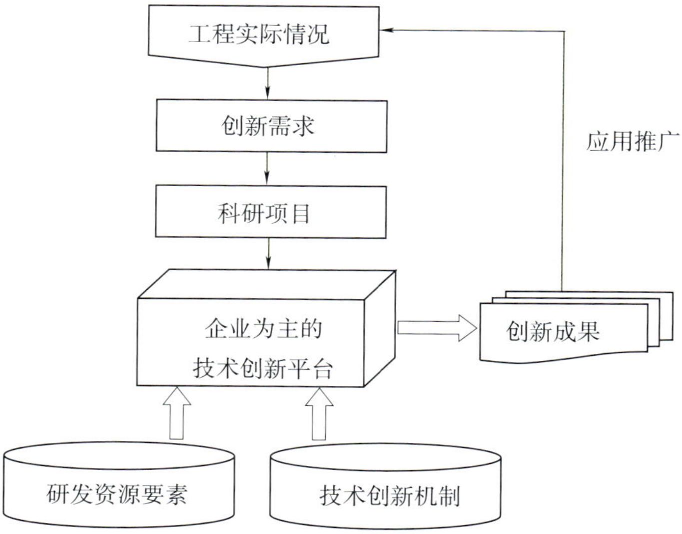

图 2—2　重载铁路技术创新战略主线

2.1.2　创新目标与任务

1. 创新目标

神华重载铁路技术创新以高效化、安全化、信息化和环保化为主要目标，瞄准世界重载铁路科技前沿，抓好重载运输技术及相关技术装备领域的研究、引进、科研、试验，特别是加强与重载运输相关的机车车辆、牵引供电、通信信号、列车同步操纵与控制、重载线路、信息化、系统集成、重载运输组织、安全技术和设备设施保障体系等技术和设备的引进、消化、吸收、再创新，开展重载技术综合系统集成，逐步建立重载运输技术标准和规范。

（1）高 效 化

根据神华集团发展对铁路运能日益增长的需求，综合分析神华重载铁路运营线路、站场布局，通信、信号、供电系统等状况，研究国内外铁路运力提升技术途径，开发应用运输、车辆、机车综合调度优化技术和远程监控技术，充分挖掘神华重载铁路现有潜力。

（2）安 全 化

针对神华重载铁路高运量、高密度、“大联动机”的特点，开发安全保障基础技术和设备，实现以科技保障安全的目标。重点攻关技术领域包括：①基础设施安全监测技术：研究开发铁路桥梁状态监测、长大隧道状态监测、道岔状态监测、线路钢轨轨温监测等各类基础设施的安全监测技术，逐步建立全线统一的运输设备、基础设施技术状态数据库；②综合检测列车技术：研究适应重载线路检测的钢轨探伤车、轨道等综合检测车以及在线无损检测技术，引进国外先进的综合检测技术和设备，实现集成创新；③行车安全信息技术：研发运行监控、在线检测、故障诊断等安全技术，实现对机车、车辆、线路、信号运行状态的全面监测、预警和安全管理；④安全评估技术：研究开发适用于神华重载铁路的系统安全评估技术及设备。

（3）信 息 化

加快应用新一代行车调度指挥及信号技术和通信平台技术。开展重载铁路综合运输信息平台研究，将综合调度系统（调度集中）、确报管理信息系统、货票管理信息系统、货运管理系统、运输（车站）管理信息系统、机务管理信息系统、车辆管理信息系统、供电管理信息系统、工务管理信息系统、电务管理信息系统、综合地理信息系统等进行整合和二次开发，消除信息孤岛，实现远程控制、信息共享，为运输组织、安全生产和经营管理提供技术支持和辅助平台。

（4）环 保 化

改善运营环境与现代化生产条件，重点领域包括：高速重载列车的减振、降噪技术；重载列车减少煤尘污染、降低电磁辐射影响、控制大气污染的综合治理等环保工程技术，把朔黄铁路建设成真正的“绿色长廊”。

推广开发铁路运输节能降耗技术，重点领域包括：提高电气化铁路电能效率和质量技术；推广铁路利用新能源、可再生能源和资源回收再生利用技术；推广车站利用太阳能、地热能等节能技术。

2. 创新任务

为实现技术创新目标，神华重载铁路“十二五”期间的技术创新任务是：构建我国重载铁路技术创新平台，集成有限资源，对行业共性、关键与前瞻性技术进行突破，对工程实践过程中存在的技术问题进行攻关，通过课题研究和改造示范工程，研制轴重30 t以上煤炭运输重载铁路核心装备，重点围绕载重100 t级大轴重货车技术、大功率交流电力机车技术、大轴重重载列车运行状态监测系统、重载铁路新型宽带移动通信技术、重载铁路智能化协同操控系统、重载铁路调度优化系统及关键技术、基础设施状态检测与强化技术等方面展开，建立具有我国自主知识产权的既有重载铁路30 t及以上轴重条件下成套技术体系，使朔黄重载铁路具备开行30 t及以上轴重重载列车、年运量翻一番达到4亿t以上的条件，使重载铁路技术进步真正建立在自主创新基础之上，并最终实现产业层面的技术进步。

（1）研制载重100 t级重载货车

结合神华重载铁路站场条件、列车编组长度及运输组织特点，考虑年运输能力发展需要，研究确定大轴重重载货车总体技术参数；综合考虑环境温度、装卸货条件等，提出大轴重重载货车总体技术方案。开展典型结构疲劳试验研究，分析计算、试验研究、运用数据相结合，合理兼顾结构轻量化与疲劳可靠性，确定重载货车设计结构。开展低动力作用转向架及降低轮轨磨耗、重载车钩缓冲装置及降低列车纵向冲动、重载货车与装卸货设施匹配、重载货车与线桥响应关系等研究，提出重载货车技术体系。

（2）研制大功率交流传动电力机车

针对神华铁路的牵引能力要求和特定的运用线路及环境条件，结合神华重载铁路机车具体操纵及运行模式，研究适合于神华铁路重载运输条件的单轴轮周功率1 200 kW、总功率9 600 kW的大功率交流传动电力机车。集成株洲电力机车研究所研制的牵引变流器、控制系统、远程无线重联同步控制系统，研发TCN故障诊断和记录微机控制系统、机车制动系统，优化车体及转向架结构，形成大功率交流传动电力机车技术体系。

（3）研发重载列车智能化运行状态监测装备

针对2万t级重载列车多机协同牵引特点，研究动力分布重联智能控制技术，建立牵引电机工作状态模型，达到实时、准确、自动控制重载列车动力均衡分布的目的。研究风管在泄漏故障时刻气压上升及下降斜率与总风缸正常工作充放气之间的关联与差异，建立模型，区分对待研究正常工作、风管或接头泄漏、传送皮带松动、排气阀封装不严、制动缸泄漏、滤清器沉积物阻塞等常见故障原因特性。采用传感器对列车车钩缓冲器和接触网系统等关键部件运行状态进行检测，研究各机车动力分布，以及弓网在垂直、纵向、横向上的三维接触力。引入数字伺服器检测主机及其辅助电子设备工作状况、时钟准确状况。

(4) 研发重载铁路新型移动宽带通信技术

针对已获准的1 785～1 795 MHz(10 MHz带宽)无线频率资源，结合重载铁路实际特点，研究分析当前主流宽带移动通信技术，确立重载铁路新型宽带移动通信系统的技术体制。开发适应于1.8 GHz的基站设备、核心网设备及移动通信终端等配套设备，构建完整重载铁路新型宽带移动通信系统，形成相关关键技术体系和技术标准，实现实时安全数据传输、语音通信业务、非实时文本数据传送、视频监控、优先级控制等功能。

(5) 研发重载铁路智能化协同操控系统

结合重载铁路大轴重、长编组、线路状况复杂、动力分布无线重联控制系统等特点，确定重载铁路智能化协同操控系统的技术体制，开发适用于重载铁路运输的智能化协同操控系统、列车智能安全防护核心车载设备、辅助自动控制设备及轨旁核心设备，构建完整的重载铁路智能化操控系统，形成相关关键技术体系和技术标准，实现列车智能安全防护，提供列车辅助自动控制等功能，保证列车运输安全，优化运行效率，提升线路运输能力。

(6) 研发重载铁路调度优化系统

确定重载铁路调度优化系统构架，研究系统构架、性能、可靠性保障机制和实时处理的解决方案，研制高可靠性高实时性的调度系统硬件平台。基于生产量和通过能力分析，研究重载铁路运输调度方案，并通过运输调度方案的能力评估与仿真验证，形成对上游生产计划及编组方案的优化，从而形成生产与调度决策一体化系统平台。研制重载铁路调度优化系统调度计划生成器及寻优引擎，使得调度优化控制系统的控制命令的输出，最大程度上符合实际应用的需求，并通过现场信息的反馈进行方案调整和优化。研究重载铁路调度优化系统应急处理机制，形成备选应急调度方案。

(7) 研发重载铁路基础设施状态检测与强化技术

开展室内外试验和理论分析，提出桥涵、隧道、路基和轨道的静动力性能参数，研究既有重载铁路桥涵、隧道、路基和轨道在环境、重载列车等多外场作用下的抗裂性能、疲劳性能和耐久性能，建立在环境侵袭和重载耦合作用下的抗力衰减规律，建立多层次模块评估体系和安全预警的多指标体系，研发状态评估软件，提出相应的评估技术及标准。研发适用于30 t及以上轴重条件下桥涵、隧道、路基和轨道的强化改造方法、施工工艺及设备，进行工程示范应用，优化完善强化改造技术方案，编制适用于 30 t 及以上轴重重载列车作用下强化改造技术指南。对示范工程进行现场试验验证和长期健康监测，分析各种强化改造方法的技术特点、适用条件，研究 30 t 及以上轴重强化改造技术的性价比，对适用于 30 t 及以上轴重重载列车作用下强化改造技术进行综合评价。

（8）重载列车运输成套技术工程化

依托神华重载铁路进行重载列车运输成套技术工程应用，使基础设施具备开行大轴重(载重 100 t 级)、牵引质量不低于 2 万 t 的重载列车，达到年运量 4 亿 t 以上的条件，整体提升我国重载铁路建设和运营技术，达到国际领先水平。

2.1.3 战略实施保障措施

神华集团制定和实施了强化组织体系建设、完善科研管理制度、加大创新投入力度、加强人才队伍建设和知识产权管理等一系列措施，有效保障神华重载铁路技术创新目标和任务的顺利完成。

1. 强化组织体系建设，发挥合作创新效力

强化技术创新组织体系建设，依托国家“863 计划”、国家科技支撑计划等重点项目，加强与国内外企业、高校及科研院所的科技合作与交流，建立技术创新战略合作伙伴关系，完善开放型的创新组织平台。在坚持神华集团主导技术创新的基础上，充分利用各方面的力量及资源，联合开发、引进转化和自主开发相结合，协同开展关键技术攻关。结合重载铁路发展需要，条件成熟时建立具有较大影响力的重载铁路研发中心，更好地聚集和整合有关科研力量，提升神华集团在重载铁路运输技术方面的地位和影响力，形成自己的核心技术。

2. 完善科研管理制度，提高项目研究质量

加强前期调研和论证，准确把握重载铁路技术的发展动态，增强选题的针对性、先进性和适用性，紧密结合神华集团在安全生产、运输效率、科学管理、节能环保等方面的技术需求，切实提高科研项目立项的质量，减少无效或重复科技投入；严格按照科研管理流程，进行前期调研、论证，申报立项，规范实施、验收，并及时上报有关部门备案，完善管理程序；进一步细化和规范科研项目管理制度，严格项目组长负责制，明确各方权责，利用合同、经济等多种手段加强过程监督管理，确保项目研究进度和质量；加强科研项目后评估。

3. 加大创新投入力度，健全创新激励机制

根据公司财务能力，建立技术创新投入保障及增长机制，不断加大创新投入力度。设立科研基金，专题立项攻关日常运输生产中出现的急难课题。积极采取各种措施与途径，拓宽技术创新资金投入渠道。积极申报国家级、省部级重点科研项目，多方筹集资金。进一步完善技术创新绩效考核评价机制，探索技术创新业绩与薪酬挂钩的分配政策。研究技术创新奖励办法，加大技术创新奖励力度，对取得重大技术创新成果做出突出贡献的专业技术人员给予重奖。探索采取项目实施奖、创新效益分配奖、合理化建议奖、“五小”创新奖等多种奖励形式，营造良好的技术创新氛围，充分调动全体职工技术创新的主动性和积极性。

4. 加强人才队伍建设，培养科技创新骨干

畅通科技人才引进与培养渠道，加强与有关科研院校的联系，加大科技人才引进力度。加强技术人才培训基地建设，加强培训与开发，加大培训投入，采取内部培训、学校培训、社会培训等多种形式，有针对性地提高技术人才的知识、能力和综合素质，造就一批拔尖的专业技术人才，为提升重载铁路技术创新能力和水平提供人力资源保障。积极营造创新人才脱颖而出的环境，定期召开科技创新研讨会，开展不同层次、不同形式的科技人才评定工作，奖励在技术创新方面作出突出贡献的专业人才，发挥先进典型的示范带动作用。

5. 加强知识产权管理，提高创新成果价值

加大知识产权创造和应用力度，一是全面开展专利、技术秘密和技术标准工作，拥有一定规模的专利申请和授权数量，开展技术秘密的认定和保护，加强技术标准工作，增加知识产权保护意识，对已获得的技术创新成果及时申报登记和申请专利；二是强化知识产权工作与技术创新的融合，充分发挥知识产权对技术创新的促进、支撑和保障作用；三是逐步加强知识产权的市场运营工作，使知识产权从“权利”向“价值”转化，不断完善技术创新成果的开发和利用，提高自主知识产权价值，提升企业核心竞争力。

在重载铁路技术创新战略部署下，神华集团围绕战略主线，制定技术创新目标和主要任务，致力于重载铁路成套技术与装备研发，重点在重载铁路工程建设与既有线改造、重载机车车辆与控制、重载新型移动通信技术、重载铁路运营与维护和重载铁路信息化等方面开展了一系列技术创新，形成了重载铁路成套技术体系与装备。

2.2 重载铁路工程建设与既有线加固技术

重载铁路工程建设与既有线加固技术体系，是在朔黄铁路建设以及扩能改造进程中，通过长期实践积累，不断总结形成的，是神华重载铁路工程建设技术创新的典型代表。为把朔黄铁路建成高标准、大运量、高质量的重载铁路，神华集团统一组织，精心安排，参与单位积极协作，坚持科学管理，重视技术创新与应用，攻克了勘察设计、路基、隧道、环保等一系列工程技术难题，圆满完成了建设任务。全线 10 段次获鲁班奖、詹天佑土木工程大奖、国家优质工程奖、铁道部优质工程奖等。“朔黄重载铁路建设与运营技术”获得了国家科技进步二等奖。

随着神华煤炭产量和运量的大幅度增长，朔黄铁路运输能力日趋紧张，急需增加车辆的轴重来提高运输能力。因此，必须对既有铁路桥梁和路基承载能力的测定、评估，以便进行加固和有效利用。通过与相关科研机构的密切合作与不断地探索，形成了重载铁路桥梁路基检测与强化技术。

2.2.1 复杂地质条件下高精度综合勘察与选线

1. 工程背景

朔黄铁路朔黄铁路沿线地质条件复杂，集越岭、峡谷、平原和滨海线路于一线，施工技术要求高，重点工程施工难度大。沿线对铁路工程有突出影响的不良地质条件包括煤矿采空区、滑坡、错落、岩堆、泥石流、岩溶、新黄土、膨胀岩土、盐渍土、软土等，如图 2—3 所示。

朔黄铁路工程建设时，已有卫星遥感、遥测、电磁、地震、雷达等电测勘察技术应用，但在重载铁路工程还处于单项技术应用和局部应用阶段。在隧道地质勘测方面，超前地质预报长度、精度不够，实用性不足。而瑞士、日本等发达国家的长距离钻探技术因价格高昂在我国还不具实用性。正因这些自然条件困难和技术手段局限，按照以往经验，在这样的地质条件下进行铁路施工常有地质灾害问题发生，易造成重大经济损失，延误施工进度。朔黄铁路主要设计单位铁道部第三勘察设计院在勘察设计中采用了高精度综合勘查技术、复杂地质综合选线技术等，较好地解决了上述问题。

（a）溶岩地段

（b）滑坡地段

（c）采空区地段

图 2—3　朔黄铁路沿线所经地貌

2. 关键技术

（1） 高精度综合勘察

根据朔黄铁路地质条件的复杂性，制定超大量级勘测勘察数据信息处理目标，综合运用航天航空遥感、基于先进电测技术的综合物探以及基于三维判释技术的地质勘察专家系统，并与钻探技术相结合集成创新形成高精度综合勘察技术。在广泛收集利用区域地质和遥感资料基础上，进行卫片判释、航片判释、航测地质成图和地质测绘，如图 2—4 所示；选择不良地质地段和隧道进行综合物探，最后进行钻探验证，并对钻孔进行测井和水文地质试验，采取土样、岩样、水样进行物理力学试验；应用专家系统技术对地层、地质、岩性状况类别及不良性进行评价。由此形成的组合式技术可根据地质条件特点和勘察目的要求分别选取应用。

（2） 复杂地质综合选线

朔黄铁路勘察设计选线包括决定总体线路走向的恒山越岭方案选线、决定局部区段线路走向的长梁山地区地质综合选线和通过不良地质的密集煤炭采空区综合选线等。小狗涧采空区地段综合选线工作在国内首次使用高密度地震反射探测对大面积煤矿采空区进行处理。技术效果明显，在物探异常位置点，进行了钻孔验证，找到了采空巷道，顺利完或采空区勘察

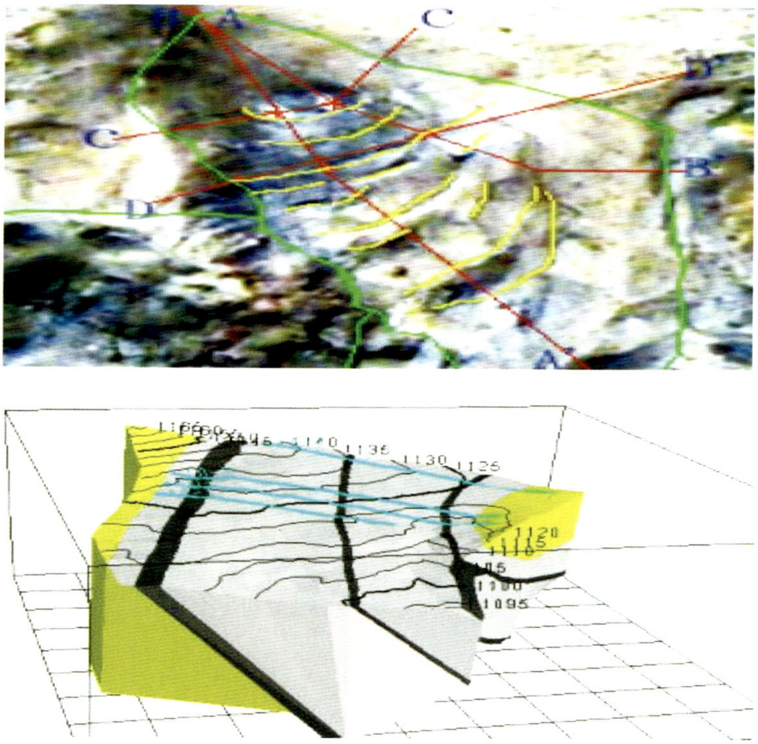

图 2—4　高精度航测地质成图

任务，采空区线路如图 2—5 所示。

3. 应用成效

高精度综合勘查技术、长大隧道超前施工地质信息预报、基于高精度综合勘查的复杂地质综合选线技术查明了朔黄沿线铁路工程地质情况，准确、合理的确定了线位，提出了可靠的工程处理措施，为设计提供了可靠依据，节省投资约 9 909 万元。在神池至原平线路走向方案研究中，推荐的长梁山隧道取直方案较雁门关取直方案缩短 65.867 km，线路顺直，运营以来经济效益明显。该技术应用促进了勘察设计工作更加科学、先进、经济、合理，提高了我国重载铁路的勘察设计水平。其中，长大隧道超前施工地质信息预报填补了我国铁路隧道勘查相应领域的技术空白，运用该项技术保障了施工的顺利进行，对全隧道提前贯通四个月起到关键作用，节省工程投资达 2 000 多万元。经天津市 2001 年度科技成果鉴定认为该技术整体达到国际先进水平。研究成果除在长梁山隧道应用外，又在朔黄铁路东风隧道、寺铺尖和龙宫隧道等长大隧道应用，工程应用中准确率达到 90%，预报距离超过 100 m，收到良好效果。

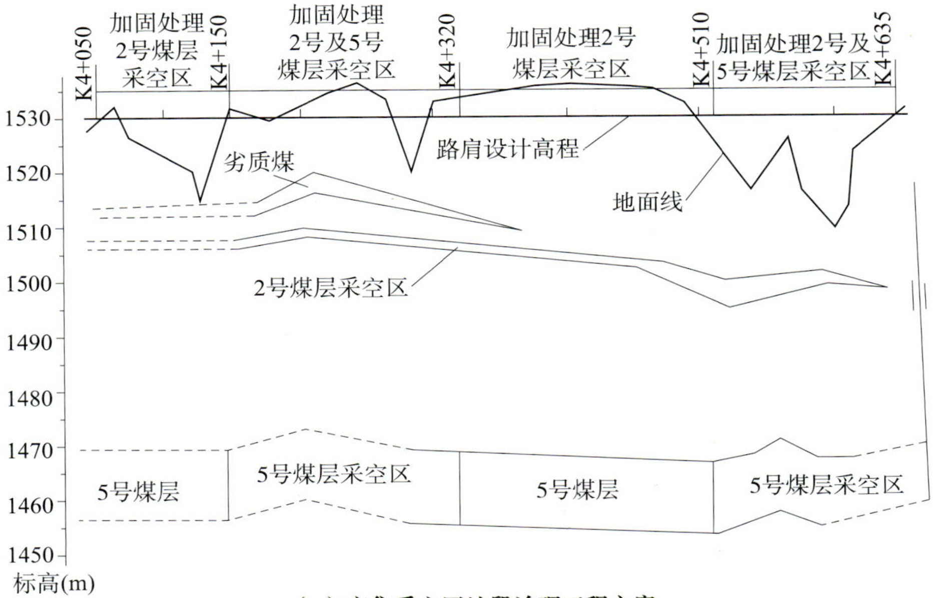

(a) 密集采空区地段治理工程方案

(b) 煤矿采空区线路效果

图 2—5　朔黄重载铁路煤矿采空区线路设计

2.2.2　特殊土条件下重载铁路路基施工

1. 工程背景

朔黄铁路肃黄段为冲洪积平原、冲积平原、冲海积平原、滨海平原和滨海滩地，从东至西地基底层分布有软弱黏土地基、松软地层、盐渍土基、海滨及海滨淹没区，同时还存在大量的液化土，地质条件和岩土条件非常复杂，而且分布达60 km，两种以上不良土层同时存在较为罕见。铁路末端位于黄骅市境内渤海湾滩涂上，地势低洼，地表常年有海水浸泡，且为滨海洼地潮间带，受潮水位影响较大，波浪作用较强。沿线地层土质以黏性土为主，砂黏土次之，不符合基床表层要求，由于盐渍土具有吸湿和膨胀性，水稳性差，不能直接填筑路基，更不能作为基床表层填料，修筑铁路路基容易出现路基下沉、土体疏松、强度降低、边坡失稳和破坏失稳等病害。上述条件下重载铁路工程实践，缺乏技术规范和标准，没有系统的设计理论和方法，且现有工艺方法比较陈旧，盐渍土筑路的研究和技术很少。为降低远距离运料换土填筑路基所带来的高造价，并从根本上解决这些路基加固处理问题，在朔黄铁路修建过程中首创了铁路利用盐渍土填筑路堤技术、基床表层中粗砂夹两布一膜土工布加固技术和海滨路堤修建技术，成功地解决了特殊土和特殊地质条件下的路基修建技术问题。

2. 关键技术

（1）“两布一膜”土工布盐渍化路基施工

从路基截面整体结构看，铺设土工织物比原来结构形式在改善承受外来冲击的机理是，在土体可能产生楔入（冲切）破坏时，铺设的土工织物将阻止破坏面的出现，从而提高路基承载力，如图2—6所示。当地基承受较大的荷载而发生变形时，土工织物与土体界面上的摩擦阻力将增大并增强对土体侧向变形的限制。水平向增强土体作用，不仅有效提高路基稳定性，还减小沉降，具有明显减振作用。具体施工技术包括全封闭路基筑路技术和半封闭路基筑路技术。

（2）基床表层C组填料改良

基床表层按规定需采用A、B组填料填筑，由于沿线多为C组填料，不符合基床表层填料要求，A、B组填料十分缺乏，将全部远运调土，不仅造成工程费用的大幅增加，还将增加施工周期。通过试验段和大量改良技术和改良材料，对比了生石灰、水泥和固化剂的改良前后的力学、环保、成本等指标，确定了C组填料改良技术方案：C组填料添加6%的生石灰，生石灰与水、黏性土三层晶体置换和化学反应，吸收水分，降低了盐的溶蚀等病害的几率，提高了路基填料性质的稳定性。

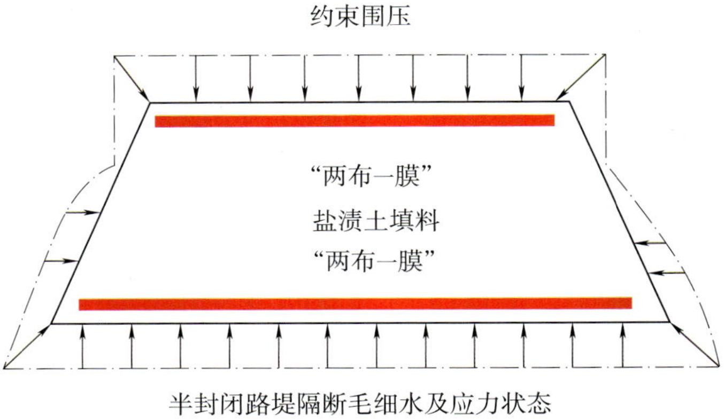

图 2—6　盐渍土路基结构示意图与滨海盐池路基

（3）新增二线软基隔离桩补强

朔黄铁路肃黄段软土地基具有天然含水量高、孔隙比大、透水性差和强度低等特性，Ⅰ线建成后增建二线时，增建填土荷载，除二线本身地基沉降外，还可引起既有线沉降，由于两线沉降不均，往往造成既有线路肩开裂，严重的甚至会影响既有路基的稳定，因此增建第二线，既要满足二线路基的稳定、沉降要求，还应考虑新线路基对既有路基的影响。目前，国内对增建二线的地基一般采用复合地基进行加固，工程量大、造价高、工期长，不符合增建第二线的技术经济条件。

根据增建二线技术对既有线附加荷载的规律，采用隔离桩为特点的刚柔相济补强措施，如图 2—7 所示。“刚”指砂袋中的中、粗砂刚性材料，增加强度。“柔”指砂袋之间柔性接触，增强整体的抗剪能力和抗弯能力，约束了路基侧向移动，相对其他方法成本低、不污染环境、工艺简单，实验证明在特殊环境下十分有效。

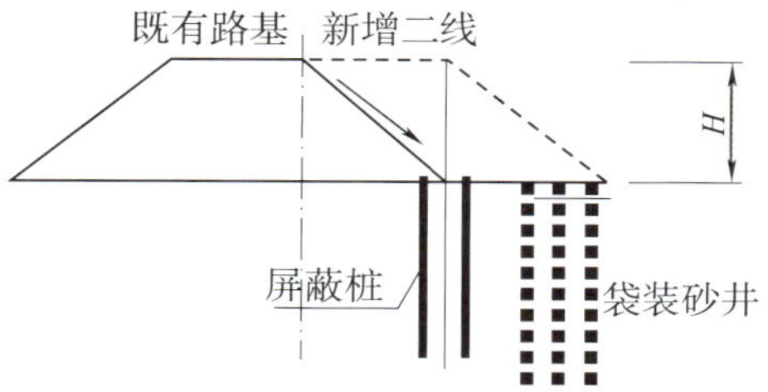

图 2—7　隔离桩技术消除新增二线软土地基沉降对既有线地基影响

（4）重载铁路滨海路堤修建技术

按常规做法，首先设置围堰、抽水、挖淤，再进行地基处理和填土施工，工程量大，控制因素多；另一种措施为抛石挤淤，此方法工程量大，造价高，后续地基处理无法进行。重载铁路滨海路堤修建技术采取排水预压、堤身构造、栅栏板护面（如图 2—8）等步骤和措施，解决了潮水波浪影响、自然条件恶劣、工期短等方面的问题，并且施工速度加快、操作方便、成本低。

图 2—8　滨海路堤采用栅栏板护面

3. 应用成效

经过多年运营及 50 年不遇的风暴潮侵袭考验，朔黄铁路路基基床稳定，未发生病害，验证了该技术的有效性。其中，盐渍土地区修建重载铁路路基技术达到了国际先进水平。该技术在朔黄铁路上首次获得成功，并在黄万铁路、秦沈铁路修建中得到推广应用，对我国其他基础设施的软土、盐渍土路基施工也具有较大推广价值。

2.2.3　复杂地质条件下特长双线隧道综合施工

1. 工程背景

朔黄铁路共有隧道 77 座，总长 66 338.62 双延米，其中：$L>10\,000$ m 的特长隧道 1 座，长 12 781.5 双延米；$3\,000\text{ m}<L\leqslant 10\,000$ m 的长隧道 3 座，共 14 628 双延米；$500\text{ m}<L\leqslant 3\,000$ m 的中长隧道 25 座，共 27 946 双延米；$L\leqslant 500$ m 的短隧道 48 座，共 10 983.12 双延米。全线长 3 000 m 以上的隧道 4 座，分别为：长梁山隧道 12 781.5 m，寺铺尖隧道 6 407 m，水泉湾隧道 4 925 m，东风隧道 3 296 m。以上 4 座隧道以及穿越原（平）太（原）高速公路的超浅埋软弱围岩隧道——三家村隧道（长 950 m）等 5 座隧道为全线施工的重点、难点工程，如图 2—9 所示。

图 2—9　重载列车从长梁山隧道、寺铺尖隧道驶出

长梁山隧道位于山西省宁武县与原平市交界处，是当时我国最长的双线电气化特长隧道，由中铁 1 局、16 局负责施工。长梁山隧道所处位置沟壑纵横，山坡陡峻，岩层平缓、泥质岩膨胀性、断裂构造及节理裂隙发育、

地下水丰富，地质变化复杂。长梁山隧道先于全线工程于 1995 年 12 月 28 日开工，2000 年 3 月 20 日竣工。东风隧道位于山西省原平市龙宫至北大牛之间，穿越阳武河峡谷上游左岸山体，该隧道由中铁 12 局、14 局负责施工，于 1997 年 11 月 6 日开工，2000 年 1 月 10 日竣工。三家村隧道位于山西省原平市和定襄县交界处，全隧道新黄土地层占隧道长度的 59%，Ⅱ类围岩占隧道长度的 70%，其中进口端与原(平)太(原)高速公路斜交，由于该路段公路当时正在施工，因此如何安全、顺利地通过超浅埋湿陷性黄土地段成为该隧道施工的关键技术问题。该隧道由华北冶金建设公司负责施工，于 1997 年 10 月 11 日开工，1998 年 12 月 25 日竣工。施工中针对长大隧道超前施工地质信息预报、正台阶全断面隧道软弱围岩快速施工、中洞超前预留光爆层分步开挖等关键技术组织技术攻关，使隧道修建技术提高到一个新的水平，取得了良好效果，圆满完成了施工任务。

2. 关键技术

(1) 长大隧道超前施工地质信息预报

在长梁山隧道综合施工过程中，采用目前国际上先进的 TSP-202 超前地质预报系统(如图 2—10 所示)，并与地质前兆预测法(断层参数预测法)紧密结合，针对在隧道施工中因地质构造判断不准造成经常发生脱层、掉块、塌方(甚至冒顶)、涌水、突水突泥等工程地质问题，通过研究开发形成“长大隧道超前施工地质信息预报研究”技术，为单解的、高精度超前地质预报开拓了一条新路。在国内尚缺乏经验的情况下，顺利通过了水平层状围岩长大段落有水砂页岩层及有膨胀性的泥岩地层，有效保障了隧道优质设计施工。

图 2—10　长大隧道超前施工地质信息预报系统

（2） 正台阶、全断面隧道软弱围岩快速施工

在长梁山隧道综合施工过程中，采用超前预注浆技术通过总影响带宽350 m 的 F12 断层带，成功进行注浆 250 m，二次衬砌后无漏水。完善设备配套，形成钻孔、出渣、喷锚、衬砌等一条龙机械化作业线，大大加快了施工进度（图 2—11）。采用单机压入式通风（图 2—12），在 104 m^2 大断面、全断面开挖、无轨运输条件下实现独头掘进 2 175 m，并使用了最新科研成果中 1.5 m 大直径 DSR 高强度通风软管。采用以堵为主，堵排结合，在洞内涌水量高达 12 494 m^3/d 的情况下正常生产；实现洞内衬砌无漏水，反坡排水距离 6 545 m。在距离村庄较近的断层破碎带地段，采用地层超前预注

（a）软弱围岩全断面开挖

（b）软弱围岩正台阶法施工

图 2—11　正台阶、全断面隧道软弱围岩快速施工

浆将地下水封堵在注浆范围之外，衬砌采用全封闭结构，防止地下水大量渗流进洞内引起地下水位下降，保护村庄水源。

图 2—12　大断面堵头通风

（3）中洞超前预留光爆层分步开挖

在东风隧道综合施工过程中，采用中洞超前预留光爆层分步开挖技术，光面爆破炮痕残留率达 90% 以上，超挖量控制在 7 cm 以内，杜绝了欠挖，既保证了全断面开挖掘进速度，又很好地解决了超欠挖问题。采用仰拱超前施工技术，掌握了仰拱铺底与掌子面之间的合理距离。即在保证出渣作业空间的前提下应尽量跟进，控制在 20 m 以内。开发和推广应用了迈式锚杆超前支护技术、仰拱超前施工技术、三级台阶、四步施作开挖方法，以及基于新奥法原理的相应于围岩频繁变换的动态施工技术等，成功地控制了围岩的变形。

3. 应用成效

长梁山隧道“复杂地质条件下特长双线隧道综合施工技术”实现了在有水砂页岩、微膨胀性泥岩地质条件下快速安全施工，创造了铁路双线软岩隧道单口工作面平均月掘进 133 m，最高月掘进 180 m，打破了国内同类隧道掘进记录。该科研成果由北京市科学技术委员会于 2001 年 8 月组织专家鉴定，成果达到了国内领先水平，其中地质超前预报技术，正台阶、全断面隧道软弱围岩快速施工技术和超前预注浆施工技术达到了国际先进水平，并具有重要的推广应用价值，并获得2002年度国家科学技术进步奖二等奖。

2.2.4 重载铁路桥梁路基检测与强化

发展重载铁路需要增加车辆的轴重和提高列车牵引定数，必须对既有铁路桥梁和路基承载能力的测定、评估，以便进行加固和有效利用。以“重载铁路桥梁和路基检测与强化技术研究”课题（国家“863”计划）为依托，神华集团与中南大学、铁三院等单位联合攻关，形成了具有我国自主知识产权的重载铁路桥梁和路基检测与强化技术体系。

1. 关键技术

（1）重载条件下道床与路基快速连续检测技术。包括：车载道床与路基结构层及其病害快速连续检测系统、轨下弹性波精细探测系统与铁路道床纵向阻力、横向阻力和枕下道床刚度检测系统等3套检测系统。车载道床与路基结构层及其病害快速连续检测系统由探地雷达多频组合天线、信号采集及控制系统、微机控制及数据存储、实时监控系统、电源管理模块和测量定位系统组成，如图2—13所示。轨下弹性波精细探测系统由弹性波震源、传感

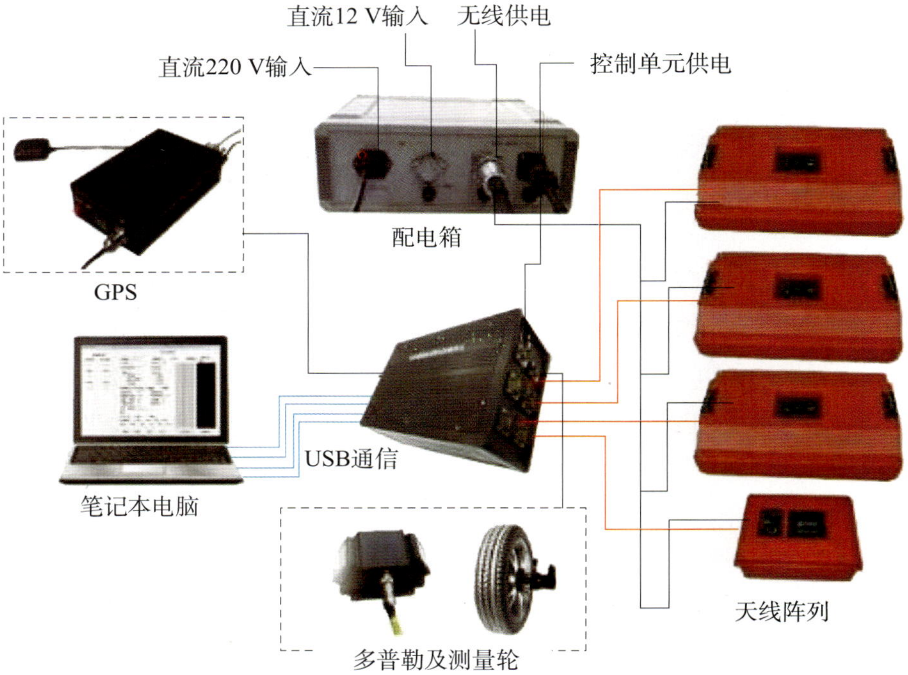

图2—13 重载铁路专用车载多通道地质雷达系统结构

器、传感器尾座装置、数据采集系统和微机控制与实时处理软件构成。铁路道床纵向阻力、横向阻力和枕下道床刚度检测系统包括铁路道床纵向阻力检测反力架工装、横向阻力检测反力架工装、枕下道床刚度检测反力架工装以及铁路道床纵向阻力、横向阻力和枕下道床刚度检测数据采集仪。

（2）重载条件下桥梁静动力检测与在线监测技术。包括：桥梁静动力检测系统、桥梁耐久性监测系统和桥梁实时监测系统等 3 套系统。重载铁路桥梁静动力响应检测系统由电容微机电式加速度传感器、便携式动态应变仪、拾振器、高精度光电测挠仪、位移传感器、无线传输系统、信号采集系统、数据处理软件组成。桥梁结构实时监测技术由疲劳传感器、光纤光栅温度传感器、电容式湿度计、光纤光栅应变计、加速度传感器、无线传输系统、信号采集系统、数据分析平台和报警系统构成。混凝土结构耐久性自动监测系统由传感器信号模块与埋置在混凝土结构内的参比传感器、氯离子选择传感器、氢氧根离子选择传感器、温湿度传感器和钢筋锈蚀感知元件、数据采集模块等组成，如图 2—14 所示。

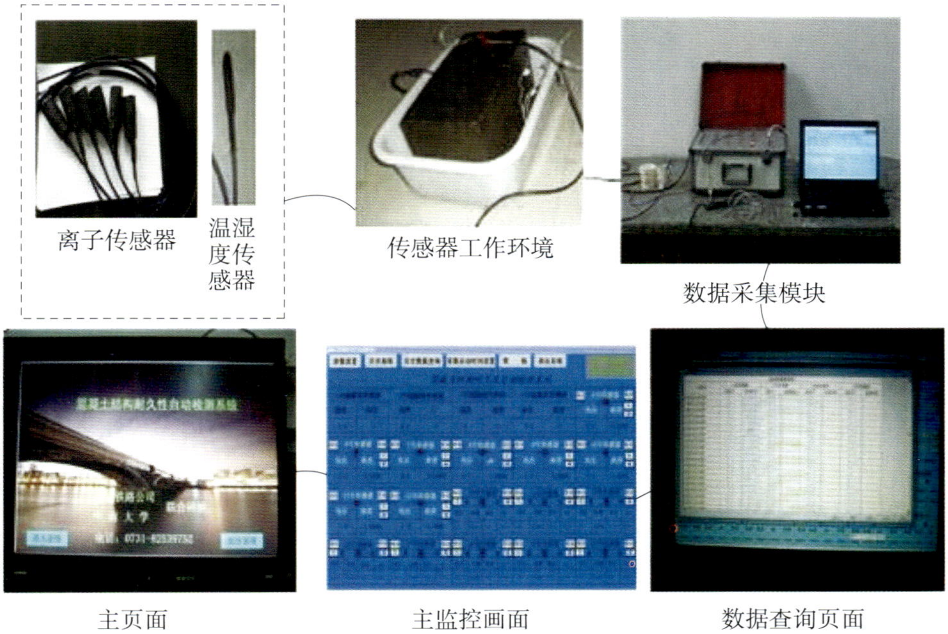

图 2—14　混凝土桥梁耐久状态监测系统

（3）重载铁路路基状态评估技术。形成由局部到整体，评估和预测相结合的评估体系，以“里程”（1 km）为基本评估单位，针对不同的路基“设备”建立相应的评估子模块。开发了重载铁路路基状态与变形预测评估软件(HRRAS)。

(4) 重载铁路桥梁状态评估技术。建立了重载铁路桥梁结构状态评估指标体系，提出了重载铁路桥梁状态评估标准，开发了重载铁路桥梁状态评估与寿命预测软件，并获得了“重载铁路桥梁状态评估与寿命预测软件”软件著作权(2011SR048274)。

(5) 重载铁路路旁斜向水泥土桩加固技术。为了克服路基常规加固方法要中断行车或加固效果不理想的缺点，提出了一种重载铁路路旁斜向水泥土桩加固新技术。确定了斜向水泥土桩加固既有路基的关键设计参数和设计方法，明确了斜向水泥土桩加固路基的施工工艺、设备集成和检测要求，应用于朔黄铁路 DK269 段路基病害整治中获得成功，在朔黄铁路路基加固中逐渐得到了推广应用，如图 2—15 所示。

图 2—15　朔黄铁路 DK269 段路旁斜向水泥土桩加固

(6) 重载铁路桥梁强化技术。包括：辅助钢梁加固技术、内置组合桁架加固技术和自平衡体外预应力加固技术。在朔黄铁路温塘河特大桥桥梁强化工程进行试点，结果表明，强化后桥梁的承载能力得到大幅提高，竖横向刚度增加明显，如图 2—16 所示。

2. 组织实施

依托高校的人才和理论优势、设计单位的信息和技术优势、运营管理单位的资源优势，进行重载铁路桥梁路基检测与强化技术研究，优化设计结果，根据运营管理单位的实际情况，将先进的科研成果应用于现场，指导工程实践。

该项技术自 2009 年 7 月份开始，2011 年 7 月完成。2009 年 7 月，主要研究人员在主持单位朔黄铁路发展有限公司召开了会议，将任务分解到各承担单位，对主要工作进行了具体的部署，并制定了详细的实施大纲。

图 2—16　朔黄铁路温塘河特大桥桥梁强化工程

相关研究人员到朔黄铁路现场、中国北车集团齐齐哈尔铁路车辆(集团)有限责任公司、铁道第三勘察设计院集团有限公司、中国南车集团株洲电力机车有限公司等单位进行了 5 次调研，制定了相关的试验方案、理论研究工作大纲和技术开发路线，组织开展了系列研究工作。期间在中南大学、朔黄铁路现场共召开了 6 次协调会。2012 年 7 月，国家科技部组织召开了课题验收会。

3. 应用成效

课题所形成的所有关键技术均在朔黄重载铁路上应用。截至 2013 年，朔黄铁路与中南大学联合申请以及中南大学单独申请的主要专利达到 37 项。桥梁和路基静动力性能检测技术、桥梁耐久性检测技术推广到京沪高速铁路联调联试试验。重载运输条件下车载道床与路基结构层及其病害连续检测技术、病害区轨下精细化快速检测技术推广到青藏铁路和物探专业。铁路道床纵、横向阻力及枕下道床刚度快速检测装置已在朔黄重载铁路、青藏铁路、胶济客专、宜万铁路、海南东环铁路、广珠城际、深圳地铁 3 号线和武襄二线等获得应用。研发的重载铁路桥梁在线健康监控技术与东华测试仪器开发有限公司合作，在其他铁路桥梁和公路桥梁进行推广应用。这些技术创新成果对重载铁路提高牵引质量、轴重的工程改造以及安全运输生产具有重要的理论意义与应用价值。

2.2.5 重载铁路全寿命期环境友好工程

1. 工程背景

朔黄铁路沿线范围人口490万人，耕地面积920万亩。沿线区域生态环境比较脆弱：从西至东地质、地貌变化大，情况复杂：晋中北部中低山区，原平、忻定盆地，滹沱河峡谷，低山丘陵区，山前冲洪积平原，冲海积平原，滨海滩地；所经山西、河北两省22个市、县都为经济欠发达地区，农业用地十分宝贵；地面水系处于自然径流状态，易受污染，西部山区及中部丘陵地带地下水系构造不稳定，极易遭到破坏；西部山区和东部滨海地区植被覆盖率低，已经存在明显水土流失。

（1）生态环境方面：朔黄铁路永久占地面积为2 920.33公顷，需完成路基土石方6753万m^3，工程沿线共设置取土场128处和弃土(渣)场112处。朔黄铁路沿线地表植被覆盖率较低，中低山丘陵区及滹沱河峡谷区仅20%～50%，如果施工不当将会造成严重的水土流失和不同程度的植被破坏。

（2）水环境方面：在地下水发育地区修建铁路隧道有可能截断水流，改变地下径流，水土流失，严重时会影响当地居民的生产生活用水。如采取的技术措施不当，长梁山隧道附近村庄近3 000人的生活生产用水将受到影响，严重时还会造成山顶居民迁移。另外，隧道施工期的涌水和运营期的渗漏水也会威胁工程安全和正常运营。

（3）大气环境方面：对大气环境影响主要来自运煤列车飘散煤尘和车站锅炉排放有害气体造成的较重污染，影响周围居民生活。另外，朔黄铁路沿线共有隧道77座，隧道内煤尘污染较为严重，煤尘聚积超过一定浓度将存在煤尘爆炸和司机视线不良等安全隐患。

（4）声环境方面：主要是列车运行时带来的噪声。朔黄全线范围内共有噪声敏感点133处，村庄123个，学校7座，医院、疗养院3座。铁路开通后，附近居民生活将受到列车运行噪声的影响，加之铁路运输任务繁忙，列车对数逐渐增多，噪声影响将会加重。

2. 关键技术

朔黄铁路改变过去仅按环境评价要求进行环境治理的惯例，提出按铁路全生命期统一进行建设期与运营期环境保护规划的管理模式，通过研发应用朔黄铁路环境友好工程技术使铁路环境影响的难题得到了解决。

（1）铁路环境影响模拟流程系统分析

在朔黄铁路施工过程中，进行了环境影响模拟流程分析。利用系统动力学方法，分析铁路工程对环境主要的负面影响；环境保护带来的社会效益及政府、社会、公众支持给企业带来的效益；不同的投入带来的环境保护效益的差别。根据对环境影响和环境保护效果进行预测分析，制订与企业发展水平、环境保护投入能力以及企业应有的对外部经济性贡献等三方面因素相适应的环境保护目标，构建持续性环境管理模式。统一考虑了铁路工程建设期间及运营期间通过企业自身环境监测和外部环境评价确定的环境管理任务，并且引入铁路环境影响的模拟流程系统分析和解决重点环境问题的科技进步以及工程优化要素，形成了企业持续式环境管理。

（2）环境保护综合技术

根据铁路对环境影响的特点，针对工程施工对生态环境方面植被破坏、水土流失、地下水改变和铁路运营期间运煤列车煤炭飘散、噪声和锅炉废气等主要环境污染问题，研发了朔黄铁路环境保护综合技术，并应用于工程实践，取得了良好的效果。包括隧道开挖保水技术、运输过程煤尘防飘散技术、朔黄沿线绿化带工程技术、综合降噪技术、应用地缘热泵技术等成套系统技术。铁路沿线环境保护措施如图 2—17 所示。

（a）隧道防水施工　（b）防煤尘飘散固化剂对比试验

（c）生态型护坡　（d）弃渣场顶面造田

图 2—17　神华重载铁路沿线环境保护措施

3. 应用成效

朔黄铁路完成了轨道噪声控制器工程应用技术研究及工程试验。轨道噪声控制器的工程化设计与开发后，进行了轨道噪声控制器的工程应用试验及降噪效果测试，降噪效果达到6 dB以上。通过盐渍土区生态防护植被体系建设综合技术研究，解决了朔黄铁路沧州至黄骅段盐碱地生态防护植被存活的难题。朔黄铁路通过环境保护综合技术的运用，进行基于铁路环境影响模拟流程分析的环境影响和环境保护效果预测，为环境保护投入提供了科学、可靠的决策依据，为企业持续地进行环境管理建立了有效的管理模式，企业针对铁路建设和运营期主要的环境影响问题进行创新，形成环境保护综合技术，解决了铁路环境影响的基本问题。2006年9月朔黄铁路工程作为铁路行业唯一项目被评为我国十大“国家环境友好工程”。

2.3 重载铁路机车车辆与控制技术

重载铁路机车车辆与控制技术是铁路重载运输的关键。提高牵引质量是提高重载铁路运输能力的主要技术措施之一，是神华重载铁路发展和关键技术攻关的主要方向。提高牵引质量的有效方法是研制新型大功率交流传动电力机车，开行大轴重长编组的列车，同时由于编组长度变长还必须解决机车同步控制的难题。神华重载铁路通过重载铁路机车车辆与控制技术体系的研发，整体提升了列车编组的牵引质量。

2.3.1 大功率交流传动电力机车

新型大功率交流传动电力机车是针对神华重载铁路实际情况，进行创新设计，共同开发研制的符合神华重载铁路运输需求的大功率交流传动电力机车。神华集团与南车株洲电力机车有限公司合作，针对神华铁路重载列车牵引能力要求和特定的运行线路及环境条件，结合神华铁路机车具体的操纵及运行模式，以自主创新设计为主，以研究大功率交流传动货运电力机车系统集成技术为主线，研究高强度车体、高强度钩缓、主传动系统、转向架、制动系统、重载机车网络控制等关键部件/系统的性能及参数，分析各子部件/系统的机械接口和电气接口，综合考虑成本因素，研制单轴轮周功率1 200 kW、总功率9 600 kW/1 440 kW的大功率交流传动电力机车。

1. 关键技术

（1）整车系统集成技术。通过研究大功率交流传动货运电力机车的系统集成技术，提出了总体性能和系统参数，各个子系统的集成技术，大轴重重量管理技术在此基础上，研究提出了适用于大功率交流传动货运电力机车电气系统，通过计算仿真和电气兼容性匹配性研究，建立了大功率等级、高可靠性、高效率的大轴重交流传动货运电力机车牵引电气系统平台。

（2）电力机车转向架设计。大功率电力机车转向架技术主要包括转向架总体结构，转向架轮对驱动装置结构、构架强度、悬挂参数与动力学性能。通过理论研究、分析计算与试验，利用国内外已有交流传动电力机车转向架先进技术，确定了合理的转向架结构与参数，保证转向架具有合理的结构、优良动力学性能；同时，选用结构合理的轮对驱动装置，保证构架足够强度。

（3）牵引电机技术。通过研究牵引电传动控制特性的匹配原理、高磁密异步牵引电机电磁计算技术，全面分析了逆变器供电异步牵引电机电磁工作环境，掌握了牵引电机内磁场分布、热源分布、流体场及风路特性；通过精确电磁设计程序结合 ANSOFT 有限元电磁计算，获得了电机磁场分布；运用 UG 三维设计和 ANSYS 结构仿真，提出了满足结构强度要求的电机合理结构形式，并实现体积最小化；开发利用新型优质的材料，保证可靠性的同时实现电机减重，利用高等级的绝缘材料保证电机不受体积小造成的散热差、工作温度高的影响。

（4）牵引变压器技术。通过有限元仿真优化设计手段，研究了牵引变压器电场、磁场、油流场、温度场等多物理场特性、变压器与变流器匹配技术，实现了变压器高阻抗、牵引之间疏耦合，提出了适应于运煤恶劣环境的牵引变压器设计方案，并采用新材料、新工艺等高新技术，使得变压器结构紧凑，体积小，重量轻。

（5）牵引变流器技术。通过牵引变流系统集成技术、新一代 IGBT 器件应用选择技术、功率电路拓扑结构、高效冷却技术、变流器设计模块化技术、变流器控制技术、变流器及其控制系统故障保护、记录和诊断技术及专家系统、变流器及其控制系统稳定性、可靠性及变流器及其控制系统的试验研究，提出了适用于大轴重交流传动货运电力机车重载牵引变流器技术平台。

（6）网络控制技术。针对电力机车特殊运用环境，机车数据传输实时性、准确性要求，网络传输可靠性、动态编组要求及计算机软硬件系统的复杂性、安装维护受到列车空间限制等难题，依据统一的国际标准，应用总线型网络仲裁理论、实时通信调度理论、自适应组网理论及智能诊断理论等，提出了专门应用于列车的主从总线式两级网络架构、列车通信网络的实时性和确定性传输理论、列车初运行技术以及列车故障诊断与在途预警技术。

（7）电力机车制动系统技术。通过机车制动机的微机模拟控制研究，实现被控容积压力的闭环控制，解决了机车制动机气缸压力精确控制问题；通过组合列车主、从、补机车制动机的同步控制研究、缩短重载组合列车制动系统机车单元制动动作时延分析，提出了满足大轴重长编组重载运输要求的制动机的技术方案；同时，为解决机车制动机状态信息监测、制动机信息存储、故障处理、故障安全导向等要求，提出了机车制动机故障诊断专家系统研制方案。

（8）电力机车车体技术。针对大轴重交流传动货运电力机车的高强度车体、钩缓技术要求，分析了其运行环境条件及载荷工况，提出了车体承载结构形式，并合理设计和优化车体主体承载结构，确保车体结构承载能力；运用有限元计算分析方法，从车体结构强度、刚度、模态和疲劳强度等方面进行了计算分析，使车体结构满足大轴重交流传动货运电力机车的重载运用要求；通过力流传递途径分析和结构设计，确保重载钩缓系统可靠安全。

2. 组织实施

由神华集团与南车株洲电力机车有限公司共同组建项目联合开发领导小组和开发工作小组，并采用设计联络会的形式对设计过程中的有关问题进行沟通和协调，共同制定机车技术条件。2011 年 4 月 12 日，神华集团相关单位与中国南车集团在株洲召开了项目合作交流会，拉开了双方合作开发、联合设计的序幕，开创了企业间联合设计的项目运作模式的先河。

在项目设计过程中，以设计联络会的形式组织双方技术人员讨论和确定机车的总体技术方案。2011 年双方先后召开三次设计联络会，就机车技术方案进行了充分讨论和交流，确定了机车技术条件。2011 年 9 月 2 日朔黄、神朔铁路与株机公司在株洲召开神华大功率交流传动机车技术设计评审会，由知名专家组成的评审组一致通过了神华八轴、十二轴机车技术方案。

机车样机试制完成后，共同组织确认机车技术状态；当机车到神华重载铁路进行线路试验时，由神华集团牵头组织开展整机型式试验，双方共同参与完成型式试验。2012 年 11 月，神华号大功率交流传动电力机车(八轴)竣工下线。2012 年 12 月，神华号大功率交流传动电力机车(十二轴)竣工下线。截至 2014 年上半年，八轴机车已有 66 台交付使用，运用情况良好。十二轴机车已经进入试验性运行阶段。

3. 创新成果

神华交流传动电力机车在南车株机成熟的和谐系列交流传动机车的基础上取得了一系列创新成果。

(1) 采用以动力单元为基础的模块化设计，形成八轴、十二轴编组形式(如图 2—18 所示)，开创了一种新型机车组牵引动力方式的发展方向，并为更大轴重升级奠定技术基础，达到了世界领先水平。

图 2—18　神华号八轴、十二轴交流传动电力机车

(2) 神华十二轴电力机车为世界功率(14 400 kW)最大、牵引力最大(启动牵引力 1 140 kN，持续牵引力 798 kN)的电力机车，如表 2—1 所示。

表 2—1　神华号机车主要技术参数

参　　数	八　　轴	十二轴
供电制式	单相交流 25 kV/50 Hz	
轨距(mm)	1 435	
轴式	$2(B_0B_0)$	$3(B_0B_0)$
整备重量(t)	$2\times100^{+1}_{-3}$	$3\times100^{+1}_{-3}$
轴重(t)	$25^{+1}_{-3}\%$	
机车车体宽度(mm)	3 100	
车钩中心距(mm)	39 304	52 912
机车轮周电制动功率(kW)	9 600	14 400
机车起动牵引力(kN)	760	1 140
机车持续牵引力(kN)	532	798

续上表

参　　数	八　　轴	十二轴
牵引恒功率速度范围(km/h)	65～120	
机车最高运行速度(km/h)	120	
电制动方式	再生制动	
机车轮周电制动功率(kW)	9 600	14 400
最大电制动力(kN)	461	691
制动恒功率速度范围(km/h)	75～120	

(3) 司机室采用高档汽车设计理念设计，整体效果达到汽车内装水平，司机室具有人性化的操纵台整体布置体现了神华集团对司乘人员的关怀，机车司机室整体设计水平处于世界领先。

(4) 在机车中首次采用视频后视系统，提高了机车的安全性能，降低了司乘人员的工作强度。

(5) 机车首次将机车无线电台、列尾装置、机车重联电话进行整合，高度集成，实现由一个操作界面完成三个功能部件的操作。

(6) 机车采用大功率水冷 IGBT 主、辅一体化变流器，牵引电机轴控方式。机车网络控制系统采用基于 TCN 国际标准，实现机车智能控制，信息显示，故障智能诊断、记录。

(7) 机车单节车体可承受 3 000 kN 压缩力，处于世界领先水平。

(8) 采用自主研发的微机网络模拟控制 DK-2 制动系统，完全满足我国重载列车的制动控制需求，系统性能先进成熟，安全可靠。

(9) 通风系统采用独立通风方式，保持机械间微正压，提高了整个机械间内的部件运用环境。

(10) 机车采用智能化可旋转的头灯，可根据线路的情况自动转动大灯，使光柱照射始终处于轨道线路中心，更大程度地改善瞭望条件。

4. 应用成效

神华号新型大功率交流传动电力机车具有效率高、运行可靠、节能等优点，且有富余功率提高速度，可大大缓解目前机力、人力紧张局面。由于采用了自主研发的电牵引系统、微机控制系统、制动系统和无线远程同步控制系统等先进技术，相对比国内、外的同类产品，具有突出的技术和价格优势。神华号大功率交流传动电力机车将成为神华集团未来重载运输的主型机车。同时，采用以动力单元为基础的模块化设计，形成八轴、十二轴的编组形式，开创了一种新型机车组牵引动力方式的发展方向，并为更大轴重升级奠定技术基础。

2.3.2　载重 100 t 级大轴重货车

结合神华铁路实际情况及线路条件、装卸货设施要求，载重 100 t 级大轴重重载货车的研制开发采用最新的轻量化技术、低动力作用走行技术及重载车钩技术等手段，最大限度降低车辆自重、提高车辆载重，增大容积、缩短列车长度、增加编组数量。同时，采用沿车体横向布置的自卸式机械底门开闭机构，与地面碰头配合，实现底门自动开闭及边走边卸，无需辅助动力和人员操作，提高卸煤效率高，降低运营成本低，整体提升重载货车综合技术性能。神华集团与北车齐齐哈尔车辆厂就大轴重货车积极开展研发合作，以满足日益增长的重载运输需要。

1. 关键技术

（1）研究车辆与线桥、站场关系，确定车辆设计参数。结合对神华集团所属线路、桥梁、站场、装卸货设备、机车牵引能力等调研，分析了货车轴重与线路的匹配关系，在站场长度和牵引重量一定的条件下，采用缩短车辆长度，提高每延米重，增加列车编组辆数，提升列车运输能力。在此基础上，确定了神华铁路重载货车采用车体轻量化技术，轴重宜为30 ~ 31.5 t、每延米重大于 8.33 t/m、车辆长度宜在 14 m 左右。

（2）研究装卸货设备条件，确定车辆外形参数。根据神华铁路货车与既有卸货设施的匹配性调研，特别是与漏仓、传送带、装载机及翻车机、地坑等关系调查，分析了配套装卸货设备与货车间关系，考虑到神华铁路既有线路绝大部分为电气化铁路，具备开行适应电力机车限界车辆的条件，因此，大轴重货车外形尺寸宜采用电力机车限界来进行合理优化确定，保证装卸货设备与车辆间相互适应。同时，考虑神华铁路既有双翻翻车机额定最大载荷均为 200 t，而 30 t 轴重车辆双车一组的重量达到 240 t，采用既有翻车机无法满足敞车的翻卸作业要求，且重新购置翻车机或对既有翻车机主体进行较大的改造和加固，设备成本高，宜采用自卸式漏斗车设计。

（3）研究列车纵向动力学性能，提高纵向承载能力。根据神华重载列车编组形式和运营模式，从整个重载列车系统对列车纵向作用力、钩缓系统特性、制动系统特性、列车编组和操纵等方面深入分析，提出采用重载列车钩缓装置，提高车钩的纵向承载能力，提高和改善车体承载结构及部件纵向承载能力，提高列车运行可靠性和稳定性，保障车辆运用安全。为此，大轴重货车应采用采用 E 级钢 17 型车钩、17 型锻造钩尾框、HM-1 型大容量缓冲器，采用加厚型钩舌、合金钢钩尾销、含油尼龙钩尾框托板磨耗板、防跳插销等，同时，采用牵引杆技术，缩小车辆间间隙，减小重载列车纵向冲动作用。

（4）研究车桥耦合和车辆悬挂性能，实现轮轨低动力作用。以车辆、列车和线桥相互作用为系统，在转向架速度、运行稳定性、可靠性等常规性能研究基础上，通过车桥耦合仿真技术手段，对比分析了不同转向架悬挂系统参数下车辆对桥梁的影响，对 DZ4 型 30 t 轴重交叉支撑转向架悬挂系统进行优化，提高了转向架低动力性能，使其具有低动力、准径向、无焊接、轻磨耗四大特点。

（5）开展疲劳评估和整车疲劳试验，提高结构可靠性。应用 AAR 标准的名义应力法和美国最新 ASME-2007 标准的等效结构应力法等先进的疲劳分析计算方法，在借鉴我国既有重载货车运用疲劳故障及改进经验的基础上，对车辆结构进行对比分析计算和优化。同时，采用整车疲劳振动试验台和实测载荷谱进行整车疲劳试验，提高大轴重货车结构可靠性。

（6）优化车辆磨耗、易损结构，提高车辆维修性。通过对神华铁路在用货车实际运用、检修条件调研，优化车体、转向架、车钩缓冲装置主要磨耗部位磨耗件材质及连接结构，减小磨耗及损伤，提高车辆可维修性，方便检修，降低检修维护工作量，缩短车辆维护时间，提高车辆利用率和综合经济效益。

2. 创新成果

（1）新研制重载货车最大载重 100 t、名义载重 98 t，自重约 22 t，自重轻、载重大。单车载重量较 C_{80} 型敞车增加 20 t，提高 23% ~25%，如图 2—19 所示。

图 2—19　KM98 型铝合金煤炭漏斗车

（2）采用 5 辆一组、短牵引杆时，车辆平均长度 14 m、每延米重 8.57 t/m，在 1 700 m 站场长度条件下，每列车较 C_{80} 型敞车多运输 1 720 t 煤炭，运能提高 18.5%。

（3）采用国内外成熟的铝合金铆接、侧柱外置车体，技术成熟、运用可靠，更适于工业化批量生产。车体内部平滑，卸净率高，有利于防范冬季冻煤，保障车辆运行安全。

（4）创新自卸式底门机构，与地面碰头相匹配，实现正反向边走边卸、底门自动开闭。设有二级锁闭功能，更适合于我国运用条件，安全可靠性高。

（5）采用整体铸造牵引梁、高强度车钩、大容量缓冲器、锻造钩尾框、120-1 阀和转向架集成制动等重载成熟技术，满足集中牵引 1 万 t、分散牵引 3 万 t 列车的运输要求，如图 2—20 所示。

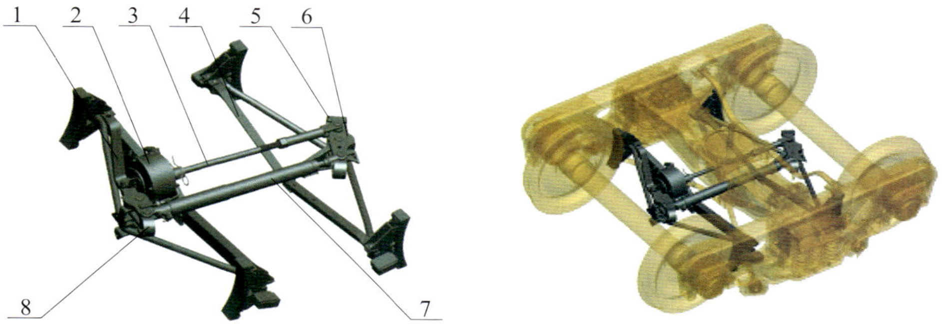

图 2—20　集成式制动装置组成

1—手制动杠杆（制动缸侧杠杆）；2—制动缸；3—制动推杆；4—制动梁；5—非制动缸侧杠杆；6—非制动缸侧 J 型杠杆；7—闸调器；8—制动缸侧 J 型杠杆

（6）装用 DZ4 型 30 t 轴重交叉支撑转向架，具有低动力、准径向、无焊接、轻磨耗四大特点，在美国 TTCI 对比试验中性能最优，在朔黄线桥综合试验中动力性能优于 C_{80} 车，对基础设施损伤小，更适合于神华既有线改造使用，更适应于神华既有检修设施。

（7）应用全寿命周期设计理念，全面采用拉铆钉和非金属磨耗件、可拆卸磨耗件，消除金属摩擦副；制动管系模块化设计、外侧布置，提高可靠性和使用性，为状态修创造条件。

3. 应用成效

牵引功率和轴重是反映铁路机车牵引能力的标志性指标，牵引功率和轴重越大，机车牵引能力越强。基于 C_{80B} 型敞车设计经验，30 t 轴重运煤专用敞车的自重约为 24 ~ 25 t，则载重可达 95 ~ 96 t，车辆自重系数为 0.25，总容积约为 101 ~ 102 m^3。与国内 C_{80B} 型运煤专用敞车相比，单车载重可增加 17 m^3。目前，机车轴重一般不高于 25 t，而采用 30 t 轴重技术重新设计的重载机车，在相同功率情况下，其牵引力可比现有机车高出 20%，即每列货运机车可多牵引 15 到 20 节货车，可在不增加能耗的前提下提升运输经济效益。

2.3.3 800 MHz + 400 kHz 机车无线重联控制技术

重载机车动力分布无线重联控制技术，是铁路重载运输的核心技术之一。国外普遍采用 Locontrol 分布式动力控制技术及 ECP（电控空气制动系统）控制技术，国内大秦线 2 万 t 重载组合列车也采用美国 GE 公司的 Locontrol技术。为了打破国外技术垄断，解决运行中通信中断、惩罚性制动等问题，2006 年下半年，神华集团神朔铁路公司借鉴国内外开行万吨重载列车的经验，组织相关人员着手开展重载机车动力分布无线重联控制技术研究，克服了神朔铁路铁路曲线半径小、坡度大、隧道多等一系列技术难题，成功研制出 800 MHz + 400 kHz 机车无线重联控制系统。该系统在神朔、朔黄等铁路成功应用，显著地缩短了列车停车距离，减少了充风时间，改善了列车操作，实现实时监测与诊断列车状态，改善了列车的安全运行品质。

1. 关键技术

800 MHz + 400 kHz 机车无线重联控制系统采用模块设计方案，由数据传输单元（DTE）、操纵控制单元（OCE）、信息显示及人机接口单元（IDU）等部件组成。在 SSC_4 系列电力机车上采用两节机车各装一套的方式，互为冗余，提高系统可靠性。系统设置为主控模式与从控模式，实现列车编组内各机车同步操纵的要求。系统采用 800 MHz 无线通信与 400 kHz 接触网无线感应通信组合方式，传输主控指令和从控反馈信息，具有较好的抗干扰性能。采用改进型 DK-1 制动机，在主控机车上使用时保持了原有功能，在从控机车上使用时具有按主控机车指令同步制动或缓解的功能，如图 2—21 所示。主要关键技术包括：400 kHz + 800 MHz 混合通信技术、主从逻辑控制策略技术、DK-1 制动系统电气化优化改进技术和系统热备冗余技术。

（1）800 MHz + 400 kHz 混合通信技术

选用 800 MHz 无线通信和 400 kHz 接触网无线感应组合通信传输方式。

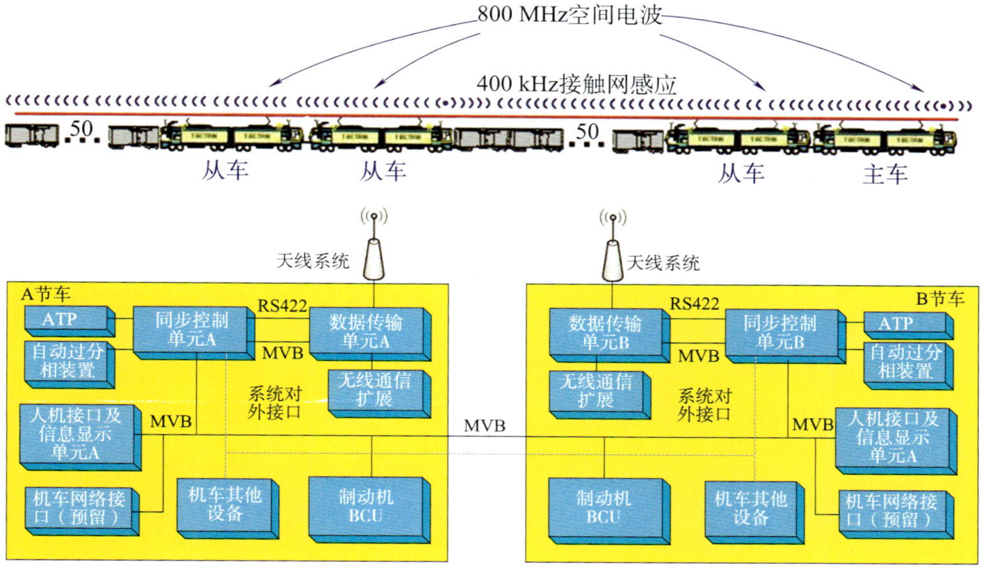

图 2—21　重载列车动力分布无线重联控制系统

每列重载列车的牵引机车配备 1 套无线数据传输设备，每套设备装备 2 个 400 kHz 电台和 2 个 800 MHz 电台，分别设置在 1 个 400 kHz 信道和 2 个不同的 800 MHz 信道。主控机车的列车控制系统将列车控制信息通过 3 个信道同时发送，各个从控机车能够通过 2 个守候在不同频率的 800 MHz 电台以及 2 个守候在相同频率的 400 kHz 电台接收到信息，经过信号选择后，传送给列车控制系统。在这个过程中，各个机车之间的通信采用了广播与接力相结合方式，对无线数据的传输时隙进行了合理有效的管理，满足了实际应用中对同步操控间隔时间的要求，解决了因山区隧道等因素造成的电波信号衰减问题。

（2）主从逻辑控制策略技术

根据长期运用效果探索，确定了若干项编组设置参数，包括机车车型、机车车号、主从车序号、编组距离等参数，并采用下拉菜单选择的方式保证了参数设置的准确性。无线重联系统实时监测机车状态，当主车司机在进行各项运行操作时，各种指令状态信号就会由主车的无线重联系统传给各个从车的无线重联系统，从而使从车的运行状态与主车保持同步一致，确定了一种无线重联电气接口系统参考标准，包含机车运行必要的操作指令信号和若干辅助状态信号，解决了列车编组及其主从车工作状态同步一致的问题，在线路中运用情况良好。

（3） DK-1 制动系统电气化优化改进技术

通过加装新增部件和对个别线路管道进行改造，对每一种制动状态，都有不同的电气信号状态组合关系与之对应，进一步提高制动系统电气化程度，由制动控制系统 BCU 管理本台车各项制动数据，并通过 MVB 车辆总线与操纵控制单元 OCE 进行数据交换，从而实现了在保持原有功能的同时，使主控机车和从控机车具有同步制动或缓解的功能，降低机车在运行状态变化时所产生的冲动，改善了车钩受力状况，增加整列车运行的平稳性和安全性。

（4） 系统热备冗余技术

操纵控制单元采用双机热备冗余模式，每节机车都安装相同的重联控制操纵控制系统，每台机车有两套相同的装置，组织结构功能完全对称，两节车的系统互为冗余备份。在正常情况下，操纵端的设备为工作状态，非操纵端的设备为冗余状态，当操纵端设备出现异常时，非操纵端的设备自动切换到工作状态，实现无缝冗余，对列车运行没有任何影响。在保证可靠性的同时，提高了列车停车解编的可用性。

2. 应用成效

该技术的成功研制取得机车无线重联系统电气化线路兼容等多项专利，总结形成了一整套重联重载列车运用的标准、规范，促进了机车领域其他相关产品的技术发展，推动了站场及各种线路配套设施的升级和改进。技术验收评审小组专家认为，800 MHz + 400 kHz 机车无线重联控制技术填补了我国重载列车动力分布无线重联控制技术和产品的空白，研究成果具有国际先进水平。

该技术系统应用后有效地促进了晋陕蒙地区煤炭资源的运销，较大程度地满足了华南、华东地区等煤炭企业、朔黄铁路、黄骅港配套形成强劲的产运销产业链，进一步拓展了国外煤炭市场，拉动了国内经济增长。该技术已在神华集团所属的神朔铁路、朔黄铁路推广使用。截至 2010 年 6 月 1 日，神朔线改造机车 40 台，累计开行万吨列车 1 542 列；截至 2010 年 6 月 10 日，朔黄线改造机车 44 台，累计开行万吨列车 1 608 列。随着神华铁路运量的增长，神朔铁路将有计划地逐步完成全部保有机车的装车改造以及神华其他铁路公司推广使用。

2.3.4 列车风管贯通检测安全保护

近年来发生的折角塞门非正常关闭事故给我国铁路运输造成了重大损

失，如果能及时地发现折关事故隐患，就能有效避免事故的发生。列车风管贯通判断控制装置解决了列车因折角塞门被关闭而引起的行车事故，可有效促进铁路运输安全生产。

1. 关键技术

列车风管贯通检测装置是在国铁使用的“列尾装置”和“列车折角塞门关闭状态检测装置”的基础上，将二者的优点结合，克服其缺陷，开发出保护全面、功能完善、安全可靠、拆装运送方便、维护简单的列车贯通监测运行安全装置。装置主要由机车车载部分、列车尾部装置部分、管理及地面分析处理软件系统三部分组成，如图 2—22 所示。

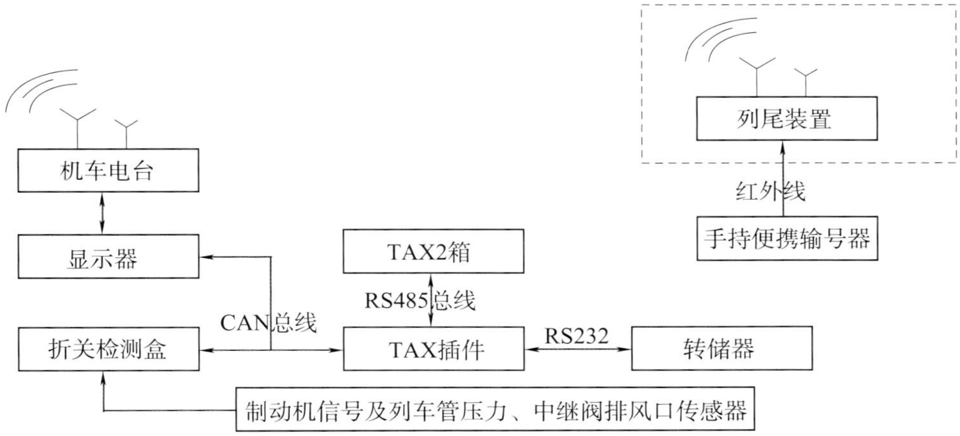

图 2—22　列车贯通检测安全保护装置

机车车载装置(简称车载装置)主要功能是通过采集机车制动机的各种信号进行折角塞门关闭位置的判定；利用 400 MHz + 400 kHz 电台与列车尾部装置进行通信及获取数据的处理；乘务员与装置人机接口和报警功能；通过 TAX2 箱获取统一的公里标、速度、时间信息等并对相关事件进行记录。

列车尾部装置部分(简称“列尾装置”或“电子车长”)主要功能是：监测并反馈列车尾部管压等列尾装置信息；接收司机发出的遥控指令并执行；同时兼有列车昼夜尾部标识等。管理及地面分析处理软件系统主要是为用、管、修建立的一套管理模式，并对车载装置、列尾装置记录的数据进行分析处理，如图 2—23 所示。

图 2—23 列车风管贯通检测列尾装置和车载装置

2. 组织实施

“列车风管贯通检测安全保护装置”（以下简称为装置）是神华集团2006年的科研项目，由朔黄铁路发展有限责任公司负责实施。

项目于2006年3月~7月，进行调研、方案论证，2006年10月神华集团批准并下达该项目。

2006年10月初研制出第一批样机，在SS_4-96、98号机车上进行安装调试，对装置作了防折角塞门关断，无线通信等项目测试。2006年12月至2007年5月对无线通讯、机械结构及悬挂方式牢固性、电池低温性能进行试验。其中2007年3月车载装置被安装到朔黄SS_4-58、59、97、114、115、116、117、118号机车上进行考核试验，累计安装台数达到10台机车，尾部装置10套。

2007年7月12~13日，朔黄铁路公司运输部、安监室、机辆分公司的相关人员对装置进行阶段性测试。2007年8月3日至9月18日进行了装置整机装车考核试验，考核累计试验为110趟次。2007年9月10日至10月3日分别对C_{64}空、重车，C_{70}空、重车等车型的折关进行数据采集工作并建立了折角塞门关断数学模型。2007年12月11日至13日由朔黄铁路公司科技部、运输部、安监室、机辆分公司的相关人员对装置进行综合性验收测试。

2008 年元月，在原装置上增加 400 kHz 感应通信，使装置通信模式为 400 MHz + 400 kHz，具有更高的通信成功率。2008 年 3 月装置通过了铁道部产品质量监督检验中心机车车辆检验站的型式试验。2008 年 5 月 9 日 ~6 月 2 日，在神华集团组织的神池南—肃宁北区段万吨列车牵引试验中，进行了列尾通信部分试验。

装置车载部分累计运行 15 万 km，尾部装置运行 600 余趟次，经过 1 年半的考核，经受了各种环境、气候条件检验。该系统是国内第一套实现集折角塞门关闭位置检测和列车尾部排风于一体的列车运行安全系统。

2008 年 11 月 29 日，项目通过神华集团组织的专家验收，验收意见是"列车风管贯通检测安全保护装置"在机车制动技术及列车贯通辆数判断检测方面具有创新性、先进性。

2009 年该装置开始在朔黄铁路万吨机车批量装车，进行更大范围、更长时间、更恶劣环境的考验，检验试验产品的可靠性和稳定性。根据装置在万吨列车上使用情况，装置早期反映的重联通话不良、列尾通讯效果不良、列尾常用排风时起紧急等几个方面问题，通过采取加装专用通话器；对 400 k 调协板电容进行匹配使其 LC 谐振工作在最佳状态；对机车 A/B 节电台进行冗余改造；对排风口径进行调整以满足车辆分配阀的安定性等多种改进措施，提高装置的稳定性，最终取得了良好的效果，2009 年 10 月万吨列车正式开行后投入使用。

3. 应用成效

该装置可以确保铁路运输安全，避免列车折角塞门关闭引发的"放飏"等事故发生；乘务员能够及时发现列车分离，缩短故障判断及处理时间，避免运行中区间遗留车辆引发的运输中断；各专业分工协作，不设立专业部门，不需另外增加人员，经估算，与列尾装置比较，仅人员工资每年节省超过 50 万元，其他设备、房屋、水电等也有相应的节约；由于采用原有的通信系统，对应山区基本不增加双套电台的费用。朔黄铁路全线若采用 400 MHz + 400 kHz 列尾装置，总需要费用估算为 2 000 万元以上，而采用该装置全线路仅需 1 800 万元。

该装置通过了铁道部产品质量监督检验中心的型式试验。从 2009 年底起至 2010 年 3 月，在朔黄铁路全线电力机车推广安装列车风管贯通检测安全保护装置，共完成了 184 台电力机车的加装改造工作，标志该项科研成果正式转化现实生产力，有效保障了朔黄铁路运输生产安全。"列车风管贯通检测安全保护装置"获得 2009 年神华集团公司科技进步二等奖。

2.4 重载铁路新型移动通信技术

我国长大重载列车无线同步操控通信系统主要有 800 MHz、GSM-R、400 kHz 等。大秦铁路重载列车的无线通信系统是 GSM-R 方式，神华重载铁路万吨机车无线重联采用 800 MHz + 400 kHz 方式。随着神华集团朔黄铁路扩能改造工程的推进，站场条件、牵引供电、信号系统已能满足开行 2 万 t 列车的要求。开行 2 万 t 重载列车后，列车编组长度变得更长，采用 800 MHz + 400 kHz 系统更无法满足现场需求。800 MHz 系统传播距离短，在开阔地区的可靠、有效通信距离为 660 m，在山区会更短。朔黄铁路在部分区段安装了地面补偿设备。地面补偿设备从国内外应用情况来看，效果有限，特别是在双向会车时，存在相互干扰、通信失效问题。400 kHz 信号传播在过分相区时存在信号中断问题，在车站股道较多时存在信号传播混乱问题，由于接触网上各种谐波影响，通信质量差。这些问题是由其系统原理决定的，必须通过系统创新才能解决。

2.4.1 LTE-R 宽带移动通信系统

为更好地满足重载铁路长大编组列车的开行需求，需要研究新的重载铁路移动宽带通信系统。随着以正交频分复用(OFDM)和多输入多输出(MIMO)技术为基础 LTE 技术的快速发展，将 LTE 技术引入重载铁路，构建满足开行长大编组列车需求的新型宽带移动通信系统成为可能，且 LTE-R 采用扁平化组网方案，简化网络架构，减少网元数量，具有高可靠性、高数据业务传输速率和低数据传输时延、良好的移动性能。为此，神华重载铁路基于新一代无线宽带通信 TD-LTE 技术，以朔黄铁路为示范点，研究和开发了重载铁路 1.8 GHz 新型宽带移动通信系统，以实现重载列车同步操控、可控列尾、调度通信、视频传输等语音和数据移动通信业务。

1. 关键技术

(1) 重载铁路新型宽带移动通信系统需求分析。结合重载铁路调度指挥、列车编组、调度命令下达等运输组织模式，分析重载铁路组合列车控制、调度通信、安全监控和维护管理等关键业务对移动通信的需求，明确宽带移动通信系统的关键技术指标。

(2) 重载铁路移动通信系统技术体制。针对已获准的 1 785 ~ 1 795 MHz (10 MHz 带宽)无线频率资源，结合重载铁路实际特点，通过研究分析当前主流宽带移动通信技术，确立重载铁路新型宽带移动通信系统的技术体制。

（3）重载铁路新型宽带移动通信系统成套设备研制。开发适应于1.8 GHz的基站设备、核心网设备及移动通信终端等配套设备，构建完整重载铁路新型宽带移动通信系统，实现实时安全数据传输、语音通信业务、非实时的文本数据传送、视频监控、优先级控制等功能。

（4）重载铁路新型宽带移动通信系统工程建设关键技术。通过重载铁路新型宽带移动通信系统技术方案研究，尤其是山区、隧道群无线通信弱场强区覆盖及网络规划技术研究，为系统设计和工程建设提供依据，形成相关技术标准。

（5）新型宽带无线通信系统频谱与电磁环境管理。研究铁路新型宽带无线通信系统所需频谱资源的科学优化配置，提出新型宽带无线通信系统频谱资源配置规范；基于新型宽带无线通信系统业务需求和频谱规划方案，研究铁路系统新型宽带无线通信系统技术标准；研究通信系统设备的分布、安装、调试、防护、维护，提出新型宽带无线通信系统建设标准；研究有效维护电磁环境秩序的标准或规范。

2. 组织实施

由于重载列车同步操控业务对网络安全有特殊要求，需要研究制定合理的网络冗余方案，提高系统自身安全性。需要多单位、多部门协同研究和论证，制定相应应急预案和措施，在通信网络突发故障时减小对列车正常运营的影响。

2012 年 8 月，朔黄重载铁路新型宽带移动通信系统暨小觉至西柏坡试验段工程设计完成内部审查工作；2012 年 10 月，朔黄重载铁路新型宽带移动通信系统暨小觉至西柏坡试验段工程建设完成并完成网络优化。同时中铁二院完成了《朔黄铁路新型宽带移动通信系统总体技术规范》、《朔黄铁路新型宽带移动通信系统编号计划》、《朔黄铁路新型宽带移动通信系统工程设计规范》、《朔黄铁路新型宽带移动通信系统工程施工指南》、《朔黄铁路新型宽带移动通信系统工程验收规范》、《朔黄铁路新型宽带移动通信系统维护管理规则》等技术标准粗稿的制定工作。

2012 年 10 ~ 11 月，试验段进行了世界首例利用第四代移动通信技术的 2 万 t 重载实验，验证了无线重联、可控列尾、无线列调、视频监控等用业务搭载 LTE 无线网络的可行性。2013 年 1 ~ 2 月，中铁二院完成了朔黄铁路全线设计勘测工作。同时工信部电信传输研究所完成朔黄铁路新型宽带移动通信系统小觉至西柏坡试验段第三方网络测工作。2013 年 3 月，华为在上海实验所进行了应用业务设备联调联试，验证了第一次实验发现问题的改进情况。2013 年 4 月，华为公司在小觉至西柏坡试验段完成了实验网络参数调整与优化，实现了无线网络的负荷分担。2013 年 4 月，神华国际工程公司完成无线专网建设可行性研究外审工作。2013 年 5 月，朔黄铁路公司在小觉至西柏坡试验段进行了应用业务第二次搭载实验。验证了各系统在第一次实验过程中发现问题的改进情况。2013 年 8 月 19 日至 31 日，各应用业务终端在上海华为实验室进行 2 万 t 实验室环境下的模拟实验，验证第二次现场实验过程中发现问题的解决情况。

3. 预期效益

该系统可支撑朔黄铁路 2 万 t 重载列车开行，实现 3.5 亿 t 以上年运力。按每年在现有基础上增加 1 亿 t 运量计算，可增加收入 60 亿元，增加利润 30 亿元。下一阶段研究使用 LTE 宽带移动通信网络作为移动闭塞承载网络的可行性，利用 LTE 通信平台实现移动闭塞，年运力可望达到 5 亿 t 以上。利用 LTE 宽带移动通信网络承载铁路业务，不仅满足了朔黄铁路开行 2 万 t 列车的通信需求，在国内外铁路移动通信中也尚属首列，对铁路移动通信的发展具有借鉴和示范作用。

2.4.2 基于 LTE 的无线重联控制系统

神华重载铁路半径小、坡道大，开行万吨级重载列车对机车同步操纵系统高求很高。由神华集团牵头，联合国内主要企业和科研力量，进行产、学、研联合攻关，经过不断努力，取得重大技术突破，成功研制出具有完全自主知识产权的 TEC-TROMS + DK-2 机车无线重联同步控制系统装置，无线通讯采用 800 MHz + 400 kHz 方式，完全适应并满足神朔、朔黄铁路万吨组合列车开行要求。

2008 年，朔黄铁路开始进行年运量 3.5 亿 t 扩能改造项目，规划开行 2 万 t 级货运重载组合列车。开行 2 万 t 级重载组合列车较 1 万 t 组合列车有较大的技术难度及跨度，随着组合列车编组长度增加、牵引质量增加、制动距离变长，无线通信系统的性能、同步控制系统的稳定性、制动系统的可靠性等问题成为 2 万 t 重载组合列车安全开行和平稳操纵的关键。因此，进行重载组合列车无线重联控制系统研发，对保障万吨重载组合列车的安全、稳定、可靠运行具有重大意义，同时将有力的推动我国在该领域的技术进步。

1. 关键技术

(1) 总体方案

与既有系统相比，基于 LTE 的重载组合列车无线重联控制系统增加了 LTE 宽带无线通信方式，与既有 800 MHz 无线通信方式相融合；增加了基于 LTE 宽带无线通信方式的同步控制策略调整及优化；增加了基于 LTE 宽带无线通信方式制动控制策略调整及优化；增加了 LTE 宽带无线通信系统，提高无线重联数据的可靠性及实时性。在 LTE 宽带无线通信方面通过地面无线重联编组应用服务器，结合既有 800 MHz 通信传输方式进行新型的重联无线通信桥梁构建，如图 2—24 所示。

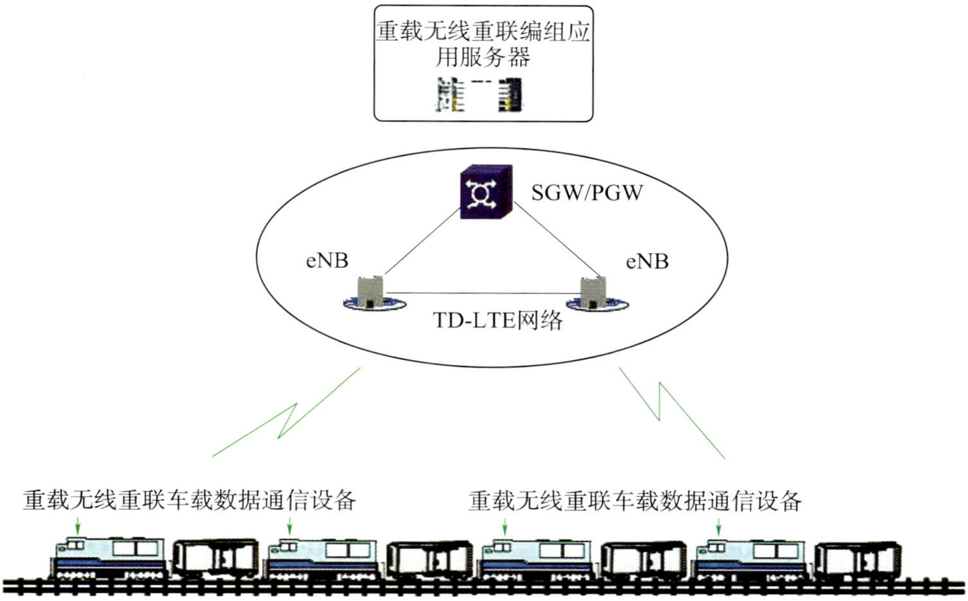

图 2—24　无线重联采用 LTE 新型宽带通信系统承载方式

在既有 800 MHz 通信组合列车无线重联车载设备的基础上，增加支持 LTE 通信方式的车载和地面设备，结合同步控制系统和制动系统设备的软、硬件升级，实现 LTE 通信模式的无线重联数据传输功能和重载组合列车的控制功能，为开行 2 万 t 组合列车提供技术和设备支撑。通过采用 LTE 新型宽带通信技术和既有 800 MHz 无线通信技术相结合的方式承载组合列车无线重联操控数据通信技术方案，实现牵引、制动的分布式同步控制，最终满足朔黄铁路开行基于 LTE 网络的重载组合列车的要求。主要围绕无线通信、远程同步控制、列车制动三个方面进行研究。

（2）无线通信

800 MHz 无线传输方式不能满足更长列车的各机车之间的通信，需要考虑采用网络化无缝覆盖的无线通信方式，朔黄铁路公司确定采用 LTE 新型宽带通信系统承载无线重联数据传输，突破了 LTE 宽带通信技术与无线重联系统的协同适配问题。

①结合 LTE 通信系统的特点，分析研究了 2 万 t 编组无线重联控制系统对通信服务质量需求。结合无线重联控制系统的特点，研究制定了 LTE 宽带无线通信系统采用 IP 方式传送列控安全数据的技术方案，保证安全数据传输的服务质量等级优先；将 LTE 技术的服务质量水平和无线重联控制系统的工作原理相结合，研究提出了 2 万 t 编组无线重联控制系统对 LTE 无线通信系统的指标要求，确定了实时性和可靠性指标要求。

②LTE 宽带无线通信方式承载无线重联安全数据传输技术研究。研究制定了注册和注销功能的流程，在 LTE 网络中实现主控、从控机车无线重联设备数据会议组的建立和删除；研究制定了 LTE 网络条件下数据会议功能的实现流程，在主控和从控机车之间实时传输列车操控数据，支持多列车编组方式；研究数据链路实时监测通信流程，实现了对 LTE 通信链路检测和断线重连功能；研究重载无线重联车载数据通信设备监测功能，实时掌握通信设备工作状态；研究通信应用设备可靠性关键技术，在适应 LTE 不同的组网方式、设备结构、软件架构设计、电磁兼容等方面深入研究，确保设备技术性能指标达到无线重联系统要求。

（3）远程同步控制技术

随着重载组合列车牵引质量和列车纵向作用力增加，安全运行品质随之降低，在远程同步控制策略及故障诊断安全导向方面进行研究。

①2 万 t 编组模式下，远程控制策略的研究及实现。针对现有的 SS4B 机车，进行 2 万 t 编组模式及远程控制策略研究，进行 1 +2 +1 及 2 +2 编组模式下的控制策略优化研究及对比；针对重载组合列车，优化远程同步控制策略，有效减小车辆间的纵向作用力；中部机车同步操纵优化控制，进行牵引、电制条件下的平稳性研究。

②800 MHz 无线传输和 LTE 宽带无线通信方式的数据融合技术研究。在现有无线重联系统 800 MHz 通信模式的基础上，增加 LTE 通信单元，实现对控制系统改造升级，完善控制系统工作流程，补充通信协议，使无线重联控制系统同时兼容 LTE 宽带无线通信和 800 MHz 无线电台通信两种通信制式的数据传输，实现不同通信制式之间的数据融合，确保无线重联数据

的可靠传输。

③基于 LTE 宽带无线通信方式的过分相状态下的无线重联异步控制策略优化研究。结合 LTE 宽带无线通信特点，进行 2 万 t 重载组合列车过分相时的异步控制策略优化研究，有效解决过分相时的列车纵向力及过分相指令的可靠传输，保障 2 万 t 重载组合列车的平稳、可靠运行。

④优化故障诊断及数据记录功能。增加 LTE 无线通讯状态及故障信息记录功能，研究基于 LTE 宽带无线通信的无线重联系统故障信息的远程传输、实时显示及故障诊断等技术研究。

（4）列车制动技术

万吨重载列车编组变长，导致制动操纵迟钝、制动距离变长、列车耗风量增加，需要进行以下方面的技术研究：

①基于 LTE 宽带网络的组合列车不同编组模式下制动性能试验研究。通过地面模拟试验，完成“1 +2 +1”、“2 +2” 编组模式下组合列车制动性能参数试验，这些试验包括组合列车常用制动试验；持续一定时间的常用制动保压试验；紧急制动试验；阶段制动试验；循环制动试验；模拟列车断钩试验等。

②基于 LTE 网络的重载组合列车制动同步控制策略研究。通过地面模拟及现场试验，测试主、从控机车输入、输出制动控制指令响应时间，制动控制的同步性，研究最佳控制方案。

③基于 LTE 网络的重载组合列车紧急制动安全控制策略研究。针对组合列车不同状况下（主、从、补机触发紧急）紧急制动施加方式下，组合列车紧急制动安全控制策略。

④基于 LTE 网络的重载组合列车制动故障处理及安全导向策略研究。根据新的编组模式，研究 2 万 t 组合列车制动系统故障触发机制及相应的安全导向策略；2 万 t 组合列车信息数据存储机制及地面数据分析方法。

⑤流量异常控制策略研究。根据贯通全列车列车管的充风流量实时数据，将此数据作为组合列车主控机车制动操纵指令的无线通讯网络的冗余，从控机车根据无线通讯网络的好坏以及流量监控设备的数据来响应主控机车的控制指令，从而有效的提高组合列车的运行安全。

⑥低速制动的安全性及平稳性研究。根据组合列车的线路试验，研究低速制动时组合列车安全性和平稳性的主要影响因素，并提出合适的操纵处理方法。

通过 LTE 无线宽带通信与 800 MHz 无线通信的有机结合，有效提高了无线重联数据传输的实时性及可靠性。制动系统装置性能更稳定可靠，制动压力波速达到 2 万 t 重载组合列车应用要求。提高制动机响应速度，进一步缩短空走时间，使其技术参数达到应用要求。在新的无线路由管理下，同步性响应时间更均衡，正常情况下正态分布小于 2.0 秒。在远程同步控制策略上，实现故障触发与轮询方式的相结合。优化操作控制模式，减少操作复杂度，提供友好的故障信息查询与维护手段。

2. 组织实施

神华集团不断跟踪研究国内外先进技术，展开一系列前期预研究，积累了一定的技术能力，为无线重联同步控制系统的研究奠定了基础。在此基础上，2012 年 4 月，由朔黄铁路公司筹集资金，启动系统研发工作。联合株洲南车时代电气股份有限公司、南车株洲电力机车有限公司、中国铁道科学研究院通信信号研究所、中南大学、长沙南睿轨道交通电气设备有限公司，采取自主开发、联合攻关的方式，经过实验室调试和现场试验验证，解决了基于 LTE 宽带无线通信承载无线重联数据传输的 2 万 t 无线重联同步控制的技术难点，最终研制出 2 万 t 组合列车安全开行所需的可靠的无线重联控制系统。

2012 年 5 月，结合 LTE 无线宽带通信技术特点，明确了无线重联系统对 LTE 通信系统的需求；研究制定 LTE + 800 MHz 无线通信方式承载无线重联数据传输的冗余技术方案；进行重载组合列车不同编组模式下的技术方案设计。

2012 年 6 月至 8 月，制定了 LTE + 800 MHz 无线通信方式承载无线重联系统数据传输的技术标准和设备技术条件；研制开发无线重联系统车载通信设备和地面通信服务器；完成重载组合列车制动机的地面模拟试验，包括组合列车常用制动、制动保压、紧急制动、阶段制动、循环制动、列车断钩试验等；完成无线重联系统试验设备与 LTE 无线通讯网络的地面静态模拟调试；完成无线重联控制设备与制动机的地面静态调试。

2012 年 9 月至 11 月，在肃宁北 LTE 核心网机房，对无线重联系统设备进行了现场静态试验；完成试验用组合列车上无线重联系统设备安装及改造；在小觉至西柏坡试验段开展现场动态试验及验证。2012 年 12 月，总重 21 600 t 的重载组合试验列车在朔黄铁路成功开行。

3. 应用成效

朔黄铁路重载组合列车无线重联系统支持 LTE 和 800 MHz 通信制式冗余工作等关键技术突破后，进一步研制出配套的应用设备，开行万吨级以上组合列车，为实现朔黄铁路煤炭年运量目标提供了必要条件。该系统的应用可有效提高煤炭运输能力，缓解煤炭供应不足，强有力的支持国家经济建设和社会正常运转对煤炭能源的需求，其经济效益和社会效益十分显著。

2.4.3 基于 LTE 的重载铁路移动闭塞系统

移动闭塞是安全完整性等级最高（SIL4 级）的列控系统，以车载速度显示作为行车凭证，能够实现列车紧密追踪、列车超速防护。移动闭塞的应用可有效解决现行机车信号与列车运行监控记录装置（LKJ）结合使用在控车安全性方面存在的不足；通过缩短列车追踪与发车间隔，大幅提升线路运能，降低工程造价；通过车地之间双向大容量的信息交换，可以在调度中心实时掌握所有列车的驾驶模式和运行工况等信息，便于调度人员科学、合理地调度指挥，显著提升运输管理自动化水平；减少轨旁设备设置，减轻维护工作量，便于后续升级改造。

移动闭塞是重载铁路的技术发展方向。目前由 TD-LTE 承载列控信息传输在国际上属于空白领域，在重载铁路上研发移动闭塞系统在国际上同样属于空白领域，涉及通信、信号、机车车辆、运输等多个领域的关键技术攻关，技术难度很大，现场试验验证非常复杂，挑战性很强。基于 LTE 的重载铁路移动闭塞系统研制成功后应用前景广阔。

1. 关键技术

（1）基于 LTE 的车地安全信息传输技术：列控系统车载设备生成控车曲线的信息主要来自于地面 RBC 设备，信息量大、实时性高、安全可靠性强，错误的信息可能造成危险。LTE 是一个开放的传输系统，必须采用安全、可靠的传输确保列控信息的正确传输。在充分调研分析重载铁路列控系统的应用需求的基础上，研究 TD-LTE 系统关键技术，内容包括高速移动环境中的信息切换技术、地车信息的安全传输技术、应用于轨道交通系统的 TD-LTE 网络设计与组网技术和网络资源优化技术等。

（2）重载列车的控车模型：重载列车长度长，列车控制模型涉及因素多，包括：运行线路参数；列车长度、列车的编组配置；前行列车位置的不确定性（包括后溜容差）；本车跟踪位置的不确定性；系统容许的超速限制；最大测速误差；系统的反应时间和延迟等。

（3）重载列车的移动闭塞技术：在深入研究重载列车性能条件下的速度—距离曲线及自主测速测距算法的基础上，需要对其他重载铁路移动闭塞关键技术进行研究，包括：车载 ATP 设备及地面 RBC 设备的高安全性、高可靠性冗余安全计算机平台研究；重载条件下列车在 RBC 控制区间切换运行技术研究；车载 ATP 与重载列车间安全—非安全输入输出接口研究；重载列车运行中的移动闭塞授权算法研究；不同重载列车性能情况下的 ATP 统一算法研究；符合重载列车环境要求的车载 ATP 设备及地面 RBC 设备试制等。

通过上述研究，可以将车载 ATP 设备、地面 RBC 设备及测速测距设备与计算机联锁、CTC、轨旁基础设施等既有设备实现整合，统一组成为基于 LTE 的重载列车列控系统，实现对于列车运行的 ATP 防护，同时实现列车的移动闭塞运行，达到提高运行安全、缩短追踪间隔、提高运输效率的预期目标。

（4）重载列车的测速定位技术：列车测速和定位应能满足系统配置 ATP 功能的要求。所有装备列控系统车载设备的列车在应能够确定列车的位置、速度和运行方向；系统应能安全和准确地确定列车前端和后端的位置；系统应具有足够的定位分辨率和精度以满足标准规定的性能和安全要求；系统应具备对列车位置和速度测量误差进行补偿修正的功能。

（5）列车完整性检查解决方案：地铁列车为固定编组，由列车本身提供其完整性信息；高速铁路采用轨道电路等地面设备实现列车完整性检查；重载列车编组不固定，不依赖轨道电路等地面设备，需将现有的列尾装置等改造为符合故障－安全要求的完整性检查设备。

（6）移动闭塞降级方案研究：研究移动闭塞与既有信号系统有机结合，同时，研究主用控车模式与降级模式之间的转换。

2. 组织实施

由铁道第三勘察设计院集团有限公司、北京交控科技有限公司、北京交通大学组成联合攻关课题组。2013 年 5 月，朔黄铁路公司组织课题组现场调研和技术研讨，现场参观了肃宁北站通信、信号机械室，LTE 核心网机房，SS_4 型机车，就机车接口、LKJ 接口、LTE 接口等进行了研讨，经过课题组联合攻关，形成初步接口方案。朔黄铁路公司组织课题组与 LTE 试验人员对接，就移动闭塞信息量、对 LTE 要求等进行了研讨和交流。

首先，进行现场调查及需求分析，相关项目调研，根据调查结果研讨编制系统构成方案、试验方案等。接下来进行用户功能需求研究、系统需求研究、系统接口需求研究、系统主要技术条件研究、列控车载设备、列控地面设备、TD-LTE 设备等技术研究、运输组织模式及能力研究。

系统关键装备研制包括列控车载及接口设备研发；列车完整性检查设备；无线闭塞中心及接口设备研发；临时限速设备研发；TD-LTE 通信接口设备研发；计算机联锁软硬件改造；CTC 软件改造。之后模拟现场环境及设备，进行各项模拟试验，并对评估意见进行修改，最终对模拟试验结果下能否上线试验的结论。再在现场将搭建系统与相关系统进行接口衔接，为整个系统运行调试做准备，经过现场试验改进系统及试验方案，对试验效果进行评估，为下一步全线工程化做准备。

3. 预期效益

移动闭塞在全线工程化实施，万吨列车追踪间隔由目前设计的 10 min 将会进一步缩短，力争缩短为 6 min 以内，运输能力可由扩能改造后的 3.5 亿 t 提升至 4.5 亿 t 以上。移动闭塞系统推广至集团其他项目，将对线网运输能力产生大幅度提升。

移动闭塞系统在全线工程化实施后，由于轨旁设备少，将降低进一步提高运输能力的技术改造工程投资，降低对既有运营线路的干扰，同时，从另一方面节约了大量的运能。移动闭塞系统可降低信号维护工作量，将大大降低运营维护成本。既有重载线路列车采用人工驾驶，按照地面信号驾驶机车，行车安全依靠司机，该成果将在列车上增加列控车载设备，达到列车自动防护（ATP）功能，通过车载设备保证列车的安全，很大程度上降低了司机的劳动强度，保证了运输的安全性。

基于 TD-LTE 的重载铁路移动闭塞关键技术和装备研究将达到世界先进水平，对通信、信号行业的技术和装备发展起到积极的推动作用，对于重载铁路的运输能力将是一个很大的提高。通过实现技术提升，线路运量释放，将缓解和降低公路运输能力，降低社会运输成本，经济社会效益显著，同时降低公路运输对生态环境和大气环境的污染。

2.5　重载铁路运营与维护技术

神华铁路既有的线路、桥梁、隧道和路基等基础设施的设计、建造是按照最大活载轴重 25 t 考虑的，货车轴重提高至 30 t 及以上同时开行牵引质量达到 2 万 t 及以上的重载列车，使得既有轨道结构与部件、桥涵结构、隧道结构、路基基床所受荷载条件发生显著变化，一是重载货车每轴作用于基础设施的集中荷载变大，二是重载货车轮间距和邻轴距的变化相对基础设施受力趋于不利，三是每一重载列车作用于基础设施的频次显著增大。

由于朔黄铁路的特点，钢轨在小半径曲线内股钢轨轨面表层出现开裂问题。为解决上述问题，神华集团坚持基础研究与应用研究并重，在30 t及以上轴重重载列车对基础设施作用特征、30 t轴重条件下基础设施改造活载标准研究、既有基础设施承载能力评估等方面开展了联合攻关。同时，为了满足列车驾驶员培训的需要，与西南交通大学联合研发了重载铁路运输综合（仿真）培训系统。为了满足重载铁路安全运营的需求，开发了综合检测车系统集成和数据处理技术。这些技术创新实践，对神华重载铁路的高效、安全运行奠定了基础，形成了重载铁路运营与维护技术体系。

2.5.1 轮轨关系及延长钢轨使用寿命研究

朔黄铁路正线按我国铁路特重型轨道标准设计。2005 年线路改造后，上行重车线为 75 kg/m 配套轨道结构。运营半年左右时间，小半径曲线（$R500 \sim R800$）内股钢轨轨面表层开始出现鱼鳞状裂纹，并逐步发展，出现轻微的鱼鳞状剥落掉块，到 2006 年 2 月底已发现有 30 条曲线共计 4.571 km 钢轨出现大范围的剥落掉块，而且发展趋势严重。

曲线钢轨磨耗和疲劳伤损是世界各国重载铁路钢轨病害的基本形式，但在如此短的在役时间和较小的累计通过总重情况下，朔黄铁路上行线 75 kg/m钢轨病害形成和发展速度如此之快，病害程度如此之严重，显然预示着朔黄重载铁路 75 kg/m 钢轨线路与运行的机车车辆间存在不利的相互作用，即轮轨关系存在不匹配的问题。世界各国重载铁路发展经验表明，导致这一不良轮轨相互作用的因素很多，如轮对运动行为、轮轨作用力、轮轨间摩擦系数、接触界面介质、接触面粗糙度、轮轨材质、轮轨几何型面、轨道结构、曲线设置参数等等。显然，要研究解决朔黄重载铁路曲线钢轨病害问题，延长钢轨使用寿命，必须深入细致地研究朔黄重载铁路运输条件下的轮轨相互作用关系。

1. 创新成果

2006 年 10 月“朔黄铁路轮轨关系及延长钢轨使用寿命的试验研究”正式立为铁道部重点科研课题，承担单位为朔黄铁路公司。与此同时，神华集团也批准该课题为神华集团科技创新项目。朔黄铁路发展有限责任公司联合北京铁路局、中国铁道科学研究院、西南交通大学、同济大学组成课题联合攻关组，开展课题研究，并取得丰富创新成果。

（1）通过朔黄重载铁路轮轨型面实测数据的统计分析，应用车辆—轨道耦合动力学理论及仿真软件，研究提出了适合于朔黄铁路运营条件的小半径曲线内、外侧钢轨最佳型面设计方法和具体设计方案，并通过现场型面试验曲线的动力学性能测试和钢轨磨耗连续跟踪观测，验证了改进设计的曲线钢轨型面可有效地改善曲线段轮轨接触状态，减轻重载铁路轮轨横向动态相互作用，从而使轮轨动态性能变优，钢轨磨耗状况明显改善，磨耗速率显著降低；与有历史磨耗记录数据的多条同类曲线对比，曲线钢轨型面改进可使圆曲线外侧钢轨侧磨量平均值降低 30% ~40% 。

（2）通过对朔黄重载铁路 75 kg/m 钢轨的疲劳裂纹萌生寿命、裂纹宏观变化规律、钢轨型面变化规律、磨耗发展规律、裂纹金相深度变化的试验观测与分析，研究提出了朔黄铁路运输条件下的钢轨打磨策略和技术参数。①应消除新轨制造公差、脱碳层等可造成钢轨初期快速磨耗和裂纹萌生的不良因素，新轨上道须进行预打磨，打磨量 0. 2 ~0. 3 mm。②朔黄铁路运输条件下，累计通过总重 10 MGT 左右时，曲线钢轨疲劳裂纹萌生，30 MGT 和 60 MGT 时，内外轨裂纹深度和长度分别达到最大值，100 MGT 后，内外轨裂纹形成剥离掉块，达到 200 MGT 后，外轨型面变形、内轨顶面磨平。因此，朔黄重载铁路预防性钢轨打磨应每隔 15 ~25 MGT 实施，钢轨打磨量 0. 2 ~0. 3 mm；钢轨修理性打磨应每隔 100 MGT 左右实施，打磨量根据实际现场钢轨伤损、表面不平顺、波磨深度等确定。

（3）针对朔黄重载铁路具体特点，充分考虑润滑材料特性和实用性，基于室内润滑剂摩擦性能试验和现场试验曲线润滑剂减磨效果的长期观测，比选出减磨效果可达 55% 的一种干式润滑剂作为朔黄重载铁路曲线钢轨润滑的优选润滑剂；同时，针对一种干式润滑剂的“固—液—固”的润滑特性，研制了基于机车 LKJ2000 运行监控 TAX2 平台的、具有自主知识产权的车载式智能钢轨润滑装置（如图 2—25 所示），实现了曲线钢轨润滑的自动化管理；此外，通过室内摩擦性能试验结果的理论计算和现场试验段测试结果的定量分析，研究提出适合于朔黄重载铁路运输条件下的干式润滑剂

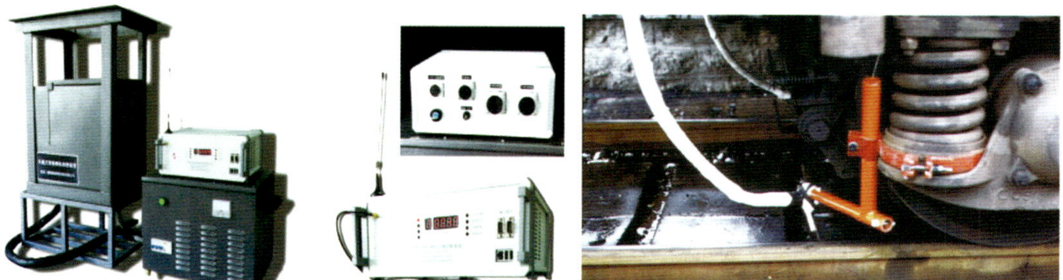

图 2—25 车载式智能钢轨润滑装置

涂敷周期应控制在 12 h 以内。

（4）采用机车车辆动态（非稳态）曲线，通过理论和动态仿真，从理论上分析了轨道主要部件（轨枕与橡胶垫板）、曲线参数（超高和轨底坡）对轮轨接触、轮轨动态响应及磨耗指标的影响，提出了朔黄重载铁路轨道结构配置和曲线设置参数优化方案，即采用优质高强度热处理钢轨、Ⅲ型混凝土枕、曲线设置 10% ~15% 欠超高、内轨轨底坡调整为 1∶20，并通过现场试验段的动态试验和钢轨磨耗长期观测，验证了优化方案的有效性。与历史磨耗对比，采用欠超高加 1∶20 内股轨底坡，钢轨侧磨可减轻约 25% 。

2. 应用成效

针对朔黄铁路小半径曲线钢轨疲劳伤损和严重磨耗问题，从重载铁路轮轨相互作用关系源头出发，对朔黄铁路 75 kg/m 钢轨病害进行了现场调查与测试分析，开展了朔黄重载铁路轨道结构配置、曲线设置参数、轮轨型面匹配关系的优化分析，以及进行了钢轨打磨、曲线钢轨润滑技术研究与试验工作。

（1）应用轮轨相互作用动力学理论和仿真分析方法，在朔黄重载铁路小半经曲线实现了钢轨非对称型面设计与打磨，经过现场动力学性能试验和钢轨磨耗连续跟踪测试数据验证，有效改善了曲线段轮轨动态相互作用，钢轨磨耗速率显著降低。

（2）根据实验室润滑剂摩擦性能试验和现场试验曲线润滑剂减磨效果的长期观测，优选曲线钢轨润滑应固体润滑剂，润滑周期和喷涂量以润滑膜有效性为依据。研发了车载智能曲线钢轨润滑装置，现场应用效果良好，已获得国家实用新型专利。

（3）采用机车车辆动态曲线通过理论与动力学仿真，并在现场试验段进行了动态试验和钢轨磨耗长期观测，实践证明小半径曲线欠超高 10% ~15% 与 1∶20 内股轨底坡对减小和延缓曲线钢轨磨耗的效果良好。

研究提出的延长朔黄铁路钢轨使用寿命的技术措施，在减少线路养护维修、提高维修质量、提升运输效率等方面带来显著的经济效益。研究成果有助于整个神华集团各铁路公司线路的养护维修，有良好推广应用前景。

2.5.2 重载铁路运输综合（仿真）培训系统

列车司机的培养是铁路运输中的一个难题，一般一个正式司机的培养长达 5 年以上，远远不能满足神华铁路快速发展的需要。由于列车驾驶和调度指挥人员传统的培训方式，无法满足复杂的线路环境和运输量迅速扩张的需求，迫切需要人员培训方式的创新。朔黄铁路重载下坡的特殊运输条件和日益提高的运量要求机车乘务员、调度员和车站值班人员具有较高的操作水平。而传统的培训方式，培训周期长，成本高，见效慢，覆盖面窄，有很多故障和特殊情况，学员因为很少经历而缺乏应急操作训练，无法在短期内提高操作和指挥水平。

国内外当时还没有集列车驾驶、车站作业和调度指挥三位一体的综合培训系统，而实现三位一体的联合培训，对机车乘务员、车站值班员、调度指挥人员的培训具有重要的现实意义。

1. 组织实施

为了解决上述难题，神华集团与西南交通大学联合研发了“运输综合(仿真)培训系统”。将列车运行调度、车站作业、列车运行三方面有机地结合起来，借助于计算机仿真技术、列车动力学、列车控制理论、计算机图形图像、计算机多媒体、计算机网络等技术，实现与朔黄铁路线路条件相统一，列车运行调度、车站作业、列车运行操作人员在统一操作平台下的综合培训，缩短培训周期，提高培训质量，降低培训成本。

“朔黄铁路运输综合(仿真)培训系统”是一套集机车驾驶模拟器、车站值班员仿真、列车调度仿真为一体的综合仿真培训系统(如图 2—26 所示)。从 2003 年开始，相关人员通过充分的调研论证，向神华集团提出了项目建议书，并被批准为 2004 年度神华集团科研开发项目。同年朔黄铁路发展有限责任公司作为项目承担单位，西南交通大学作为协作单位联合成立项目组。

图 2—26　六自由度全功能列车驾驶模拟器系统

2005 年底，系统硬件设备开始逐步采购，并运至朔黄铁路公司开始进行安装和调试。2006 年完成了机车驾驶模拟器、车站值班员仿真培训系统的调试，2007 年项目组开始调度仿真培训系统及三系统联合培训的研发、调试、整改工作。2008 年 4 月系统实现了联合培训功能。系统综合了计算机仿真、计算机图像生成、数字音频仿真、列车动力学仿真、列车控制、六自由度运动仿真、轨道电路原理仿真、6502 联锁仿真、区间闭塞仿真等技术，实现了铁路运输中列车运行、车站作业及调度指挥的联合仿真，能够进行朔黄铁路列车正常运行及多种非正常情况下的作业培训，可以满足机车乘务员、车站值班员、列车调度员等技术工种日常培训的需求，仿真培训系统区域划分如图 2—27 所示。

图 2—27 重载铁路运输综合(仿真)培训系统

2008 年 11 月 29 日，通过了中国神华能源股份公司组织的专家验收，验收意见为“朔黄铁路运输综合(仿真)培训系统”性能达到国内领先水平，填补了国内空白，具有推广价值。

2009 年 8 月 2 日，项目通过了中国铁道学会组织的科技成果鉴定，鉴定意见为“朔黄铁路运输综合(仿真)培训系统”技术成果达到国际先进水平，同意通过技术鉴定。“朔黄铁路运输综合(仿真)培训系统”获得 2009 年神华集团公司科技进步二等奖。

2. 创新成果

(1) 将机车驾驶、车站作业及列车调度指挥有机地结合到一起，建立了三位一体的铁路运输综合仿真培训系统，首次实践了“大三角”整体联合培训。

(2) 首次将多通道 CGI 视景生成技术应用到全功能列车驾驶模拟器

上，实现了多通道的三维铁路视景图形显示及同步驱动控制，而且在图像的精细程度，逼真程度，与真实线路相比的真实度方面达到了国际领先水平。

（3）首次通过六自由度电动运动平台实现长大重载列车的动感仿真，真实地再现了长大重载列车在朔黄铁路线路上的运行情况，其运动效果的真实感达到了国际领先水平。

（4）建立机车及车辆性能仿真模型，从本质原理上对机车和车辆的牵引特性、制动特性，空气制动特性，列车控制逻辑特性等进行仿真，首次实现了与真车一致的列车性能仿真，与国外同类产品相比，对列车的性能仿真也更加深入、全面。

（5）在机车驾驶、车站作业及列车调度指挥综合培训系统中，率先实现了各类突发事件和非正常行车业务的仿真，模拟各类突发事件和非正常行车业务，实现了业内公认的技术难点突破。国际上首次实现了三方对突发事件的联动，在整个综合仿真培训系统中对非正常行车的培训。

3. 应用成效

作为国内首套集铁路运输主要工种作业培训于一体的“朔黄铁路运输综合（仿真）培训系统”，创新了铁路职工培训手段，改善了员工培训环境和条件，且不占用运营设备，排除了人员培训对正常运输生产的干扰，确保了人员和设备安全；提高了职工实际操作和应急处理水平。利用此系统进行乘务员培训，可使乘务员由学员到司机的成长周期缩短 1 年以上，参加国家司机资格考试的合格率由 43% 提高到 88% 。该技术是具有自主知识产权的成套技术，填补了我国铁路运输现代培训技术领域的空白。

经济效益：若直接从国外进口同档次的系统（仅指模拟器），最低费用在 200 万欧元以上，且后期维护、改进费用昂贵。该培训系统包含设备采购、软件开发在内全部研制费用不到 1 000 万元人民币，节约采购费用 1 000 万元人民币以上。

综合效益：每年可培训、考核数百名机车乘务员、车站值班员、列车调度员，培训安全、方便、高效、节能，不需占用真实的铁路设备，也不会造成线路中断或设备损坏，不但可以进行正常作业的培训，同时还能进行非正常作业的培训，显著提高相关从业人员的作业水平，促进了朔黄铁路运输的安全高效畅通。

朔黄铁路运输综合（仿真）培训系统已经在朔黄铁路肃宁分公司、机辆分公司、运输部等单位应用，系统创造的安全效益难以估算，直接经济效益相当突出。机车乘务员从学员到司机的培训周期由 3 年缩短为 2 年，极大地缓解了公司机车乘务员匮乏的压力，为公司技能人才队伍建设做出了积极的贡献。系统投入使用以来累计创直接经济效益 6. 78 亿元。其中替代进口的经济效益为 0. 1 亿元；节省维护费用、改进费用和软件开发费用 0. 2 亿元；系统使用总计创经济效益 6. 48 亿元，其中缩短培训周期创造效益 4. 86 亿元，提高运营效率创造效益 1. 2 亿元，备品备件的使用效益 0. 42 亿元。

2. 5. 3 重载铁路综合检测车研制

通过重载铁路综合检测车和检测数据综合分析处理，可充分利用检测数据为养护维修提供科学依据，提升运营维护管理和技术水平。综合检测列车的集成并不是简单地将多个成熟检测系统组合在一起，而是一个系统工程，必须对综合检测列车系统集成各种关键技术进行针对性研究，包括各专业动态检测设备在检测列车上的布局、检测设备与车辆间的安装接口、车载多专业检测系统的数据集成等技术，才有可能把各种检测系统有机地集成为一列综合检测列车。朔黄铁路特殊的运营条件对各专业检测数据的综合分析处理提出了新的要求，对道床和路基状态、轨道几何状态、钢轨伤损检测数据的综合分析和相关性研究，对于准确掌握设备变化趋势、制定经济有效的维修计划具有科学的指导意义。重载铁路综合检测车研发于 2011 年立项，由南车洛阳机车有限公司、河南蓝信科技有限公司、铁道科学研究院基础设施检测研究所、北京康拓红外技术股份有限公司、北京中北通信技术有限公司、华为技术有限公司、北京启帆路通科技有限公司等单位负责技术实施。

1. 关键技术

（1） 重载铁路综合检测车系统集成

重载铁路综合检测车需要具有轨道几何检测、接触网检测、路基道床状态检测、钢轨波浪磨耗检测、钢轨全断面轮廓检测、钢轨伤损检测、钢轨表面擦伤和扣件检测、轴温探测设备检测、无线场强检测等多专业检测功能，针对这种特定需要，主要研究内容是对综合检测列车进行功能设计和配置方案研究；对设备布局、安装方式、各检测系统间接口进行针对性设计研究，包括检测设备安装方式、供电设计、空间布局设计研究；对保证检测系统正常工作的电磁兼容性和综合接地进行分析研究；根据检测数据的应用需求，研究各种检测系统车载数据的统一接口和车载数据综合集成处理技术。

(2) 检测数据综合分析处理

针对重载铁路的运输和维护特点，对路基道床、钢轨伤损和轨道几何检测数据进行综合分析，分析各种病害产生的原因，研究其关联性，并提出综合性评价指标；对轨道几何状态与弓网受流性能、接触线动态几何参数之间的关联性进行研究，准确发现问题根源，指导养护维修。主要包括：检测数据管理模式研究；检测数据综合分析技术研究：对轨道几何、路基道床、钢轨伤损检测数据关联关系综合分析；接触网和轨道几何检测数据关联综合分析；钢轨伤损变化综合分析；轨道大值病害成因动静态数据综合分析。

2. 创新成果

至 2013 年 5 月，综合检测车已经完成静态验收和动态调试，进入试运行阶段。重载综合检测列车最高检测速度为 80 km/h，综合检测列车由三辆 25 t 客车车辆改装而成。1 号车集成了钢轨超声波探伤、LTE-R 无线场强、信号动态以及路基道床检测系统，1 号车还设有会议室和多媒体演示系统。2 号车是综合检测车的核心，集成了轨道、接触网检测和综合系统。3 号车主要是提供全车工作用电和生活保障设施以及红外线动态检测系统。综合检测车如图 2—28 所示。

图 2—28　综合检测车及其轨道检测设备

3. 应用成效

通过一次检测能够对全部的固定行车设备进行病害查找和安全状态评定，指导设备维修和减少对运输的干扰；同时在地面建立了与之配套的检测数据处理中心，对全线固定行车设备进行综合性分析。综合系统在检测中进行数据实时传输，实现各专业的检测参数超限值实时报警；数据处理中心对各专业检测数据进行管理，综合分析各专业固定设备病害的关联性，判断设备质量发展趋势。检测数据的系统集成是线路基础设备维护、管理的主要手段，共享数据资源，指导设备养护维修，延长设备使用寿命，保障安全运营。作为保障行车安全、实现高效运营的重要技术装备，重载铁路综合检测列车为重载铁路运输水平的持续提升提供了强有力的技术支撑。

2.6 重载铁路信息化技术

朔黄铁路信息化建设以总体规划为指导，统一设计，分步实施，本着“高起点，高标准，高质量，高效率”的原则，引进吸收消化成熟先进技术，在故障冗余技术、数据大集中技术、无人站监测技术、地址编码技术、管理一体化技术等方面不断提升，建成了企业专用基础网络，初步实现了企业信息化、数字化目标。信息化技术的普及应用提高了员工素质，规范了管理，增强了企业综合实力，提高了运输生产效率。

2.6.1 重载铁路企业资源管理系统

朔黄铁路资源管理信息系统围绕运输生产经营核心，运用系统管理思想，整合财务、资产、人力资源等，实现运输生产环节链的规范化管理，为企业高效管理提供手段和平台。

1. 总体方案

朔黄铁路公司有铁路运输企业的行业特点，又有独立法人的企业特征，拥有庞大的资产和复杂的业务流程，企业管理需要先进适用的信息化手段作支持。通过调研分析，国际国内企业应用范例分析，确定了实施企业资源计划管理技术——ERP。ERP 技术将现代管理与信息技术紧密地结合在一起，通过信息手段，采用企业内部供应链管理思想，不断优化企业业务流程，达到企业资源结构合理配置的目的。

朔黄铁路资源管理系统的目的是优化结构，精细管理，提高效益，企业提升，其主要做法是以财务管理为核心，以资产管理为基础，以人力资源为依托，以信息化技术为手段。朔黄铁路资源管理系统定位是对财务管理、资产管理、人力资源管理、运输生产进行整合，同时考虑专业技术管理系统的接口，形成各专业管理共享资源，达到确保朔黄铁路安全运营，降低维修运营成本的目的。在统一的、标准化的数据管理基础之上，推进一体化实施。

ERP 系统主要包括财务管理、资产管理、人力资源管理、物资管理、项目管理、基础数据编码采集、系统集成等模块。实现编码、信息、集成、协同四个创新。朔黄铁路 ERP 系统构成如图 2—29 所示。

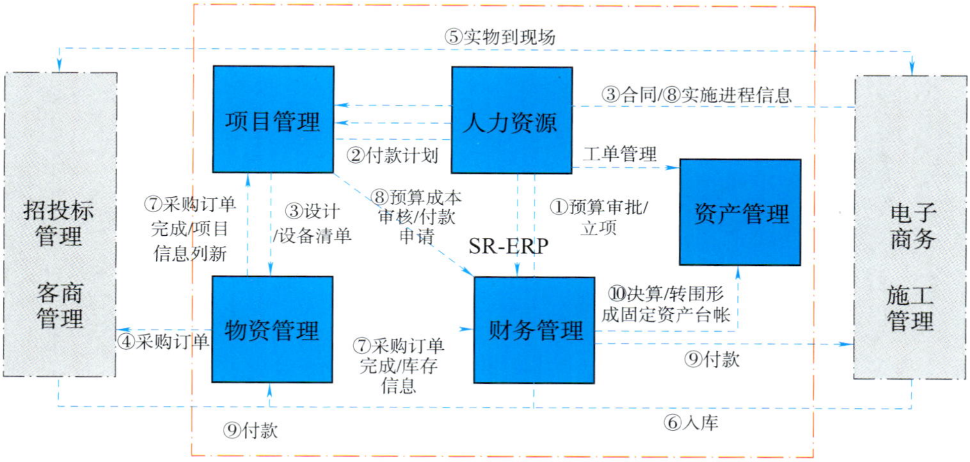

图 2—29　朔黄铁路 ERP 系统构成

2. 创新成果

业务协同。实施资源管理 ERP 系统：以财务管理为核心，以资产管理为基础，以人力资源为依托，以信息化技术为手段。公司在国内第一个提出“3 个 1”（1 本账、1 件物、1 个人）工程，填补了铁路企业大规模应用的空白。

管理精细化。ERP 系统结合公司具体情况，按照“源于国铁，优于国铁”的发展思路，“国际先进，国内领先”的企业目标，实施“网运分离、条块结合、修程分管、管理综合”的管理体制，“两级管理，三级核算”的管理特点，优化结构，精细管理，资源整合，提高效益。实现公司、分公司、工队、作业组、员工动态核算。

铁路企业编码标准。建立编码系统“确定身份代码，理顺资产代号，统一财务科目、数据交换”，目前我国铁路行业编码处于空白，借鉴国际成功经验，实现数据一体化的功能，保证数据一个操作入口获得，避免造成“重复输入，数据不符”。

业务创新。实施 ERP 系统实现多项突破，公司建立了材料定额、设备寿命管理体系，建立货票收入、设备辆（台）单价体系、人工成本分析和全面预算管理体系，建立智能考勤、绩效考核体系，完成项目管理和招投标管理控制体系，实现企业经营管理目标。

3. 应用成效

ERP 系统的开发和应用，使企业业务流程更加优化，管理更加规范，实现业务处理的标准化和规范化，业务处理过程的随意性被系统禁止，降低了人为因素影响，本质上使企业管理的基础工作得到加强，工作质量进一步得到保证。

ERP 系统进一步提高了业务自动化水平。由于数据的处理由系统自动完成，准确性与及时性大大提高，分析手段更加规范和多样，通过系统替代原来的手工登记台账和填写领料记录，手工编制各种物资报表，不但减轻了工作强度，还有利于将基层物资管理人员从琐碎事务中解放出来，用更多的时间研究业务过程中存在的问题，采用现代管理方法提升管理水平。

ERP 系统加强了内部控制，各级管理人员可以通过系统实现实时控制，例如物资计划管理人员可以随时掌握库存和材料动态情况，科目负责人、会计部门可以随时查看当前成本列支情况和定额执行情况，相关单位的每一环节所存在的问题都可以随时反映出来。

公司决策层能适时得到企业动态的经营数据和 ERP 系统的模拟功能来辅助进行正确的决策。系统的数据集成作用，实际上是对企业资源进行整合，有利于对其进行统一规划和运用，有利于降低库存和加快资金周转速度，同时促进各部门连接成一个完整链条，协调运作。

2.6.2 重载铁路综合运输信息系统(EST)

朔黄铁路公司已建成“千兆传输，万兆交换”为标志的专用基础网络，各专业应用系统有办公自动化系统、车号自动识别系统、红外线系统、动电力远动系统等，建设中的专业系统有监控系统、调度集中、微机连锁、微机信号监测等十几个系统，另外还有上游神朔铁路 MIS 系统、集团销售中心数据管理系统、下游港务公司 MIS 系统、货车公司信息系统共计 30 多个专业系统。这些系统各自独立开发，信息孤岛现象严重，不能有效综合利用。为满足开行 2 万 t 重载列车的需要，开发重载铁路综合运输信息系统平台的需求更加迫切。

1. 关键技术

综合调度管理。综合运输信息系统以调度集中(CTC)为核心，各专业调度联合协作，集成计划调度、列车调度、机车调度、车辆调度、施工调度、供电调度、统计分析、救援指挥等系统为一体，根据运营管理的需要，实现信息共享、预测分析、实时监控、应变调整、科学决策。

综合车站管理。车站综合信息管理系统是在分散自律条件下，将传统的车站调度、生产作业、调度监督、无线调车单、机车定位等 6 大项功能集成，自动完成接车任务，加载站间到达车辆信息，记录到发时间，对装卸车进行信息存储，对货物信息进行统计，实时显示轨道信号状态、机车站内位置，实现无线调车单、车站信息化。

综合运输管理。根据“地对车，车对地，车对车”的技术思路，将实现电子调度命令、电子报单、电子运单、电子货票、电子扣车单，达到运输票证无纸化。提升应用电子票据技术，消灭运输单据人工传递，降低劳动强度和人身安全危险。

综合统计清算。实施网运分离联合运输体制，多家机车上线竞争，实现了路网分离。利用车号自动识别信息与运输清算相结合技术，由人工统计财务清算实现自动化。实现铁路运营的移动设备在铁路各区段的位移自动统计，对机车、车辆、轨道车等移动设备实现路权占用清算管理。

安全、生产、管理一体化。EST 包含 30 多个业务应用系统，结合朔黄铁路实际情况，集成铁路多年运输管理经验，总结国内传统应用技术，实现公司运输生产、安全管控、路网维护、综合管理等方面一体化，朔黄铁路综合运输调度指挥中心如图 2—30 所示。

图 2—30　朔黄重载铁路综合运输调度指挥室

2. 组织实施

综合运输信息系统开发的目标是“提高效益，优化结构，精细管理，运输创新”，以运输生产为核心，以综合调度为载体，以调度集中为基础，以车站管理为依托，以数字调度为手段，实现朔黄铁路运输信息化。具体由朔黄铁路公司与中科软科技股份有限公司组织实施。

综合运输信息系统 2009 年开始建设，一期工程主要包括：调度指挥中心建设、可视化运输、微机联锁等系统。二期工程 2010 年开始，主要包括综合调度、调度集中、车站管理、数字调度、基础网络等系统。整个板块共涉及 30 多个应用系统，采用智能指挥技术、大集中技术、电子票据技术、综合管理技术等十几项新技术，2011 年 1 月 18 日正式投入运用。综合运输信息系统促进了系统优化集成与管理效率提升。

3. 应用成效

综合运输信息系统集成了多年铁路运输管理经验，综合了集体智慧，实现运输生产、安全管控、路网维护、综合管理等方面一体化。综合运输信息系统与扩能改造工程结合，促进运量由 1.5 亿 t，提高到 3.5 亿 t 以上，能力提高 3 倍，人均劳动生产率提高 200% 以上。综合运输信息系统获得 5 项国家软件著作权，创建了一流的铁路调度指挥中心，一流的铁路重载运输调度集中系统，一流的铁路综合调度指挥系统，实现了中国铁路第一个大专业协同的运输生产平台，是目前国内最为先进的综合铁路运输信息系统，软件界面如图 2—31 所示。

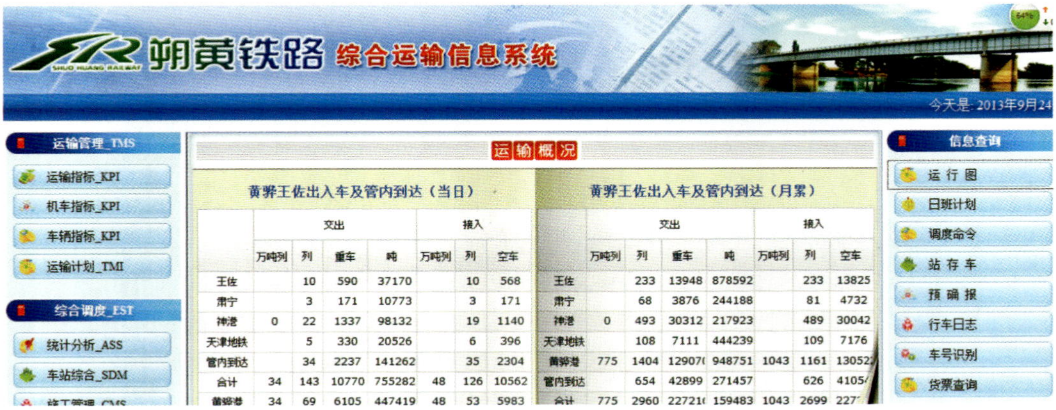

图 2—31　重载铁路综合运输信息系统界面

2.6.3　重载铁路安全管控系统

朔黄铁路围绕安全基础建设，采用系统化、网络化、智能化的信息技术，在铁路沿线建设系统探测站，实现地面设备对铁路货车运行安全的动态监测、数据集中、联网运行、远程监控、信息共享，使得运输安全防范能力显著提高。

1. 关键技术

（1）红外线轴温探测信息与车号自动识别系统

红外线轴温探测系统是为防范车辆轴承故障而引发的热切事故的安全保障系统，该系统在铁路沿线建立红外线轴温探测站，利用轨边红外线探头，对通过车辆的每个轴承温度进行检测，并将检测信息实时上传到车辆运行安全监测中心，进行集中报警。通过配套故障智能跟踪装置，实现车次、车号跟踪，热轴货车车号精确预报。朔黄铁路红外线与车号布局如图 2—32 所示。

图 2—32　朔黄铁路红外线与车号布局

红外线轴温探测信息与车号自动识别系统，是铁路安全监测系统关键基础平台，在传统上它们是 2 个不同的系统，实际应用中给运输生产应用和维护带来不便，因此结合朔黄铁路实际，提出集成为一个系统的设想，既为红外线提供准确车号信息又为运输提供实时动态基础信息源，消灭运输数据人为误差，又为公司运输智能化打下坚实的基础。红外线轴温探测与车号识别站监控装置如图 2—33 所示。

图 2—33　红外线轴温探测与车号识别站监控装置

应用车号自动识别信息可以实时、准确地反映铁路车辆、列车、机车运行位置的原始信息，利用车号自动识别系统与调度指挥系统、确报管理系统、货票系统的信息、运输清算相结合的技术思路，提出“4 结合”技术。将传统的红外线与车号识别技术集成，利用 IP 网络技术形成统一平台，红外线系统共建设 51 个探测站，73 套车号识别站，将 90 辆的能力升级至 260 辆，进一步提高到 500 辆超长能力。

（2）可视化运输系统

可视化运输系统 2009 年建设，是朔黄铁路安全管控的重要组成部分，包括运输设施、生产区、流水线、治安防范和生活区安防。主要分布在站场、咽喉、运转室、关键地点、重点桥梁、隧道、道口处等，视频监控分为中心控制和区域控制两种模式，中心设在公司指挥中心，分公司设分中心，沿线派出所、小区和关键值班室设属地控制。共有 1 个公安指挥中心，12 个派出所，41 个车站，163 个重点桥梁隧道道口，监控点共 540 处，如图 2—34 所示。

图 2—34　可视化运输系统安全监控视频

（3）车辆状态监测系统（TPDS）

车辆状态监测系统于 2009～2010 年间投入使用，可及时发现车轮冲击力异常、车辆超偏载及车辆转向架失稳等问题，通过实时报警信息，及时为故障车辆制定在线维修计划，最大化地防止列车出轨和对轨道设施的损坏。并可通过追踪分析车轮的历史数据，分析潜在的列车隐患，制定合理的维护计划。

TPDS 由六大部分组成：测试平台与传感器、车号识别装置、探测站监控机柜、信息传递通道、信息中心、监控终端。TPDS 具有五大功能：识别运行状态不良的铁路货车；测量铁路货车总重、前后转向架重、轴重；轮重及铁路货车超偏载；识别车轮踏面擦伤；统计轨道负荷当量通过总重。

（4）货车轴承故障轨边声学诊断系统（TADS）

TADS 是利用设在轨边的声学传感器阵列采用现代声学诊断技术对铁路货车轴承故障信号进行实时拾取、滤波、采集和处理。根据检测诊断结果判定并预报铁路货车轴承故障类型及轴承缺陷的程度，从而实现对滚动轴承早期故障进行预警、防范保障行车安全。

2. 应用成效

红外线轴温探测信息与车号自动识别系统建设，实现了红外与车号两个平台结合的目标，填补了国内空白。红外线与车号识别技术，采用最新光电隔离防雷击术消灭了多年来红外设备雷击惯性故障，保证了运输安全。车号识别系统结构简单，维护方便，便于功能扩展，对提高机车、车辆、集装箱的使用率、利用率及运输管理水平有极其重要的作用。可视化运输系统将运输生产过程监控和铁路治安防范结合起来，减少重复投资，职责分明，共同关注，形成生产安防信息共用，从列车接入到交出整个运输过程透明，整个安全布控可视，整个生产过程可控。货车轴重故障声学诊断系统与车号识别系统结合，从而实现故障轴承的车号定位和轴位的自动定位，与红外线轴温智能探测系统互补，防止切轴事故发生。在安全管控系统的综合保障之下，朔黄铁路安全运输 12 年无切轴事故。

第 3 章 神华重载铁路技术创新模式构建

在重载铁路技术与装备研发过程中，神华集团始终坚持以创新发展模式为着眼点，以发展重载铁路运输为着力点，立足于自身实际需求，致力于重载铁路成套技术研发，掌握了具有自主知识产权的重载铁路核心技术，促进了企业快速发展，取得了显著的社会效益和经济效益。经过多年的探索和实践，神华重载铁路走出了一条以需求引领、企业主导、搭建平台、完善机制、面向工程为主要特征的新路子，形成了独具特色的重载铁路技术创新发展模式。

3.1 重载铁路技术创新模式内涵与特征

重载铁路技术创新模式是神华集团在长期的技术创新实践中不断总结和发展形成的，是内部条件和外部环境综合作用的结果。以技术创新及其模式理论为指导，认识重载铁路技术创新模式的内涵和特征，是构建神华重载铁路技术创新模式的基础。

3.1.1 技术创新模式理论基础

技术创新有利于提升企业核心竞争力，为企业带来经济和社会效益，但由于创新过程充满风险，失败的案例屡见不鲜，导致很多企业陷入想创新而又不敢创新的两难境地。实际上，问题不在于是否进行创新，而在于如何成功地创新。企业为获得长期稳定的发展，必须对技术创新过程实施科学和有效的管理，探索技术创新规律，选择并形成适合自身发展的技术创新模式。企业技术创新的模式与技术创新投入、技术资源同等重要。国内外学者从创新动力、组织形式、资源整合、运行机制和成果转化等方面对技术创新模式进行了大量研究。

1. 创新动力

纵观国内外技术创新的实践可知，技术创新的动力大体可以总结为三种模式：技术推动模式、需求拉动模式和综合作用模式。技术推动模式强调科学技术是技术创新的首要推动力，科学技术的发展和发明创造的出现，使得企业能够利用技术发明而创造商业利润，从而推动技术创新，这种模式在国家、地区的宏观层面应用得比较多。需求拉动模式不仅强调市场成长与市场潜力是技术发明活动速度和方向的主要决定因素，而且强调经济因素对技术发明与技术创新的影响，认为市场需求推动技术创新，这种模式在微观的企业层面应用得比较多。综合作用模式强调技术创新是技术推动，市场需求拉动、政府行为、企业家精神以及社会、技术、经济系统自组织作用的结果。综合作用模式往往是在市场潜在需求的拉动下，寻求现有技术的新应用和多种技术的综合作用，这种模式的技术创新往往以潜在需求为前提，在企业家精神有力领导下，在政府的支持和鼓励下，开发出全新的技术和产品，从而激活市场的潜在需求。市场拉动和技术推动所形成的技术和产品具有较长的生命周期，能够保障企业在一定时期的领先地位。

2. 组织形式

技术创新的实现需要合理的组织形式与之匹配。人们已经或正在实行一些全新的技术创新组织形式，如在企业内部建立综合的技术创新小组，与其他企业建立创新战略联盟或研发实体等。创新网络就是一种全新的组织形式，它是随着企业内部联邦分权的建立，以及企业之间合资经营、战略联盟、供应链以及其他合作关系的建立而发展起来的一种组织形态。网络组织不同于具有等级链结构和清晰边界的层级组织，也不同于由非人格化的平等法人实体间非重复性交易所形成的市场结构，而是不同的盈利主体为获取或保持竞争优势所建立的具有长期目的的组织安排。网络组织建立在信任基础上，是由半自治组织集合而成，具备扁平、分权的结构，自组织的团队，非纵向的交流，并以知识为运作基础，以保障重复交易并降低成本。创新网络具有包容性和开放性，其组成要素可能是供应商、客户和竞争者，也可能是大学、研究机构、投资银行、政府部门等。网络组织的运转依靠其内部的信息流与物质流，这也是结点之间联系的纽带，在结点之间传送的信息既可以是法律合同、商业信用、商机、指令等信息流，也可以是人员、原材料、设备、资金等物质流。信息、物质、能量的交换不仅存在于组织内部，还与外部环境有着密切的交流，通过不断地与内外部进行交换，使得本身的知识与价值逐步提高，实现既定的目标。

3. 资源整合

从资源的视角，如何有效整合和配置资源，实现资源整体功能的倍增，是企业技术创新能力形成的基础。企业通过开展产学研密切合作，整合相关资源，形成创新组合优势。在坚持核心技术自主研发的基础上，以市场机制为导向，积极开展国内外科技合作与产学研联合科技攻关，提升创新能力。为确保规划重点任务、重大领域和规划目标的实施及实现，与技术相关企业、优势互补的制造业或科技型企业在技术开发与应用研究等领域结成战略合作关系，以及与有关科研院所、大专院校紧密结合，整合资源，共同解决当前和今后遇到的各种技术难题，在研发过程中注重知识产权保护和技术成果推广应用。

4. 运行机制

运行机制是引导和制约决策并与人、财、物相关的各项活动的基本准则及相应制度，是决定行为的内外因素及相互关系的总称。各种因素相互联系，相互作用，以保证工作目标和任务真正实现，必须建立一套协调、灵活、高效的运行机制。在技术创新活动中采取怎样的管理机制，能够达到激励相容、协同合作和动态反馈的效果，也是技术创新模式必须考虑的重要方面。构建合理且高效的技术创新机制，把握技术创新各参与主体、各活动环节之间的作用关系与过程，使整个技术创新系统更有序、更有效地运行，是提升技术创新水平的重要保障之一。

5. 成果转化

如何促进和实现技术创新成果的转化，是技术创新模式的重要内容。技术创新的成果转化是通过工程应用得以实现，并且工程应用的过程具有显著的行业特征，这是有别于其他行业和其他层面的特殊技术创新模式。鉴于工程应用的一次性和不可重复性，对于每一项推广应用的新技术，都应当从该项技术在工程中的应用所关联的应用链角度，研究工程全寿命周期中各市场主体对技术的需求，完善配套相关的技术，这种对新推广技术的工程化技术配套，以实现大批量复制生产的过程，就是技术的工程应用过程，也是技术创新成果的转化过程。

3.1.2 重载铁路技术创新模式内涵

模式是指企业从生产经营中经过抽象和升华提炼出来的核心知识体系。

模式是在某种环境条件下和发展过程中形成的，从企业发展战略到经营策略、资源配置和内部管理，从工作程序到行为规范，从思维习惯到价值观念都成为某种内在一致的特定类型的状态。从管理学的角度，企业管理模式是在管理人性假设的基础上设计出一整套具体的管理理念、管理内容、管理工具、管理程序、管理制度和管理方法论体系并将其反复运用于企业，使企业在运行过程中自觉加以遵守的管理规则。技术创新模式是企业管理模式在技术创新活动中的具体体现。

神华重载铁路技术创新模式是神华集团在重载铁路技术创新活动中遵循的管理经验、方式和规则，这些经验、方式和规则的科学性和合理性在长期的技术创新实践过程中得到检验，并经过不断地修正和补充，上升为对企业具有指导意义的具有普适性的知识体系。

3.1.3 神华重载铁路技术创新特征

神华重载铁路技术创新以重载铁路工程为载体，各类创新主体围绕运输需求开展技术创新，是国家及企业重大需求与技术创新能力相互作用的结果。与一般技术创新相比，神华重载铁路技术创新特色鲜明：首先，神华重载铁路技术创新技术集成程度高，需要系统规划和统一部署；第二，参与创新的主体众多，强调多主体协同创新、开放式创新；第三，创新的针对性和应用性强，每项创新成果都要落实到工程应用中，实现创新效益；第四，不确定因素多，创新的过程需要进行动态监管，保障创新顺利进行。

1. 技术集成度高，需要系统部署

重载铁路技术是一个严密的技术体系，涉及重载铁路基础设施、机车车辆、场站规划、列车编组、运输组织等技术领域。通常情况下，单项专业技术很难进行进一步的分解，其内部具有较为紧密的联结。重载铁路技术创新也是以单项技术作为基本单位来开展技术创新，单项专业技术的技术创新通常集中在单个企业的内部来完成。同时，不同类型的专业技术之间具有复杂的联结关系，多数专业技术之间具有联结紧密性，表现出因果关系复杂性。各单项技术内部以及各专业间的连接紧密且因果复杂性程度高，需要按一定技术原理或功能目的，将几个单项技术通过重组、集成、兼容以获得具有统一整体功能的新技术，从而实现单个技术实现不了的功能。

重载铁路技术的集成程度高，需要进行系统的规划和统一部署，没有系统规划就会导致各自为战，最终技术的兼容性得不到保障。同时，技术创新活动的参与主体众多，且在创新过程中的目标和利益诉求不尽相同。为实现整体利益，神华集团要求各参与主体将创新活动的整体价值作为共同目标，必须统一部署并主导整个创新过程，保持步调一致，实现系统目标。

2. 参与主体众多，强调联合攻关

神华重载铁路技术创新具有系统性和复杂性，在实施过程中要攻克众多重大技术难题，这些技术难题不是单一主体所能解决的，需要不同主体协同创新予以攻克。因此，实现神华铁路运输重载化，提高铁路运输的轴重、载重和年运量的目标，必须是各个专业相互协同作用，而不是仅仅依靠某一专业的力量，必须走协同创新、开放式创新之路。例如，实现开行单列 2 万 t 的长大编组列车，就需要基础设施、机车车辆、列车控制、通信调度、场站规划、运输组织等多个专业协同努力才能成功。

神华重载铁路技术创新的一个重要特点，是以神华集团为主导，各主体共同参与，组建一支包括企业、科研院所、高等院校和设计咨询等领域优秀技术人员的项目团队，围绕神华重载铁路关键技术与核心装备开展长期联合攻关，构建相对稳定的科研网络组织，共同深入一线，研究讨论，形成整体攻关能力，有利于科研难题的解决和成果转化。

神华集团作为重载铁路技术创新的核心组织，是创新项目的核心组织者，主要负责重载铁路技术创新工作的统筹与协调工作，科研院所和高等院校分担相应的创新任务。重载铁路技术创新以重载铁路工程为依托，结合重载铁路设计、施工、运营和养护过程中遇到的技术难题进行技术原始创新、集成创新、引进消化吸收再创新，设计单位、施工单位、监理单位、咨询单位、材料设备供应商及制造商在整个创新过程中根据不同项目的实际需要，对重载铁路技术创新发挥着各自的重要作用。创新过程中，各参与主体以契约和信任为纽带，通过合同的形式明确各方权利和义务，并通过相互之间的信任，构成技术创新网络组织，实现产学研有机结合，形成组织协同效应，促使重载铁路技术创新的顺利推进。

3. 创新针对性强，注重工程应用

神华重载铁路技术创新具有很强的针对性，主要目的是将重载铁路技术创新应用于朔黄、神朔、包神、准池等重载铁路新建和扩能改造工程，解决重载铁路建设及运营过程中遇到的实际工程问题，使其具备开行 30 t 及以上轴重重载列车、年运量翻一番达到 4 亿 t 以上的条件；同时，通过研制轴重 30 t 以上煤炭运输重载铁路关键技术和核心装备，建立具有我国自主知识产权的既有重载铁路 30 t 及以上轴重条件下成套技术体系，整体提升我国重载铁路建设运营技术，达到世界领先水平。

因此，重载铁路技术创新非常注重工程应用性，结合重载铁路工程的实际需求，重点解决桥梁、路基、轨道线路等对重载铁路的适应性及其耐久性问题，重载线路、桥梁、路基等与重载车辆的相互作用及其匹配关系问题，突破大功率机车牵引技术、大轴重高载重车辆技术、大编组列车同步操纵和制动技术，基础设施强化技术、牵引供电强化技术、重载运输组织技术、重载组合列车优化操纵技术、重载运输安全保障技术等关键工程技术难题。

4. 不确定因素多，呼唤管理创新

重载铁路技术创新各参与主体之间存在广泛的合作，任何一种合作模式及相应的管理方式都存在着合作风险。重载铁路技术创新高风险主要体现在多方参与现实条件下的合作风险。合作创新所带来的风险是不可避免的，如何在一种相对有效的合作结构中采取有力的措施来降低合作风险，克服不同信息结构所产生的不和谐是管理控制的重要目标。一个组织能够有效驾驭这些不和谐导致的风险，就能保证合作活动的顺利开展，反之，则会导致合作失败。

合作风险主要有：(1)各参与主体之间是不同性质组织的合作，不同的组织性质决定了各方在合作过程中追求的目标不完全相同；(2)所有合作组织普遍存在因合作方之间信息不对称而造成的风险；(3)合作是基于技术创新而进行的合作，技术创新本身的高风险性，是合作创新最主要的风险，技术创新风险包括技术不足风险、技术开发风险、技术保护风险、技术使用风险、技术取得和转让风险等。

同时，重载铁路技术创新组织的临时性也加大了创新的风险。尽管有时会通过组建战略联盟等形式来降低这种组织临时性所带来的风险，但由于重载铁路技术具有专用性特征，使得重载铁路技术创新组织无法实现像工业生产中的上下游供应链关系那样稳定的组织关系，这就加大了重载铁路技术创新组织的合作风险。委托方与科研机构或者高等院校的合作，多数是单一的技术创新项目合作，即当某一具体的重载铁路工程遇到难以攻克且必须完成的技术难题时，通过设立科研课题，找到相关的专业人员或团队进行合作，若工程项目结束，则合作终止。如果再次遇到技术难题，重新联系专业人士，如此循环往复，无法对技术进行有效地积累，影响了技术创新的步伐。

因此，开展重载铁路技术创新，需要向管理创新要效益。通过构建科学的协同合作机制、激励约束机制和评价反馈机制，充分调动各技术创新参与主体的积极性和创造性，建立良好的技术创新组织治理结构，突出各参与主体在技术创新中的主体地位和责任，营造良好的创新环境，激励各参与主体不断增强创新意识，加大投入，使各创新主体按照一定的秩序和内部联系组成整体，促使协同创新平台形成整体创新能力大于个体创新能力之和，产生创新网络的协同效应，最终实现重载铁路技术创新目标。

3.2 神华重载铁路技术创新模式的提出

为探寻神华重载铁路技术创新的规律，项目组制定了专题研究方案，收集大量第一手资料和素材。在此基础上，通过文献研究、实证研究和理论分析，对神华重载铁路技术创新模式进行分析和提炼，深刻反映神华重载铁路技术创新在动力、组织、资源、机制和工程实现等方面的探索与经验做法，研究提出神华重载铁路技术创新模式。

3.2.1 前期调研

鉴于研究的核心内容是重载铁路技术创新模式，包括驱动力、组织方式、资源整合、管理机制和工程实现方式等，要求访谈对象具有参与重载铁路技术创新活动经验，且熟悉重载铁路最新技术状况，因此，选定调研对象的范围为企业部门主管或骨干技术人员，且具有6年以上的技术创新相关工作经验。根据研究需要选择调研对象，抽取样本直至新样本不再提供新的重要信息为止。

2011年9月至2013年4月期间，项目组在朔黄铁路公司、神朔铁路公司和包神铁路公司等单位开展座谈会、访谈等调研，收集数据。主要调研对象如表3—1所示。

表3—1 主要调研对象

调研时间	调研单位	调研形式
2011.9	朔黄铁路公司	召开座谈会(公司领导、朔黄铁路公司科技部、运输部、企划部、工程管理部、信息中心、办公室和党群工作部)；个别访谈；沿线调研
2012.3	朔黄铁路公司	召开座谈会(公司领导、朔黄铁路公司科技部、运输部、企划部、工程管理部、信息中心、办公室和党群工作部)；个别访谈(涉及科技部、运输部、纪检监察部、财务部)
2012.12	神华集团	召开座谈会(集团公司领导、运输管理部、科技发展部、工程管理部和战略规划部及朔黄铁路公司)；小组访谈；发放问卷

续上表

调研时间	调研单位	调　研　形　式
2013.4	朔黄铁路公司	召开座谈会；个别访谈（科技部、运输部、信息中心、人力资源部、企划部、办公室）；现场调研；发放问卷
2013.4	神朔铁路公司	召开座谈会（公司领导、科技与信息部、运输部、企划部、工程部和办公室）；小组访谈；发放问卷

3.2.2　质性研究

在收集大量资料和数据基础上，不断进行概念化归纳和范畴化聚类，通过质性研究，形成神华重载铁路技术创新模式特征模型。

1. 概念归纳

将原始资料打散结构后加以分析，结合相关文献，对从资料中提取的概念和范畴进行思考、研讨，通过对资料、概念和范畴的反复考察与探讨，并历经"数据收集→编码→分析→数据收集"的数次循环，最后从原始调研资料中抽取了 50 个概念，用"a + 序号"标示，如表 3—2 所示。

这些概念可能存在一定程度的重复或内容相近，需要进一步提炼。为此，将 50 个概念提炼为更为抽象的范畴，并对其进行命名，描述性质和维度，共获得 12 个范畴，用"A + 序号"标示，分别是：战略引领、政策导向、市场压力、过程主导、成果分配、要素支撑、要素整合、激励约束、协同合作、评价反馈、验证评估、应用推广等。在此基础上对每个范畴所包含的概念及其各自的性质和维度进行分析，每个范畴所包含的概念及其各自的性质和维度如表 3—2 所示。

表 3—2　调研资料开放式编码分析

原　始　资　料　记　录	开　放　式　编　码			
	概　念　化	范　畴　化	范畴属性	属性维度
神华铁路本身是一个集疏运的系统，是煤、电、油、路、港供应链中的重要环节，目前，运输一直是企业发展的瓶颈，要提高运量必须通过创新手段解决神华铁路工程建设和运营管理过程中遇到的难题（a_1），这是企业纵向一体化经营的要求（a_2）；同时，追求利润是对股东投资的回报，为了实现经营预期利润目标（a_3），集团运量目标被分解为年度运输计划，为完成年度计划目标，就必须对现有条件与计划进行匹配分析，若存在困难，就必须通过技术创新手段加以解决（a_4）	a_1 攻克难题 a_2 纵向一体化 a_3 利润目标 a_4 企业战略目标	A_1 战略引领： a_1 攻克难题 a_2 纵向一体化 a_3 利润目标 a_4 企业战略目标	引领程度	大/小

续上表

原始资料记录	开放式编码			
	概念化	范畴化	范畴属性	属性维度
发展重载铁路是从国家的政策以及行业的导向上考虑的，国家“十二五”规划把物流提高到与人流同等重要的位置，企业发展战略应服从于国家战略（a_5）；集团十二五科技发展规划中提出，神华发展方式应由投资驱动型向创新主导型转变，由外延扩张型、增长粗放型向内涵发展型和资源节约型转变（a_6）；作为国内最大的能源央企，有责任也有能力为国家提供充足、稳定的能源供应（a_7）	a_5 国家战略 a_6 转型升级 a_7 央企使命感	A_2 政策导向： a_5 创新型国家 a_6 转型升级 a_7 央企使命感	导向程度	大/小
就如我们团队成员经常所说，我们要依靠科技创新提高企业的竞争力（a_8）；货运量逐年递增，且货物运输市场需求发生转变，以及大宗货物运输重载化的发展趋势，呼唤与带动了物流产业的发展（a_9）；重载运输可以解决铁路运输能力不足问题，提高铁路运输综合效益，适应我国铁路货物运输量稳定增长的要求（a_{10}）	a_8 提升竞争力 a_9 物流需求 a_{10} 货运需求	A_3 市场压力： a_8 提升竞争力 a_9 物流需求 a_{10} 货运需求	压力程度	大/小
重载铁路技术创新的过程中，创新构想和成果应用阶段是由神华集团主导、合作单位参与，技术研发和技术集成阶段，神华集团全程参与，应该讲整个技术创新的节奏和过程都是由神华集团把握的（a_{11}）；重载铁路技术创新所需的各种资源，由神华集团通过各种途径（包括内部和外部、纵向和横向）的运作获得（a_{12}），神华集团负责创新资源的管理，对资源使用效率负责（a_{13}），因此，神华集团对资源的支配和使用非常的谨慎，无论是过程管理还是资金管理都非常严格，目的就是要做到资源最优化配置，好钢用在刀刃上（a_{14}）	a_{11} 过程组织 a_{12} 资源投入 a_{13} 资源管理 a_{14} 过程监督	A_4 过程主导： a_{11} 过程组织 a_{12} 资源投入 a_{13} 资源管理 a_{14} 过程监督	主导程度 主导阶段	大/小 多/少
重载铁路技术创新是由神华集团根据工程和企业的发展需求发起的（a_{15}），创新成果首先要应用到项目上（a_{16}），因此，创新的方向取决于神华铁路的具体需求是什么，神华集团对创新的方向具有决定权；重载铁路技术创新成果应用到具体项目上后，自然而然由运量和效率提升产生的创新效益，由神华集团享有（a_{17}），同时，技术创新参与主体也具有对技术进行进一步集成和创新并由此获得收益的权利，技术创新过程中的风险按照双方预先的约定进行分担（a_{18}），收益分配和风险分担的主导权在神华集团	a_{15} 发起创新 a_{16} 首要用户 a_{17} 最大受益者 a_{18} 风险承担者	A_5 成果分配： a_{15} 发起创新 a_{16} 首要用户 a_{17} 最大受益者 a_{18} 风险承担者	分配比例	大/小

续上表

<table>
<tr><th rowspan="2">原始资料记录</th><th colspan="4">开放式编码</th></tr>
<tr><th>概念化</th><th>范畴化</th><th>范畴属性</th><th>属性维度</th></tr>
<tr><td>重载铁路技术创新过程充分利用神华集团以及合作单位的高层次的技术和管理人才队伍(a_{19})，在重载铁路技术特点和公司现状的基础上，特别要注重发挥合作单位丰富的重载铁路技术储备和技术基础，使其为我所用(a_{20})，要充分利用现有的以及合作单位所具备的设备设施、物资等硬件条件进行创新(a_{21})，要通过多种渠道(内部和外部)筹集充足稳定的资金来源，保持融资渠道的畅通，保证技术创新活动的顺利开展(a_{22})</td><td>a_{19}人才支撑
a_{20}技术支撑
a_{21}设备支撑
a_{22}资金支撑</td><td>A_6 要素支撑：
a_{19}人才支撑
a_{20}技术支撑
a_{21}设备支撑
a_{22}资金支撑</td><td>支撑强度
支撑范围</td><td>大/小
广泛/狭小</td></tr>
<tr><td>重载铁路技术创新过程构建了合理的组织架构，并建立稳定的产学研合作网络(a_{23})，构建资源整合平台，并注重信息化建设，方便技术信息的及时获取(a_{24})，对技术创新平台的管理要注重完善制度，通过制度建设实现要素的整合制度化(a_{25})</td><td>a_{23}组织协同
a_{24}信息化建设
a_{25}制度化建设</td><td>A_7 要素整合：
a_{23}组织协同
a_{24}信息化建设
a_{25}制度化建设</td><td>支撑强度</td><td>强/弱</td></tr>
<tr><td>重载铁路技术创新过程加强组织领导以实现项目技术创新激励的有序协调和高效运作(a_{26})，创造良好的技术创新环境以鼓励各主体积极进行技术创新(a_{27})，采用适当的激励形式调动内部科技与管理人员的创新积极性(a_{28})，建立由技术创新各方领导牵头、专人负责的过程管控体系(a_{29})，制定规则对技术创新的违规行为进行约束(a_{30})</td><td>a_{26}组织领导
a_{27}营造环境
a_{28}人员激励
a_{29}过程管控
a_{30}处罚违规</td><td>A_8 激励约束：
a_{26}组织领导
a_{27}营造环境
a_{28}人员激励
a_{29}过程管控
a_{30}处罚违规</td><td>激励程度</td><td>大/小</td></tr>
<tr><td>重载铁路技术创新项目签署合作协议，做到权责明确(a_{31})，协议中责任与权利对等，风险与收益对等(a_{32})，创新过程中各方保持信任和相互谅解的良性关系(a_{33})，各参与主体都能以项目总体目标为最高目标(a_{34})，创新过程中各方表达其利益诉求的渠道始终畅通(a_{35})，技术创新成果能够共享，收益得到合理的分配(a_{36})，创新过程中的冲突得到了处理，各方均表示满意(a_{37})</td><td>a_{31}合作协议
a_{32}权责对等
a_{33}信任关系
a_{34}共同目标
a_{35}沟通畅通
a_{36}收益共享
a_{37}化解冲突</td><td>A_9 协同合作：
a_{31}合作协议
a_{32}权责对等
a_{33}信任关系
a_{34}共同目标
a_{35}沟通畅通
a_{36}收益共享
a_{37}化解冲突</td><td>协同程度</td><td>大/小</td></tr>
<tr><td>重载铁路技术创新建立了完整的评价体系，并对新技术应用效果进行评价(a_{38})，将评价结果及时反馈给参与各方(a_{39})，对评价结果进行分析总结，找出问题根源(a_{40})，根据评价结果针对性地修订管理办法(a_{41})，监督指导技术创新各参与主体对其存在问题进行持续改进(a_{42})</td><td>a_{38}效果评价
a_{39}及时反馈
a_{40}分析总结
a_{41}持续改进
a_{42}监督指导</td><td>A_{10}评价反馈：
a_{38}效果评价
a_{39}及时反馈
a_{40}分析总结
a_{41}持续改进
a_{42}监督指导</td><td>评价频率
评价效果</td><td>高/低
好/坏</td></tr>
</table>

续上表

原始资料记录	开放式编码			
	概念化	范畴化	范畴属性	属性维度
重载铁路新技术工程化过程中，采用试验先行的措施保障其安全性（a_{43}）；重视新技术对接、整合、集成过程中的界面管理（a_{44}）；注重新技术的技术经济、社会和风险的第三方评估（a_{45}）	a_{43}试验先行 a_{44}界面管理 a_{45}第三方评估	A_{11}验证评估： a_{43}试验先行 a_{44}界面管理 a_{45}第三方评估	评估强度	强/弱
重载铁路技术创新成果成功地应用到工程实践中（a_{46}），重视重载铁路技术创新成果的知识产权保护（a_{47}），将重载铁路技术创新成果标准化，形成技术标准（a_{48}），在成果转化方面形成了投入产出再投入的良性循环（a_{49}），重视重载铁路技术推广，对外输出技术（a_{50}）	a_{46}成果应用 a_{47}产权保护 a_{48}技术标准 a_{49}良性转化 a_{50}成果推广	A_{12}应用推广： a_{46}成果应用 a_{47}产权保护 a_{48}技术标准 a_{49}良性转化 a_{50}成果推广	应用效果	好/坏

2. 范畴聚类

运用“因果条件→现象→脉络→中介条件→行动/互动策略→结果”典范模型对范畴进行概括与深化，发现和建立各概念与范畴之间的联系，以及资料各部分之间的有机联系。对开放式编码中得到的50个概念和12个范畴进行反复聚类与文献对比，将这些概念和范畴置于重载铁路技术创新模式情境中，针对技术创新动力模式、组织模式、整合模式、驱动模式和实现模式，得到神华重载铁路技术创新模式概念的5个主要范畴，如表3—3所示。通过对开放式编码抽取的概念和范畴进行反复比较与深入讨论，根据范畴内在联系与类型关系，对这些范畴进行初步联结。

表3—3 调研资料主轴编码分析

开放式编码抽取的范畴	主要范畴
A_1 战略引领	B_1 需求引领
A_2 政策导向	
A_3 市场压力	
A_4 过程主导	B_2 企业主导
A_5 成果分配	
A_6 要素支撑	B_3 平台支撑
A_7 要素整合	
A_8 激励约束	B_4 机制驱动
A_9 协同合作	

续上表

开放式编码抽取的范畴	主要范畴
A_{10}评价反馈	B_4 机制驱动
A_{11}验证评估	B_5 工程实现
A_{12}应用推广	

通过“核心范畴→主要范畴→概念”的联系，将核心范畴、主要范畴和概念联结成为一个整体，建立包含各范畴与概念间的关联构思，最终得到神华重载铁路技术创新模式的概念结构体系。

3.2.3　特征模型

质性研究表明，神华重载铁路技术创新的主要特征是：“需求引领、企业主导、平台支撑、机制驱动、工程实现”。需求是技术创新的起点，需求引领形成技术创新动力，通过神华集团为核心的网络组织联合攻关，构建整合资源的平台，建立激励相容、协同合作和动态反馈的运行机制，并通过工程化实现技术创新成效。神华重载铁路技术创新模式的特征模型如图 3—1 所示。

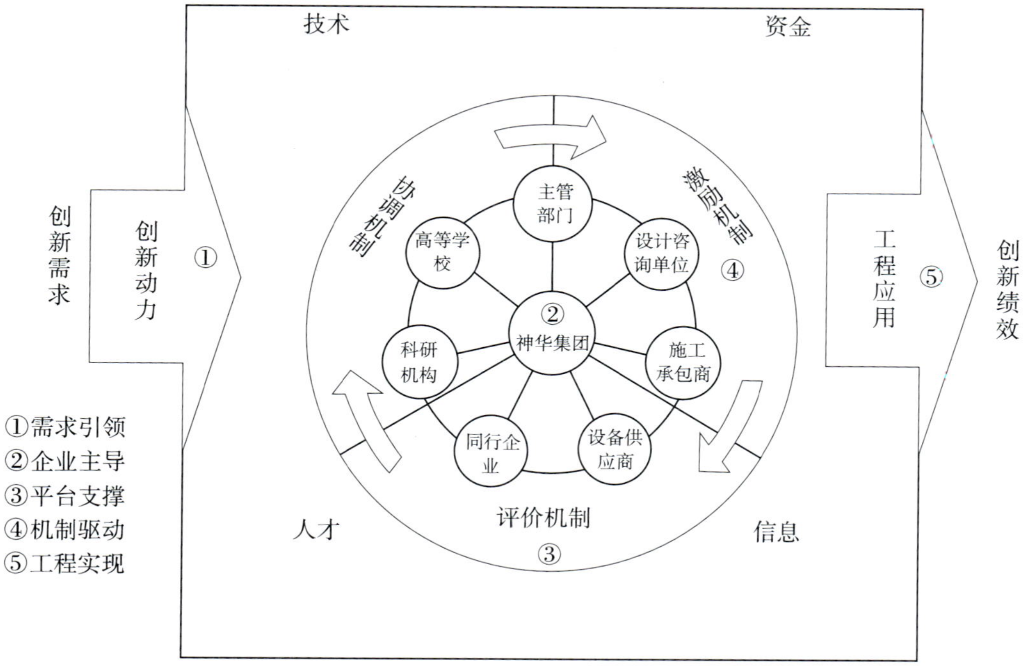

图 3—1　神华重载铁路技术创新模式的特征模型

1. 需求引领

“需求引领”是神华重载铁路技术创新的动力模式。神华重载铁路技术创新最大的特点就是一切从实际出发，着力解决生产经营活动中遇到的重大问题。神华集团从国家战略需求和自身实际需求出发，立足于解决生产经营活动中遇到的重大问题，满足国家战略需求，着力提高创新的针对性、实用性和前瞻性。

2. 企业主导

“企业主导”是神华重载铁路技术创新的组织模式。突出神华集团在技术创新中的主体地位和责任，神华集团既是技术创新需求的主体，也是研发投入的主体；既是开展科技创新的试验平台，也是科研成果的最终用户。同时，在神华集团主导技术创新的同时，充分调动其他参与主体的积极性。

3. 平台支撑

“平台支撑”是神华重载铁路技术创新的整合模式。通过整合国内外优势科技资源，搭建产学研用创新平台，建设创新文化，提升重载铁路技术创新能力，有效支撑重载铁路技术创新。整合就是把分散的技术创新要素进行重新组合，实现优势互补，形成有价值有效率的整体，突破单个企业有限创新能力和创新积极性的制约，变局部、零散、不成体系的创新活动为系统集成、整体、组织有效的协同技术创新行为，实现系统的资源共享和协同工作。

4. 机制驱动

“机制驱动”是神华重载铁路技术创新的运行模式。运行模式的概念可大可小，本书中的运行模式是指技术创新所依靠的机制保障模式。神华重载铁路技术创新平台功能的发挥，必须依靠有效的运行机制，通过构建激励机制、协调机制和评价机制，保障重载铁路技术创新激励相容、协同合作和动态反馈。

5. 工程实现

“工程实现”是神华重载铁路技术创新的实现模式。广义的实现模式可指整个技术创新的模式，本书中的实现模式是指重载铁路技术创新的成果如何在工程中得到应用，并转化为生产力的模式。也就是说，实现模式关注的是新技术的应用问题，而不是新技术的研发问题。各类技术创新主体围绕工程需求开展的技术创新，所取得的成果应用于重载铁路运输需求，实现工程化。

3.2.4　模型检验

1. 量表设计与数据收集

为验证质性研究中重载铁路技术创新模式核心概念范畴的划分，即需求引领、企业主导、平台支撑、机制驱动和工程实现等主要范畴，设定量表进行验证分析。根据几次调研过程中形成的概念，参考相关文献中关于技术创新动力维、组织维、资源维、机制维和实现维等维度测量的工具，量表设计经过项目组若干次专题研讨，项目组专门进行预调研，并对预调研的结果进行分析，表明问卷的设计具有效度。同时，邀请熟悉重载铁路技术及管理的国内专家进行指导，务使量表能够科学地测量几个主要范畴。

量表测量的目的是验证重载铁路技术创新模式，因此，数据收集的范围和条件必须进行严格限定。首先，调查对象必须非常熟悉神华重载铁路技术创新，为此选择神华集团内部及其各个子(分)公司等单位作为调查对象(主要在朔黄铁路公司和神朔铁路公司)，调查对象必须有 6 年以上从事技术创新相关工作，在所在单位任中层以上职位，保障数据收集的准确性。

2. 样本的描述性统计

问卷调查共发放问卷 100 份，其中：朔黄铁路公司发放 50 份，回收 43 份，回收的问卷中有效问卷 34 份，无效问卷 9 份；神朔铁路公司发放 50 份，回收问卷 41 份，回收的问卷中有效问卷 37 份，无效问卷 4 份。合计有效问卷 71 份。对各测量项目的两个样本的描述性统计如表 3—4 所示。通过独立样本 T 检验比较两种样本来源的差异，显著性均大于 0.05，认为两个样本中需求引领的测量项目是相似的，检验表明两个样本的测量项目没有差异，因此可以将两个样本合并，并对 71 个样本进行信度与效度检验。

表 3—4　测量项目的描述性统计表

序号	项　　目	样本 1		样本 2	
		均值	标准偏差	均值	标准偏差
XQ1	企业纵向一体化发展战略对提升运能的需求	4.59	0.61	4.68	0.67
XQ2	企业对掌握核心技术，提高竞争力的需求	4.71	0.58	4.57	0.65
XQ3	攻克企业生产经营中遇到的重大技术难题的需求	4.41	0.61	4.70	0.62
XQ4	企业实现利润最大化的需求	4.29	0.80	4.51	0.69
XQ5	实现企业战略发展目标对技术创新的要求	4.18	0.80	4.59	0.64
XQ6	企业成为技术创新主体的责任感和使命感	3.91	0.79	4.46	0.90

续上表

序号	项　　目	样本1		样本2	
		均值	标准偏差	均值	标准偏差
XQ7	建设创新型国家战略对企业技术创新的激励	4.12	0.77	4.41	0.72
XQ8	转变经济发展方式对企业技术创新的要求	4.03	0.94	4.32	0.71
XQ9	物流市场大宗货物运输量需求递增的趋势	4.26	0.71	4.35	0.79
XQ10	铁路货运行业发展对重载铁路技术创新的需求	4.18	0.72	4.70	0.62
QY1	公司是重载铁路技术创新的发起者	4.47	0.66	4.19	0.74
QY2	公司是重载铁路技术创新研发过程的组织者	4.56	0.66	4.11	0.84
QY3	公司是重载铁路技术创新的最大资源投入者	4.41	0.74	4.11	0.74
QY4	公司是重载铁路技术创新的资源管理者	4.44	0.66	4.27	0.77
QY5	公司是重载铁路技术创新的过程监管、监控者	4.29	0.76	4.03	0.90
QY6	公司是重载铁路技术创新成果的首要用户	4.59	0.66	4.54	0.65
QY7	公司是重载铁路技术创新成效的最大受益者	4.44	0.79	4.35	0.79
QY8	公司在重载铁路技术创新过程中承担了主要风险	4.35	0.88	4.27	0.73
PT1	公司拥有充足、高层次的技术和管理人才队伍	4.21	0.54	4.24	0.64
PT2	公司具有丰富的重载铁路技术储备和技术基础	4.12	0.77	3.81	0.74
PT3	公司拥有精良的设备设施、物资等硬件条件	4.24	0.65	3.95	0.85
PT4	公司具有创新所需的稳定充足资金来源及顺畅的融资渠道	4.44	0.61	4.32	0.63
PT5	公司构建合理的组织架构，并建立稳定的产学研合作网络	4.38	0.70	4.35	0.82
PT6	公司注重信息化建设，方便技术信息的及时获取	4.50	0.66	4.27	0.80
PT7	公司建立了完善的技术创新全过程管理制度	4.32	0.64	4.35	0.79
JZ1	加强组织领导以实现项目技术创新激励的有序协调和高效运作	4.50	0.66	4.51	0.87
JZ2	创造良好的技术创新环境鼓励各主体积极进行技术创新	4.38	0.70	4.16	0.80
JZ3	采用适当的激励形式调动内部科技与管理人员的创新积极性	4.15	0.86	4.22	0.82
JZ4	建立由技术创新各方领导牵头、专人负责的过程管控体系	4.24	0.85	4.03	0.99
JZ5	制定规则对技术创新的违规行为进行约束	4.44	0.82	4.65	0.72
JZ6	每个技术创新项目都签署合作协议，做到权责明确	4.65	0.49	4.49	0.69
JZ7	协议中责任与权利对等，风险与收益对等	4.56	0.66	4.32	0.88
JZ8	创新过程中各方保持信任和相互谅解的良性关系	4.41	0.70	4.35	1.14
JZ9	各参与主体都能以项目总体目标为最高目标	4.29	0.91	4.30	1.22
JZ10	创新过程中各方表达其利益诉求的渠道始终畅通	4.44	0.70	4.43	0.69
JZ11	技术创新成果能够共享，收益得到合理的分配	4.32	0.88	4.57	0.77
JZ12	创新过程中的冲突得到了处理，各方均表示满意	4.44	0.61	4.59	0.72

续上表

序号	项　　　目	样本 1		样本 2	
		均值	标准偏差	均值	标准偏差
JZ13	每个技术创新项目都签署合作协议,做到权责明确	4. 21	0. 88	4. 59	0. 72
JZ14	建立完整的评价体系对新技术应用效果进行评价	4. 29	0. 72	4. 51	0. 80
JZ15	将评价结果及时反馈给参与各方	4. 38	0. 89	4. 54	0. 77
JZ16	对评价结果进行分析总结,找出问题根源	4. 12	0. 81	4. 62	0. 64
JZ17	根据评价结果针对性地修订管理办法	4. 35	0. 85	4. 38	0. 83
JZ18	监督指导技术创新各方对其存在问题进行持续改进	4. 35	0. 85	4. 35	0. 98
GC1	新技术工程化过程中采用试验先行的措施保障其安全性	4. 32	0. 88	4. 43	0. 80
GC2	重视新技术对接、整合、集成过程中的界面管理	4. 09	0. 97	4. 54	0. 77
GC3	注重新技术的技术经济、社会和风险的第三方评估	4. 38	0. 82	4. 46	0. 84
GC4	重载铁路技术创新成果成功地应用到工程实践中	4. 53	0. 61	4. 68	0. 53
GC5	重视重载铁路技术创新成果的知识产权保护	4. 44	0. 70	4. 51	0. 73
GC6	将重载铁路技术创新成果标准化,形成技术标准	4. 21	0. 77	4. 27	0. 77
GC7	在成果转化方面形成了投入产出再投入的良性循环	4. 24	0. 74	4. 57	0. 69
GC8	重视重载铁路技术推广,对外输出技术	4. 59	0. 61	4. 68	0. 67

3. 信度检验

采用 Cronbach's α 系数法检验调查问卷的信度，并使用修正后项总相关系数(Corrected Item Total Correction，CITC)来净化测量项目，利用 SPSS19. 0 测量问卷的可靠性，结果如表 3—5 所示。从结果来看，CITIC 值均大于 0. 4，无须删除个别测量项目，且各测量项目的信度均大于 0. 8，表明测量量表的信度可接受。

表 3—5　信度检验分析表

序号	项　　　目	CITC	Cronbach's α
XQ1	企业纵向一体化发展战略对提升运能的需求	0. 562	0. 881
XQ2	企业对掌握核心技术,提高竞争力的需求	0. 593	
XQ3	攻克企业生产经营中遇到的重大技术难题的需求	0. 668	
XQ4	企业实现利润最大化的需求	0. 425	
XQ5	实现企业战略发展目标对技术创新的要求	0. 594	
XQ6	企业成为技术创新主体的责任感和使命感	0. 714	
XQ7	建设创新型国家战略对企业技术创新的激励	0. 639	

续上表

序号	项目	CITC	Cronbach's α
XQ8	转变经济发展方式对企业技术创新的要求	0.684	0.881
XQ9	物流市场大宗货物运输量需求递增的趋势	0.512	
XQ10	铁路货运行业发展对重载铁路技术创新的需求	0.738	
QY1	公司是重载铁路技术创新的发起者	0.501	0.839
QY2	公司是重载铁路技术创新研发过程的组织者	0.487	
QY3	公司是重载铁路技术创新的最大资源投入者	0.700	
QY4	公司是重载铁路技术创新的资源管理者	0.615	
QY5	公司是重载铁路技术创新的过程监管、监控者	0.651	
QY6	公司是重载铁路技术创新成果的首要用户	0.514	
QY7	公司是重载铁路技术创新成效的最大受益者	0.562	
QY8	公司在重载铁路技术创新过程中承担了主要风险	0.542	
PT1	公司拥有充足、高层次的技术和管理人才队伍	0.494	0.809
PT2	公司具有丰富的重载铁路技术储备和技术基础	0.729	
PT3	公司拥有精良的设备设施、物资等硬件条件	0.637	
PT4	公司具有创新所需的稳定充足资金来源及顺畅的融资渠道	0.427	
PT5	公司构建合理的组织架构,并建立稳定的产学研合作网络	0.632	
PT6	公司注重信息化建设,方便技术信息的及时获取	0.599	
PT7	公司建立了完善的技术创新全过程管理制度	0.475	
JZ1	加强组织领导以实现项目技术创新激励的有序协调和高效运作	0.519	0.928
JZ2	创造良好的技术创新环境以鼓励各主体积极进行技术创新	0.475	
JZ3	采用适当的激励形式调动内部科技与管理人员的创新积极性	0.554	
JZ4	建立由技术创新各方领导牵头、专人负责的过程管控体系	0.703	
JZ5	制定规则对技术创新的违规行为进行约束	0.555	
JZ6	每个技术创新项目都签署合作协议,做到权责明确	0.598	
JZ7	协议中责任与权利对等,风险与收益对等	0.720	
JZ8	创新过程中各方保持信任和相互谅解的良性关系	0.720	
JZ9	各参与主体都能以项目总体目标为最高目标	0.658	
JZ10	创新过程中各方表达其利益诉求的渠道始终畅通	0.492	
JZ11	技术创新成果能够共享,收益得到合理的分配	0.703	
JZ12	创新过程中的冲突得到了处理,各方均表示满意	0.713	
JZ13	每个技术创新项目都签署合作协议,做到权责明确	0.564	

续上表

序号	项　　目	CITC	Cronbach's α
JZ14	建立完整的评价体系对新技术应用效果进行评价	0.796	0.928
JZ15	将评价结果及时反馈给参与各方	0.751	
JZ16	对评价结果进行分析总结，找出问题根源	0.695	
JZ17	根据评价结果针对性地修订管理办法	0.658	
JZ18	监督指导技术创新各方对其存在问题进行持续改进	0.519	
GC1	新技术工程化过程中采用试验先行的措施保障其安全性	0.723	0.887
GC2	重视新技术对接、整合、集成过程中的界面管理	0.802	
GC3	注重新技术的技术经济、社会和风险的第三方评估	0.758	
GC4	重载铁路技术创新成果成功地应用到工程实践中	0.660	
GC5	重视重载铁路技术创新成果的知识产权保护	0.555	
GC6	将重载铁路技术创新成果标准化，形成技术标准	0.569	
GC7	在成果转化方面形成了投入产出再投入的良性循环	0.703	
GC8	重视重载铁路技术推广，对外输出技术	0.496	

4. 效度检验

采用主成分分析法进行 KMO 和 Bartlett 检验。如表 3—6 所示。从表中可得 KMO 值为 0.627，大于 KMO 值最小为 0.5 的标准，表示变量之间的共同因素较多，且 Bartlett 球形度检验卡方值为 2 978.641（自由度为 1 225），$P=0$，达到显著性水平，适合做因子分析。

表 3—6　KMO 和 Bartlett 检验

取样足够度的 Kaiser-Meyer-Olkin 度量		0.627
Bartlett 的球形度检验	近似卡方	2 978.641
	df	1 225
	Sig.	0.000

采用正交旋转法进行主成分分析，旋转后的因子载荷值如表 3—7 所示，旋转方法采用的是 Kaiser 标准化的正交旋转法。由表 3—7 可知，重载铁路技术创新模式分为 5 个主成分，这也印证了质性研究中的重载铁路技术创新模式的 5 个维度，且各因子负荷都大于 0.4，收敛效度和区分效度较好。

表 3—7 旋转成分矩阵

序号	项目	成分				
		1	2	3	4	5
XQ1	企业纵向一体化发展战略对提升运能的需求		0.616			
XQ2	企业对掌握核心技术,提高竞争力的需求		0.621			
XQ3	攻克企业生产经营中遇到的重大技术难题的需求		0.725			
XQ4	企业实现利润最大化的需求		0.458			
XQ5	实现企业战略发展目标对技术创新的要求		0.658			
XQ6	企业成为技术创新主体的责任感和使命感		0.717			
XQ7	建设创新型国家战略对企业技术创新的激励		0.669			
XQ8	转变经济发展方式对企业技术创新的要求		0.755			
XQ9	物流市场大宗货物运输量需求递增的趋势		0.556			
XQ10	铁路货运行业发展对重载铁路技术创新的需求		0.740			
QY1	公司是重载铁路技术创新的发起者				0.598	
QY2	公司是重载铁路技术创新研发过程的组织者				0.595	
QY3	公司是重载铁路技术创新的最大资源投入者				0.817	
QY4	公司是重载铁路技术创新的资源管理者				0.671	
QY5	公司是重载铁路技术创新的过程监管、监控者				0.707	
QY6	公司是重载铁路技术创新成果的首要用户				0.610	
QY7	公司是重载铁路技术创新成效的最大受益者				0.538	
QY8	公司在重载铁路技术创新过程中承担了主要风险				0.598	
PT1	公司拥有充足、高层次的技术和管理人才队伍					0.573
PT2	公司具有丰富的重载铁路技术储备和技术基础					0.780
PT3	公司拥有精良的设备设施、物资等硬件条件					0.778
PT4	公司具有创新所需稳定充足资金来源及顺畅融资渠道					0.426
PT5	公司构建合理的组织架构,建立稳定产学研合作网络					0.558
PT6	公司注重信息化建设,方便技术信息的及时获取					0.461
PT7	公司建立了完善的技术创新全过程管理制度					0.442
JZ1	加强组织领导以实现项目有序协调和高效运作			0.460		
JZ2	创造良好的技术创新环境以鼓励各主体积极创新			0.564		
JZ3	采用适当激励调动内部科技与管理人员创新积极性			0.526		
JZ4	建立由技术创新各方领导牵头、专人负责的过程管控体系			0.542		
JZ5	制定规则对技术创新的违规行为进行约束			0.616		
JZ6	每个技术创新项目都签署合作协议,做到权责明确			0.760		

续上表

序号	项　　　　目	成　　分				
		1	2	3	4	5
JZ7	协议中责任与权利对等,风险与收益对等			0.718		
JZ8	创新过程中各方保持信任和相互谅解的良性关系			0.522		
JZ9	各参与主体都能以项目总体目标为最高目标			0.481		
JZ10	创新过程中各方表达其利益诉求的渠道始终畅通			0.517		
JZ11	技术创新成果能够共享,收益得到合理的分配			0.476		
JZ12	创新过程中的冲突得到了处理,各方均表示满意			0.589		
JZ13	每个技术创新项目都签署合作协议,做到权责明确			0.647		
JZ14	建立完整的评价体系对新技术应用效果进行评价			0.487		
JZ15	将评价结果及时反馈给参与各方			0.559		
JZ16	对评价结果进行分析总结,找出问题根源			0.715		
JZ17	根据评价结果针对性地修订管理办法			0.484		
JZ18	监督指导技术创新各方对其存在问题进行持续改进	0.747				
GC1	新技术工程化过程中采用试验先行的措施保障其安全性	0.668				
GC2	重视新技术对接、整合、集成过程中的界面管理	0.481				
GC3	注重新技术的技术经济、社会和风险的第三方评估	0.583				
GC4	重载铁路技术创新成果成功地应用到工程实践中	0.527				
GC5	重视重载铁路技术创新成果的知识产权保护	0.721				
GC6	将重载铁路技术创新成果标准化,形成技术标准	0.659				
GC7	在成果转化方面形成了投入产出再投入的良性循环	0.747				
GC8	重视重载铁路技术推广,对外输出技术	0.668				

3.2.5　研究结果

（1）重载铁路技术创新模式是神华集团在重载铁路技术创新活动中遵循的管理经验、方式和规则，这些经验、方式和规则的科学性和合理性在长期的技术创新实践过程中得到检验，并经过不断地修正和补充，上升为对企业具有指导意义的具有普适性的知识体系。通过对原始数据的深入分析，分析出攻克技术难题、纵向一体化、利润目标、企业战略目标等一系列新概念。并且，这些概念之间的层次关系与并列关系较为清晰，需求引领、企业主导、平台支撑、机制驱动和工程实现均属于神华重载铁路技术创新模式这一整体概念，它们之间存在并列关系，且每个概念之下有其所属具体内容。

（2）通过对调研所收集的资料进行编码，涵盖了丰富的原始数据信息，在此基础上产生了50个概念和12个范畴，每个范畴具有较好的概念基础与概念密度，并在理论建构上覆盖了主要变异。通过验证性调研与其他资料综合分析，发现神华重载铁路技术创新模式的范畴已经发展得非常丰富，对访谈索取的企业内部相关资料分析并没有发现新的重要范畴与关系，说明提炼的主要范畴能够有效涵盖下属各个范畴与概念，具备较好的解释力。对主要范畴及其属性和维度进行联系对比后，发现重载铁路技术创新模式这一范畴在其中占据了中心位置，与所有范畴均存在实质性关联，集中代表了最主要的现象，需求引领、企业主导、平台支撑、机制驱动和工程实现可以作为神华重载铁路技术创新模式在不同方面的具体表现。

（3）神华重载铁路技术创新模式的主要特征是："需求引领、企业主导、平台支撑、机制驱动、工程实现"，分别反映神华重载铁路技术创新模式的动力维、组织维、资源维、机制维和实现维等五个维度。技术创新动力维是技术创新主体在技术创新过程中，对外在刺激和内在需求渴望等方面因素如何作用于技术创新主体，从而产生技术创新行为、参与技术创新活动的认识和总结，主要针对神华进行重载铁路技术创新的动机和原因，突出重载铁路技术创新动力的来源问题。技术创新组织维是技术创新主体在技术创新过程中，组织内部以及组织之间的相互关系，主要分析在进行重载铁路技术创新过程中，神华集团与其他参与企业构成的网络组织结构，以及在该网络组织中神华集团和各个参与企业所起的作用及其相互关系。技术创新资源维是技术创新过程中资源的组合和配置方式，主要分析技术创新过程中神华集团对资源投入类型、比例、投入方式，以及创新资源如何整合起到支撑技术创新的作用。技术创新机制维是在技术创新过程中，影响这种创新相关的各种活动顺利运行的各因素的结构、功能及其相互关系，以及这些因素产生影响、发挥功能的作用过程和作用原理及其运行方式，主要分析神华集团所运用的管理机制，以驱动技术创新体系的顺利运行。技术创新实现维是技术创成果转化为技术创新效益的方式和途径，主要分析神华重载铁路技术创新的成果，如何在神华铁路工程项目中得到应用。

重载铁路技术创新模式的提出，在如何处理技术创新与需求、技术创新过程组织、技术创新平台与运行机制、技术创新与工程化等方面，提供了有价值的见解，对处理铁路运输企业乃至其他大型国有企业面临的科学发展、企业转型和提升竞争力等问题，具有借鉴和指导意义。对我国铁路运输企业及其他资源型企业的技术创新模式选择和技术创新管理都有着重要的参考价值和借鉴意义。

第4章 需求引领技术创新

神华重载铁路技术创新源于运输需求，运输需求引致技术创新需求。需求引领是技术创新成功的前提，更是神华重载铁路技术创新的重要特色。神华集团以煤炭生产与铁路运输为背景，以运量分析和运输能力检算为依据分析运输需求，通过重载铁路网的规划建设、既有线扩能改造，以及核心技术与装备研发等多种途径，满足国家和神华集团发展需求。

4.1 需求与技术创新的互动关系

不断增大的运输需求对神华铁路运输能力提出了挑战，并促使神华铁路不断追求重载化突破和创新。运输需求是神华重载铁路技术创新的动力源泉，需求引领企业开展技术创新，企业通过技术创新来满足、响应需求，需求与技术创新之间存在着互动关系，不断推动技术进步和企业发展。

4.1.1 需求引领技术创新内涵

关于需求引领技术创新的内涵，可以追溯到美国经济学家施穆克勒(Schumpeter)的提出“需求引致创新”思想。施穆克勒主要考察美国铁路、农业、造纸、炼油四种产业的投资、产出及专利数量的关系，认为专利活动同样是追求利润的经济活动，受市场需求的引导与制约，得出市场需求牵动技术创新行为的结论。需求引领技术创新是以需求为创新起点和目标，需求是技术创新的出发点和落脚点。以需求为出发点的技术创新有市场导向、需求导向的特点，是企业受外部环境刺激和内部自身需求的引领和激励，开展技术创新活动。

国家战略需求、行业发展需求和企业发展战略需求，促使神华集团开展重载铁路技术创新活动，没有需求就不会有技术创新。神华集团是一个以煤炭生产为主的企业，并负责建设、管理和运营规模庞大的自有铁路网，这在技术、人才、资金等方面面临巨大考验，神华集团必须从自身实际需求出发，立足于解决生产经营活动中遇到的重大问题，着力提高重载铁路技术创新的实用性与前瞻性。从神华集团战略层面来看，“产”与“运”、“运”与“销”如何相互匹配？从神华铁路运输环节来看，“集”与“疏”、“疏”与“运”如何相互匹配？这些问题都关乎神华集团的发展，而解决这些问题，必须从整个铁路网的规划出发，配套新建铁路或对既有线进行扩能改造，这就需要开展大量的技术创新活动。

需求的引领作用在神华集团运输板块的经营决策中体现得最为集中。客观存在的不断增长的运输需求促使神华集团思考如何以技术创新为手段开展扩能改造，而这些手段、方案、决策最终都会落实到神华重载铁路运输规划与实施过程中。神华重载铁路技术创新，依靠国家宏观政策的指导和神华集团在重载铁路技术创新过程中的组织与管理，通过企业家精神、主人翁意识，搭建平台，构建机制，实现技术创新。神华集团决策层在技术创新决策和管理过程中表现的果敢和决断的企业家精神，是技术创新成功的重要前提。

4.1.2 需求与技术创新互动关系模型

纵观神华重载铁路技术创新过程，需求与技术创新的关系是相互促进、不断提升的互动关系。在国家宏观环境向好的背景下，神华集团经历着快速发展历史时期，煤炭产量的不断增加，对“集、疏、运”运输系统提出了极大的挑战，如何破解运能不足的矛盾，满足煤炭产量、销量和企业发展的增长需求，成了摆在神华集团运输板块面前亟待解决的重大课题，运输需求是技术创新的原动力。神华集团审时度势，提出铁路网规划、新建线路及配套铁路、既有铁路扩能改造以及核心技术与装备研发等一系列战略举措，综合施治，力求破解这一关系企业发展的重大难题。上述战略构成了严密的逻辑体系，铁路网规划是整个战略意图得意贯彻的前提和基础，新建线路和既有铁路扩能改造是两种不同的具体方案，要根据战略实施过程中的实际加以选择，核心技术与装备研发是实现战略意图的手段和保障措施。

为此，神华集团提出重载铁路技术创新的战略部署，比肩国际、国内先进技术水平，从中寻找差距和突破口，结合自身实际，从基础设施检测与强化技术、机车车辆技术、移动通信技术、运营与维护技术和信息化技术等方面开展了一系列技术创新活动，为神华铁路网规划和实施奠定基础，满足运输需求，从而为神华集团发展战略的顺利实施提供保障。

由此可见，需求与技术创新是一个相互作用的过程，在运输需求的引领下，神华集团实施重载铁路运输规划，并对重载铁路技术创新提出了需求，而技术创新活动的开展，所取得的成果运用于神华重载铁路工程实践中，提升铁路运输能力，从而满足和响应运输需求，如图 4—1 所示。

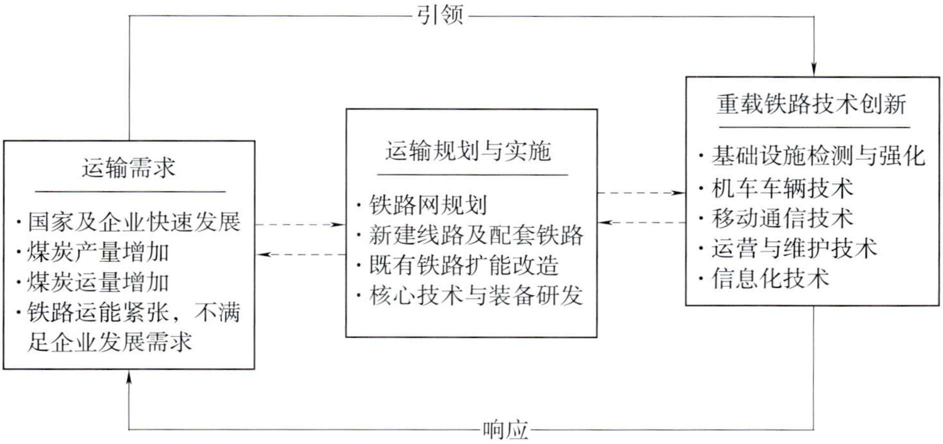

图 4—1　重载铁路技术创新的互动关系模型

随着重载铁路技术创新的成功实施，需求发生相应变化，需求变化促进、加快了企业实施技术创新，帮助企业提升运能，满足需求的同时获得竞争优势，提升核心竞争力。例如，神华重载铁路起初开行万吨组合列车即可满足运输需求，随着煤炭运量的增加，产生了新的需求，需要开行 2 万 t级组合列车。起初应用 800 MHz + 400 kHz 混合通信技术满足机车无线重联控制要求，但开行 2 万 t 级重载组合列车较 1 万 t 组合列车有更大的技术难度及跨度，800 MHz + 400 kHz 混合通信技术难以满足 2 万 t 级的长大编组要求，需要开发与 2 万 t 级重载组合列车相适配的无线重联通信技术。为此，神华集团组织科研力量进行产学研联合攻关，采用 LTE 新型宽带通信技术和既有 800 MHz 无线通信技术相结合的方式承载组合列车无线重联操控数据通信，该技术方案解决了 2 万 t 级重载组合列车开行的无线重联通信问题，为神华集团开行 2 万 t 级重载组合列车提升运能打下良好基础。

4.1.3 坚持需求引领技术创新的战略意义

长期以来，以包神、神朔、朔黄等为代表的神华重载铁路在技术创新实践中逐渐摸索形成了需求引领技术创新模式。坚持需求引领技术创新，能为技术创新决策提供依据，有利于降低技术创新风险与成本，提高技术创新的成功率。

1. 为重载铁路技术创新决策提供依据

坚持需求引领技术创新，需要明晰国家战略、行业和企业发展需求，并以此为依据进行运输规划，有利于做出正确的技术创新决策。在制定和实施运输规划过程中，通过运输需求产生技术需求，由此提出相应的技术创新，并对技术创新项目进行有效的决策、组织和管理。朔黄铁路公司在神华集团“科技强路”战略引领下，以建设“绿色、高效、数字化”铁路为目标，组织开展了一系列重载铁路技术创新，对朔黄铁路进行全方位的技术改造与提升，实现了企业的持续发展。

2. 降低重载铁路技术创新成本

重载铁路技术创新过程充满风险，且有较高的技术创新成本，其中不仅仅包括技术创新过程中的研发成本，还包括试验成本和工程应用成本。需求引领的技术创新本身就是从神华重载铁路发展的实际需求出发，每一项技术研发的首要目的都是为了在神华重载铁路中应用。神华集团就是市场用户，不需要“拿着技术跑市场”，无须进行大量市场应用的推广工作，有效降低了技术创新的风险和成本。

3. 提高重载铁路技术创新成功率

需求引领下的技术创新具有明确的指向性，而神华集团作为技术创新的主导者和最终用户，对技术创新产生巨大的导向作用，有利于减少技术创新过程中的不确定性，大大降低技术创新的技术风险和市场风险，从而提高重载铁路技术创新成功率。同时，需求引领技术创新由于有明确的工程项目实体作为支撑，有利于进行工程试验和应用，从而提高成功率。

4.2 神华重载铁路运输需求分析与预测

我国能源结构中煤炭一直处于主导地位，煤炭运输需求迫切，且铁路运输优势明显，但其运能紧张，在煤炭产运销体系中，运输环节一直处于瓶颈状态。神华集团作为我国重要的能源企业，神华重载铁路是国家能源运输重要通道，亟须开展重载铁路技术创新，破解运输瓶颈，提升运输能力，满足运量需求。

4.2.1　我国煤炭生产与铁路运输背景

1. 煤炭在能源结构中占主导地位

我国能源资源的特点，一是煤炭资源丰富，油气资源相对较少，在常规能源中，煤炭资源储量占 90% 以上；二是能源资源地区分布不均衡，主要集中在华北和西北地区，晋、陕、蒙三省（区）占 64%，东北、京、津、冀、华东和中南仅占 13%。2012 年我国一次能源生产总量为 33.18 亿 t 标煤，其中原煤生产总量 25.38 亿 t 标煤，煤炭在一次能源生产结构中占 76.5%。全国能源生产、消费总量及构成，如表 4—1 所示。

表 4—1　全国一次能源生产、消费总量及构成状况

年份	能源生产总量（万吨标准煤）	占能源生产总量的比重（%）				能源消费总量（万吨标准煤）	占能源消费总量的比重（%）			
		原煤	原油	天然气	水电、核电、风电		煤炭	石油	天然气	水电、核电、风电
2000	135 048	73.2	17.2	2.7	6.9	145 531	69.2	22.2	2.2	6.4
2001	143 875	73.0	16.3	2.8	7.9	150 406	68.3	21.8	2.4	7.5
2002	150 656	73.5	15.8	2.9	7.8	159 431	68.0	22.3	2.4	7.3
2003	171 906	76.2	14.1	2.7	7.0	183 792	69.8	21.2	2.5	6.5
2004	196 648	77.1	12.8	2.8	7.3	213 456	69.5	21.3	2.5	6.7
2005	216 219	77.6	12.0	3.0	7.4	235 997	70.8	19.8	2.6	6.8
2006	232 167	77.8	11.3	3.4	7.5	258 676	71.1	19.3	2.9	6.7
2007	247 279	77.7	10.8	3.7	7.8	280 508	71.1	18.8	3.3	6.8
2008	260 552	76.8	10.5	4.1	8.6	291 448	70.3	18.3	3.7	7.7
2009	274 619	77.3	9.9	4.1	8.7	306 647	70.4	17.9	3.9	7.8
2010	296 916	76.5	9.8	4.3	9.4	324 939	68.0	19.0	4.4	8.6
2011	317 987	77.8	9.1	4.3	8.8	348 002	68.4	18.6	5.0	8.0
2012	331 848	76.5	8.9	4.3	10.3	361 732	66.6	18.8	5.2	9.4

数据来源：中国统计年鉴（2013 年）。

随着我国能源结构的调整，洁净煤技术的不断发展和应用，水电、核电等清洁、高效的优质能源使用量将逐步增加，煤炭在能源消费中所占比例会有所下降，但富煤贫油的能源资源特点，以及我国目前经济发展阶段，决定了煤炭在国内能源生产和消费中长期占主导地位。煤炭是我国最可靠的能源，今后仍是我国能源的支柱，具有不可替代性。可以预见，在未来几十年内煤炭仍将是我国的主要能源和重要的战略物资，具有不可替代性。

2. 铁路运煤优势明显，但运能紧张

货物运输方式有铁路、水运、公路、民航、管道等方式，各有不同特点。铁路具有运输准确性和连续性强，受天气状况影响小，安全可靠，运输速度较快，运输量较大，运输成本较低，运输能耗小等优点，其中成本和能耗在五种运输方式中是最低的。因此，铁路在发展重载运输方面具有独特的优势。

我国正处于工业化中期向中后期发展的阶段，根据国外工业化时期的货运量增长规律以及我国经济发展态势，预计未来我国货物运输需求总量在一定时期内仍将保持快速增长。“十二五”时期，铁路路网布局将进一步完善，运输能力迅速扩大，且客货分线运行使既有线货运能力得到释放。但铁路货运量中大宗货物所占比重较大，而大宗货物运输需求随着我国由工业化中期逐步向后工业化阶段的过渡，其增幅将减缓并逐渐趋于平稳，因此，铁路货运量在未来一段时期内将平稳增长，市场份额略有上升。预计到 2015 年铁路货运量将达到 43.5 亿 t 左右，货物周转量将达到 35 520 亿 t · km 左右；到 2020 年铁路货运量将达到 51 亿 t 左右，货物周转量将达到 42 240 亿 t · km 左右。

3. 铁路运能亟待提升

从总体上，我国重载铁路运能比较紧张，还不能满足国家经济快速发展对铁路运输的要求。《铁路“十二五”发展规划》中提出，“十二五”末期初步形成便捷、安全、经济、高效、绿色的铁路运输网络，基本适应经济社会发展的需要；进一步优化完善大能力区际干线和煤运通道，煤炭运输能力达 30 亿 t 以上，重点物资和跨区域货运服务能力显著增强，大幅提升铁路对经济发展的支撑和保障能力。《“十二五”综合交通运输体系规划》中提出，煤炭运输维持西煤东运、北煤南运格局，石油、铁矿石等大宗货物运输需求稳步增长，小批量、高价值、多频次货物运输需求快速增长。要完成上述规划目标，就需要依靠重载铁路技术创新提高铁路运能。

目前，我国铁路重载运输以大轴重、高牵引质量、高密度为发展方向，在重载铁路列车轴重与牵引质量方面均有所提高，但大功率机车可靠性和稳定性有待提高、30 t 轴重及以上重载车辆亟待研发、基础设施未能满足

"速密重"发展模式、综合集成无线通信系统平台有待构建，这些都说明了我国重载铁路运输较国外先进水平仍有一定差距，亟须开展重载铁路技术与装备的研发和创新。

4.2.2　神华煤炭运量分析

1. 神华煤炭产量稳步提升

神华集团的矿区建设和资源得天独厚，拥有进一步大规模开发煤炭资源的优势。随着国家进一步提高煤炭行业准入条件，加强煤炭资源的控制力度以及总体开采深度，未来煤炭供需缺口将主要依靠新建一批大型矿井，扩大一批现有国有重点矿井生产能力来保证供应，以实现产需平衡。在我国国民经济快速发展以及"三西"能源基地加速建设的背景下，神华集团发展前景更为广阔。

神华集团现拥有神东煤炭公司、准格尔能源公司、乌海能源公司、包头矿业公司、宁煤集团公司、新疆能源公司、宝日希勒能源公司、北电胜利能源公司、新街能源公司、榆林能源公司等煤炭公司，负责开发陕西和内蒙两省区的神东、万利、准格尔、乌海、胜利五个煤炭矿区。截至 2012 年底，神华集团公司共有生产煤矿 62 个，2012 年完成煤炭产量 4.4 亿 t。

到 2015 年，神华集团可控原煤产量将达到 6.16 亿 t。建成 1 个 2 亿 t 级矿区，4 个 1 亿 t 级矿区。"十二五"期间，神华集团在完成 25 个续建煤矿项目的基础上，规划再对 8 个现有矿井进行扩能、新开工建设 39 个现代化煤矿，通过以上项目实施共新增产能 3.2 亿 t。

2. 神华铁路运量逐年递增

神华集团煤炭资源赋存条件和生产力布局情况决定了神华煤炭运量大，神华重载铁路肩负着煤炭运输的重担，是神华煤炭集疏运系统的重要环节。

神华集团拥有自己的主线铁路，并完善铁路网规划与建设，以发挥神华重载铁路运输最大效能，满足煤炭运量需求。神华集团根据煤炭产量进行铁路运量规划以匹配煤炭运量要求，铁路运量规划表如表 4—2 所示，其中朔黄、大准、宁东等铁路运量逐年递增。

3. 神华煤炭产运平衡分析

2005 年，神华集团联合铁道部经济规划研究院根据《神华集团公司 2004 ~ 2020 年产业发展规划》(2004 年 8 月)和《神华集团公司 2010 ~ 2020

年煤炭生产规模规划(草案)》(2005 年 8 月)分析了神华集团煤炭产运平衡，如表 4—3 所示。神东矿区以生产优质动力煤为主，部分为炼焦配煤，产量基本外运，主要供华东、中南沿海电厂以及神华控股电厂和出口，远期考虑少量液化煤；榆神矿区煤炭主要以就地转化为主，主要为煤炭液化用煤，另考虑公司规划坑口电厂；准格尔矿区煤炭主要供大准沿线电厂以及外部电厂，大准沿线有国华准格尔电厂、大唐托克托电厂、丰镇电厂以及岱海电厂等；万利矿区主要用户为包头地区电煤市场，主要外运布尔台矿区电煤；乌海矿区生产的焦煤、肥煤以炼焦为主，由于煤种资源较少一直供不应求，除供应包钢、呼焦外，主要供应宣钢、首钢等，动力煤则主要供蒙西区域内电厂。

表 4—2　神华集团 2012～2015 年铁路运量规划表(单位：万 t)

序号	铁路＼年度		2012 年	2013 年	2014 年	2015 年
1	包神铁路	万南	4 500	4 500	4 500	4 500
		神朔	9 600	9 300	9 000	8 000
		巴准		1 800	2 000	2 300
2	神朔铁路		22 000	22 000	22 000	22 000
3	朔黄铁路		19 000	20 500	24 500	28 000
4	大准铁路		9 000	11 000	13 500	16 000
5	黄万铁路		4 500	4 500	4 500	4 500
6	宁东铁路		6 500	8 500	11 000	12 000
7	甘泉铁路		100	200	350	500
8	塔韩铁路		200	920	1 000	1 000
9	巴准铁路			2 700	5 000	7 000
10	新准铁路			1 000	3 000	5 000
11	新梅铁路					460
12	榆神联络线			2 000	3 000	4 000
13	黄大铁路			1 000	2 000	3 000
14	准池铁路				2 500	5 500

4. 神华集团煤炭外运流向预测

神华集团在分析煤炭市场基础上，对主要矿区进行了定位：神东矿区主要满足出口、神华控股电厂、液化用煤以及除内蒙古自治区以外的国内

表 4—3　神华集团公司煤炭产运平衡表(单位：万 t)

			2010 年		2020 年	
			产　量	神华铁路网外运量	产　量	神华铁路网外运量
神华集团总计			43 290	25 250	80 640	39 000
其中:中国神华			25 150	22 250	43 000	35 500
国内	小　计		24 650	21 750	40 000	32 500
	神东公司		14 700	14 200	21 500	19 000
	准格尔公司		4 200	4 200	9 500	9 500
	万利公司		3 350	3 350	4 000	4 000
	北电胜利		1 800	0	4 000	0
	国华锦界		600	0	1 000	0
国外	蒙古国塔温托尔盖		500	500	3 000	3 000
其中:非上市公司合计			18 140	3 000	3 500	37 640
国内	小　计		17 840	3 000	37 640	3 500
	包头公司		1 800	500	2 800	500
	乌海煤焦板块	小　计	4 170		4 120	0
		乌达公司	1 500	500	1 500	1 000
		海勃湾公司	810	0	700	0
		乌海煤焦化公司	1 640	0	1 700	0
		蒙西煤化	220	0	220	0
	神东电力(黄玉川)		1 000	1 000	1 000	1 000
	神华新疆能源		1 650	0	7 600	0
	宝日希勒煤业公司		2 600	0	5 000	0
	宁煤集团		6 500	1 000	13 000	1 000
	柴家沟		120	0	120	0
	榆林间接液化基地		0	0	3 000	0
国外	澳大利亚项目		300	0	1 000	0

电厂用煤；准格尔矿区主要满足准格尔区域电厂群用煤以及通过大准线经大秦线满足华东及沿海部分电厂用煤；乌海矿区主要供国内焦煤和乌海地区的电煤市场；万利矿区主要供包头地区电厂及部分区外电煤市场；榆神矿区和胜利矿区立足于就地转化。根据神华铁路运量规划、煤炭产运平衡分析及上述定位，神华集团煤炭外运流向预测如表 4—4 所示。

表 4—4　神华集团煤炭外运流向预测表（单位：万 t）

年　度	矿　区	小　计	黄骅港	天津港	大秦线	天津新港	新港口	朔黄沿线	华北地区
2010	神东矿区	13 200	6 500	500	700	3 500		2 000	
	准格尔矿区	5 200			3 200				2 000
	万利矿区	5 000	3 400		0				1 600
	乌海矿区	500			500				
	外蒙塔本煤田	500	500		0				
	宁东矿区	1 000			1 000				
	内蒙古地方	2 000			1 000	1 000			
	陕西地方	500			500				
	山西地方	1 800		1 000	800				
	合　计	29 700	10 400	1 500	7 700	4 500		2 000	3 600
2020	神东矿区	19 000	8 800	500	700	5 000		2 000	2 000
	准格尔矿区	10 500	1 000		2 000		2 500		5 000
	万利矿区	5 500			0		3 500		1 600
	乌海矿区	1 000			1 000				
	外蒙塔本煤田	2 000			0		2 000		
	宁东矿区	1 000			1 000				
	内蒙古地方	3 000			1 000	2 000			
	陕西地方	500			500				
	山西地方	1 800		1 000	800				
	合　计	44 300	9 800	1 500	7 000	7 000	8 400	4 000	8 600

注：神东外运量含山西、榆神；万利矿区含包头公司李家壕矿、准格尔召集装站。

神华集团煤炭资源丰富，可保证长期稳定地开采与应用，其煤炭储量优势及煤炭外运情况反映了神华煤炭产量稳步提升，针对神华集团产运销一条龙的经营模式，要求神华重载铁路运输与之匹配，逐年提高神华重载铁路运输能力。

4.2.3　神华重载铁路运输能力检算

1. 各区段货流密度预测

神华集团依据神华铁路路网规划与运量规划，分析和预测各条既有铁路和新建线路主要区段货流密度，可以反映既有铁路与新建线路上下行的货运量以及煤的运量，如表 4—5 所示。

表 4—5　神华集团既有铁路区段货流密度预测表(单位：万 t)

线路		区段	上、下行	2010 年		2020 年	
				总　计	其中煤	总　计	其中煤
既有铁路	包神线	万水泉南—东胜	上行	2 540	1 600	3 500	1 600
			下行	2 580	2 460	5 230	4 760
		东胜—瓷窑湾	上行	2 370	500	3 370	500
			下行	3 750	3 600	5 960	5 500
		瓷窑湾—大柳塔	上行	1 970	1 880	3 030	2 850
			下行	8 000	7 900	10 000	9 800
	神朔线	神木北—府谷	上行	12 200	12 200	15 500	15 500
			下行	110		150	
		府谷—神池南	上行	16 400	16 400	18 300	18 300
			下行	100		140	
		神池南—朔州	上行	2 000	2 000	2 000	2 000
			下行				
	朔黄线	神池南—东冶	上行	17 400	17 400	21 300	21 300
			下行	130		170	
		东冶—肃宁	上行	18 400	18 400	22 300	22 300
			下行	120		150	
		肃宁—黄骅南	上行	15 000	14 900	20 000	18800
			下行	100		130	
		黄骅南—黄骅港	上行	10 400	10 400	9 800	9800
			下行	70		90	
	大准线	点岱沟—清水河	上行	12 000	10 700	24 000	23 400
			下行				
		清水河—大同东	上行	8 000	7 700	7 000	5 000
			下行				
新建铁路	巴准线	巴图塔—四道柳	上行	6 460	4 500	12 000	11 900
			下行	156		210	
		四道柳—点岱沟	上行	6 460	5 500	13 000	12 900
			下行	160		220	

续上表

线路		区段	上、下行	2010 年		2020 年	
				总　计	其中煤	总　计	其中煤
新建铁路	甘泉线	甘其毛道—金泉	上行	500	500	3 000	3 000
			下行	70		180	
		金泉—明安西	上行	1 070	500	3 000	3 000
			下行	80		200	
		明安西—万水泉南	上行	950	500	3 000	3 000
			下行	80		200	
	东曹线	点岱沟—清水河	上行	12 000	10 700	24 000	23 400
			下行	160		210	
		清水河—天成	上行	8 000	7 700	20 000	18 400
			下行	215		290	
		天成—曹妃甸	上行			10 000	8 400
			下行				
	黄万线	黄骅南—万家码头	上行	4 500	4 500	7 000	7 000
			下行	70		130	
	黄大线	黄骅南—东营	上行			2 450	2 000
			下行			230	
		东营—大家洼	上行			1 780	1 600
			下行			260	
	准神线	准格尔—神池	上行	3 000	3 000	5 000	5 000
			下行	70		100	

2. 线路区段能力检算

线路区段能力主要是指线路通过能力，根据现有固定设备，在一定类型的机车、车辆和一定的行车组织方法条件下，单位时间内每一正线所能通过的最多列车数或列车对数。根据预测的货运量计算列车对数，按现状技术条件，检算各区段规划年度的通过能力，如表 4—6 所示。

根据能力检算结果，神华集团既有铁路除神朔、朔黄铁路于 2004 年完成扩能改造后，可以适应 2010 年、2020 年运量需求外，包神、大准线当前运输能力均不能满足规划年度运量增长的要求。神朔铁路投入运营及扩能改造后，在一定程度上缓解了本线的运输压力，但随着我国能源需求的强劲增长和煤炭运输量的快速增加，神朔铁路运能紧张问题越来越严重。大秦铁路运能的快速增长和朔黄铁路扩能工程的启动与投入运营，作为前方重要通路的神朔铁路已不能满足日益增长的煤炭外运需求。由于新建线路项目的申请与建设需要一个较长的周期，短时间内难以解决现存问题。基于此，优先考虑了既有线路扩能改造，通过重载铁路技术创新的开展完成扩能改造工程，同步持续进行新建线路建设。在大力发展重载铁路运输的过程中，针对重载运输技术及相关技术装备进行研究与试验，并持续不断地将科技成果及时转化为现实生产力，提升铁路运输能力，满足铁路运量要求。

表 4—6　神华集团既有铁路区段通过能力检算表

线　路	区　　段	需要能力(对)		现状能力	能力适应情况	
		2010 年	2020 年	2003 年	2010 年	2020 年
包神线	万水泉南—东胜	35	67	31.7	不适应	不适应
	东胜—瓷窑湾	46	77	30.4	不适应	不适应
	瓷窑湾—大柳塔	58	110	38.0	不适应	不适应
神朔线	神木北—府谷	72	113	135	适应	适应
	府谷—神池南	72	113	135	适应	适应
	神池南—朔州	17	21	35	适应	适应
朔黄线	神池南—东冶	107	111	165	适应	适应
	东冶—肃宁	121	149	160	适应	适应
	肃宁—黄骅南	116	146	165	适应	适应
	黄骅南—黄骅港	107	128	165	适应	适应
大准线	点岱沟—薛家湾	35	80	33.6	不适应	不适应
	薛家湾—丰镇	63	113	35.7	不适应	不适应
	丰镇—大同东	57	96	33.2	不适应	不适应

4.3　神华重载铁路运输规划与实施

随着神华集团各煤炭基地建设步伐的加快，特别是亿吨级煤炭基地的建成投产，矿区开采规模不断扩大，配套输运港口吞吐能力也不断提升。神华重载铁路骨干运输网络的运输能力必须适应神华煤炭集疏运系统的协调发展。因此，扩大神华重载铁路运输能力的需求十分迫切，一方面是通过新建线路及配套铁路等加大重载铁路网的规划建设以及既有线扩能改造，另一方面加大重载铁路技术与装备的研发。

4.3.1 铁路网规划

截至2010年底，神华铁路运输能力主要包括，包神线(北线)6000万t，神朔线2亿t，朔黄线2亿t，大准线6500万t，黄万铁路4000万t，宁东铁路3000万t。

按照神华铁路网规划，至2015年，神华铁路运营里程将达到3380km，新增1738km，涉及新建铁路、配套铁路和参股铁路。同时既有线路扩能改造后，神朔铁路运输能力提升至2.2亿t，朔黄铁路运输能力达3.5亿t以上，大准铁路复线改造后运输能力达到2亿t以上。

新投运的铁路及运营里程：巴准铁路134km、新海铁路89km、新梅铁路38km、准池铁路约179km、榆神联络线96.8km、榆神矿区专用线46km、曹化铁路专用线22km、黄大铁路212km、塔韩铁路77km、甘泉铁路345km、新疆黑甘铁路107km、宽沟铁路52km、屯宝铁路47km、宁东铁路255km，黄万线进港铁路37km，合计新增1738km。拟新参股建设的铁路有：三新铁路136km、新疆北疆支线扩能改造31.43km，乌准铁路东延36km。“十二五”期间神华自有铁路运营里程规划表见表4—7。

表4—7 “十二五”神华自有铁路运营里程规划表(单位：km)

序号	铁路名称	2010	2011	2012	2013	2014	2015	备注
全集团合计		1642	1726	2934	3193	3314	3380	
当年增加小计		62	84	1208	259	121	88	
1	包神铁路	172	172	172	172	172	172	
2	神朔铁路	266	266	266	266	266	266	
3	朔黄铁路	591	591	591	591	591	591	
4	黄万铁路	76	76	113	113	113	113	含进港
5	大准铁路	282	282	282	282	282	282	含南坪
6	宁东铁路	255	323	379	423	460	510	
7	新海铁路			89	89	89	89	
8	塔韩铁路			77	77	77	77	
9	榆神联络线			97	97	97	97	
10	榆神矿区专用线		16	16	30	30	46	
11	黄大铁路			212	212	212	212	
12	宽沟铁路			54	54	54	54	

续上表

序号	铁　路　名　称	2010	2011	2012	2013	2014	2015	备　注
13	巴准铁路			134	134	134	134	
14	甘泉铁路			345	345	345	345	2012. 6
15	黑甘铁路			107	107	107	107	
16	曹化专用线				22	22	22	2013
17	准池铁路				179	179	179	2013
18	新梅铁路					38	38	
19	屯宝铁路					46. 4	46. 4	
20	神黄三、四线榆襄段							2016. 6
21	天成赉红联络线							2016
22	东胜康巴什铁路							

4. 3. 2　新建线路及配套铁路

神华重载铁路骨干运输网络，即包神、神朔、朔黄、大准铁路的运输能力基本能满足神华集团下属煤炭企业的煤炭外运需求，但距离较远的煤炭生产企业主要还是依赖于国有铁路运输，因此，需要新建线路及配套铁路。通过新建线路及配套铁路，建设与每个矿区均连接的铁路线，并将这些支线与神华重载铁路骨干运输网络相连，达到煤炭外运的目的；同时，选择关键运输地区建设铁路，保证主要矿区的煤炭外运，并做好与国有铁路协调工作，保证其他生产矿区的运输。神华集团“十二五”期间新建的铁路项目包括巴准铁路、准池铁路、黄大铁路等新建及配套铁路 18 项，如表 4—8 所示。

表 4—8　“十二五”新建线路及配套铁路表

序号	项　　目	里程(km)	线　别	运输能力(万 t)		建 设 年 度
				近　期	远　期	
1	巴准铁路	134	双线	16 000	30 000	2010. 8 ~ 2012. 12
2	准池铁路	179	双线	10 000	20 000	2010. 9 ~ 2013. 12
3	神黄三、四线榆襄段	268	双线	10 000	20 000	2012. 4 ~ 2016. 12
4	东胜康巴什城铁	48	双线			2011 ~ 2013
5	新街海勒斯豪	89	双线	9 000	12 000	2010. 7 ~ 2012. 12
6	黄万线进港铁路	37	双线	—	100 000	2011 ~ 2012

续上表

序号	项　　目	里程(km)	线　别	运输能力(万 t)		建设年度
				近　期	远　期	
7	新街梅林庙铁路	38	单线	2 000	5 000	2011～2012
8	塔韩铁路	77	单线	3 000	5 000	2010.8～2012.6
9	黄大铁路	212	单线	4 000		2008.11～2012.6
10	甘泉铁路	345	单线	3 000		2009.1～2012.6
11	榆神矿区专用线	46	单线	5 000	10 000	2011.4～2015.6
12	榆神联络线	97.8	单线	5 000		2010.10～2012.6
13	黑甘铁路	107	单线	1 500		2010.6～2012.12
14	宽沟铁路	54.4	单线	1 400		2010.9～2012.6
15	天成贲红铁路	130	单线			2014～2016
16	屯宝铁路	46.4	单线	1 000		2014～2015
17	曹化专用线	22	单线			2013
18	宁东铁路	510	局部双线	3 000	10 000	2006～2015

1. 巴准铁路

巴准铁路是朔黄铁路大能力煤运通道的集运线，西起包神铁路巴图塔站，东至大准铁路点岱沟站，正线全长128.102 km，疏解线6.395 km，总计134.497 km，国铁Ⅰ级双线电化铁路，牵引质量10 000 t，近期运量2.5亿t/年，设计总工期为3.5年。巴准铁路于2009年4月奠基，2010年8月开工建设，2012年12月竣工投入运营。

2. 准池铁路

准池铁路是朔黄铁路大能力煤运通道的集运铁路，连接朔黄、大秦两大煤运北通道，使蒙西、陕北煤炭外运有更好的机动性、更大的安全性。准池线北端接轨于大准线外西沟站，南端与朔黄线神池南站相连。该铁路为国铁Ⅰ级双线电化铁路，正线全长179.219 km，高家堡至董半川支线15.5 km，近期运输能力1亿t/年，远期2亿t/年。准池铁路于2010年9月完成核准并开工建设，2013年12月建成，总工期40个月。

3. 神黄铁路三、四线榆襄段

神黄铁路三、四线榆襄段是国家规划铁路神黄三、四线的组成部分。榆襄段位于陕北、晋北地区，西起榆林大保当，向东经山西省吕梁市兴县、岚县、忻州市静乐、忻州、在定襄回风站与朔黄铁路接轨，线路全长268.21正线公里，其中陕西境内71.92 km，山西境内196.29 km。作为朔黄铁路的集运线，承担陕北地区的煤炭、化工品及晋北地区的部分煤炭等物资的外运任务，货流方向自大保当南站至回风站到达朔黄线，经朔黄输送到黄骅港。该铁路为国铁Ⅰ级电气化双线铁路，牵引质量为 10 000 t，到发线有效长 1 700 m，设计运输能力约 2 亿 t/年。神黄铁路三、四线榆襄段于 2012 年 4 月开工，计划 2016 年 12 月底完成，总工期 56 个月。

4. 东胜康巴什铁路

东胜康巴什铁路北起鄂尔多斯市东胜区，向南经康巴什新区，到鄂尔多斯机场，线路长度 48 km，于 2011 年开工，2013 年建成。

5. 新街海勒斯豪铁路

新街至海勒斯豪铁路位于内蒙古自治区鄂尔多斯市乌审旗和伊金霍洛旗境内，与巴准铁路相连接。线路沿神华集团新街矿区西侧边界油房梁设新街站，由站北端引出后继续向北，经乌兰什巴尔台、通格朗河，于冯家梁北折向东，经柴登、红庆河后，跨甘株庙河、国道 210 后于龙虎渠南 800 m处设伊旗站，出站后上跨包西铁路和包茂高速沿哈沙图沟向东南，于寸草塔二矿北侧设明安木独隧道后，在转龙湾南端跨东乌兰木伦河、包神铁路后向东，跨公涅尔盖沟后，由西端引入巴准线海勒斯壕站。该铁路正线全长 89. 229 km，为国铁Ⅰ级双线电气化铁路，到发线有效长 1 700 m，设计运输能力 1. 5 亿 t/年。新街海勒斯豪铁路于 2010 年 7 月开工建设，2012 年 12 月竣工投入运营。

6. 黄万线进港铁路

黄万铁路为神华天津煤码头配套铁路，黄万线南起朔黄铁路黄骅南站，向北经黄骅市，跨越子牙河后接入天津铁路枢纽西南环线公司李港线的万家码头站，线路长 76 km，目前，黄万铁路的运输能力为 4 350 万 t/年。由于天津铁路枢纽西南环线公司限制黄万铁路运量，神华天津煤码头进港煤列剧减。神华集团拟修建万家码头至东大沽段 37 km 进港铁路专用线，满足神华天津煤码头的正常生产需要。黄万线进港铁路为配套天津港二期工程，于 2011 年开工建设，2012 年竣工投入运营。

7. 新街梅林庙铁路

新街至梅林庙铁路为包头公司梅林庙煤矿的配套铁路专用线，位于内蒙古自治区鄂尔多斯市所辖乌审旗境内，与新街至海勒斯壕铁路相连。新梅铁路沿梅林庙矿区、图克井田、达海庙井田进入神华新街矿区，正线全长 35. 701 km。该铁路为国铁Ⅰ级单线电气化铁路，到发线有效长度 1 700 m，设计运输能力 5 000 万 t/年。新梅铁路于 2011 年开工建设，2012

年竣工投入运营。

8. 塔韩铁路

塔韩铁路为塔然高勒矿区开发配套专用线。西起塔然高勒煤矿，向东沿矿区井田界线至包神铁路韩家村站，正线全长 77.138 km。该铁路为单线工业企业Ⅰ级，到发线有效长 1 050 m，限制坡度上行 9‰，下行 13‰。塔韩铁路于 2010 年 8 月重点控制工程开工，2011 年 4 月全面开工，2012 年 6 月与煤矿同步建成。

9. 黄大铁路

黄大铁路为黄骅南至大家洼铁路新建铁路，北起朔黄铁路黄骅南站，南至大莱龙铁路大家洼站，是环渤海湾铁路的一部分，是朔黄大能力通道疏运铁路的一部分，是山东北部输煤铁路。该铁路全长 212.3 km，为国铁Ⅰ级单线（预留复线，黄河特大桥主桥一次双线），采用内燃牵引（预留电化），其中牵引质量黄骅南至东营南为 5 500 t，东营南至大家洼为 4 000 t。黄大铁路于 2008 年 11 月奠基，2012 年 6 月完工。

10. 甘泉铁路

甘泉铁路是神华拟开发蒙古国 TT 项目的境内配套铁路专用线。该线路位于内蒙古自治区包头市、巴彦淖尔市乌拉特前旗、乌拉特中旗境内，南起包头枢纽，分别与包兰铁路打拉亥站和包神铁路万水泉南站接轨，北至中蒙边境中方口岸甘其毛道，线路全长 345 km，为国铁Ⅰ级单线电气化铁路，到发线有效长 1 050 m，预留 1 700 m。甘泉铁路设计能力近期 3 000 万 t/年，远期 5 000 万 t/年，于 2009 年 1 月 9 日举行奠基，2010 年 6 月全面开工，2012 年底建成。

11. 榆神矿区专用线

榆神矿区开发专用铁路在规划的神黄铁路三、四线榆襄段、榆神联络线的大保当站接轨，向西进入榆神矿区，经过该矿区的大保当矿、小保当矿至富豪矿、沿线吸引瑶镇矿、王营矿、小保当矿的煤炭外，运输能力 5 000万 t/年，线路全长 46 km。该铁路远期将向榆横矿区方向延 105 km，承担榆横矿区的可可盖矿、西红墩矿、巴拉素矿、红石桥矿、大海则、红石桥矿乌苏海则矿的煤炭外运。榆神矿区开发专用铁路为国铁Ⅰ级电气化单线（预留复线）铁路，牵引质量为 10 000 t，到发线有效长 1 700 m，于 2011 年 4 月 ~2015 年 6 月配套陕北煤矿开发分段建设。

12. 榆神联络线

榆神联络线是陕北煤化基地前期开发铁路，南起规划神黄铁路三、四线榆襄段大保当南站，经过中鸡、朱盖塔、红柠、锦界等井田，北接神朔线朱盖塔站。其中正线全长84.56 km，联络线13.25 km。榆神联络线为单线Ⅰ级电气化铁路，牵引质量10 000 t，设计运输能力5 000万t/年。该铁路于2009年5月奠基，2010年10月开工，2012年6月建成通车。

13. 黑甘铁路

黑甘铁路为黑山煤矿配套铁路专用线，从托里山口至甘泉堡化工工业园区，线路全长107.44 km，途中与兰新铁路芨芨槽子站接轨，北端与小黄山支线的甘泉堡站接轨。该铁路为国铁Ⅱ级铁路，输送能力1 500万t/年。该铁路于2010年6月开工，2012年12月竣工。

14. 宽沟铁路

宽沟铁路为宽沟煤矿铁路专用线。由于宽沟煤矿拟扩建至500万t，而当煤炭产量超过300万t时公路不能满足外运需要，因此需要建设铁路专用线。专用线从宽沟煤矿沿呼图壁河谷至兰新线大丰车站接轨，线路总长54.4 km。该铁路2010年9月开工，于2012年6月竣工。

15. 天成责红铁路

天成至责红铁路为新建天成至责红联络线，南起大准铁路天成站，北接集通铁路责红站，可通过联络线接集张铁路、张唐铁路，是神华煤经巴准、大准铁路，向东北疏运、经集张铁路、张唐铁路外运曹妃甸港联络铁路，线路全长130 km。该铁路拟由神华集团公司、呼和浩特铁路局及其他相关企业共同完成，计划于2014年开工，2016年建成。

16. 屯宝铁路

屯宝铁路为屯宝煤矿铁路专用线，位于新疆昌吉市和乌鲁木齐市境内硫磺沟矿区，从兰新线芨芨槽子车站接轨，向西进跨越头屯河至终点屯宝煤矿，线路全长46.4 km。该铁路为工业企业Ⅰ级，输送能力1400万t/年，计划于2014年开工建设，2015年底建成。

17. 宁东铁路

为适应和配套宁东煤炭基地的快速发展的需要，解决煤炭外运的瓶颈，从而建设宁东铁路以加快宁东能源化工基地铁路建设步伐，尽快形成铁路运输网络，构建“一纵一横”的主干线布局，西接包兰、南接太中银、东接太中银银川联络线、北接三新铁道、东乌铁路，形成横贯东西、连接南北的运输通道，增强外运通道能力，以适应煤矿、煤化工、电力等对铁路运输的需求。因此在2009年193 km铁路基础上，随宁东煤电基地煤矿、煤化工、电力的发展，分年分段配套建设宁东铁路，到2015年铁路运营总里程达到510 km，其运输能力可达到1.2 亿 t。

4.3.3 既有铁路扩能改造

既有铁路扩能改造是神华集团完善“以煤为主，矿、电、路、港、航一体化，产运销一条龙”发展模式的重要环节，对强化国民经济基础设施，完善“西煤东运”第二大通道，提高通道整体运输效率和效益具有重要意义和作用。按照近年来运量逐年增长，神华重载铁路骨干运输网络已处于基本饱和状态，仅通过缩短追踪时间来提高运输能力的空间已经很有限，因此，以扩能改造为手段，加快建设朔黄、神朔、包神、大准“西煤东运”这一主通道，开行2 万 t 重载列车成为大幅提高运输能力的必然选择。通过扩能改造，神朔铁路运输能力提升至2.2 亿 t；朔黄铁路运输能力达到3.5 亿 t 以上；大准铁路复线改造后运输能力达到2 亿 t 以上。具体扩能改造工程如表4—9 所示。

表4—9 “十二五”既有铁路扩能改造工程表

序号	项目		里程	线别	改造方式	运输能力		工期	建设年度	备注
						近期	远期			
1	朔黄铁路	万吨扩能改造	591	双线	万 t	2.4 亿 t		24	2009.4～2012.12	
2		2 万 t 扩能	591	双线	2 万 t		3.5 亿～4 亿 t	24	2013～2014.12	
3		黄万铁路（含进港）万吨扩能	78	单线	万 t	4 000	7 000	24	2014.4～2015.12	
4		黄骅港码头3、4期配套铁路							2012、2015	
5	神朔铁路	万吨列扩能	266	双线	万 t	1.4 亿 t	2.2 亿 t	20	2007～2011	续建
6		电力机车及生产设备							2007～2013	
7		房建、信息工程、节能等							2009～2013	
8	包神铁路	韩家村—东胜增二线	53	单线	增二线	6 000	1 亿 t 以上	19	2010～2012	
9		韩家村—万水泉南增二线	83	单线	增二线	6 000	1 亿 t 以上	20	2014.4～2015.12	与蒙古国资源同步
10		万吨扩能站改			万 t			8	2011～2013	
11		自闭完善				1 亿 t	2 亿 t	8	2011～2015	
12		电力机车							2011～2015	

续上表

序号	项目		里程	线别	改造方式	运输能力		工期	建设年度	备注
						近期	远期			
13	大准铁路	点岱沟—二道河	59	单线	增二线	1 亿 t	2 亿 t 以上	24	2008.7 ~ 2011.6	
14	大准铁路	二道河—九苏木	99.8	单线	增二线	1 亿 t	2 亿 t 以上	24	2010.9 ~ 2012.12	
15	大准铁路	九苏木—燕庄增二线	100	单线	增二线	1 亿 t	2 亿 t 以上	20	2011 ~ 2012.12	
16	大准铁路	龙王渠煤炭集装站							2010.9 ~ 2012.6	

1. 朔黄线 3.5 亿 t 扩能改造

朔黄铁路最初设计能力为 6885 万 t，远期设计为 1 亿 t。自 2000 年 5 月铺通运行以来，运量连续四年以千万吨级增长，其中两年增幅超过 2000 万 t，连续五年刷新国内新建铁路运量增长纪录。按每天开行 66 列 5000 t 重载列车，间隔时间为 18 分钟，全线日均运量达到 27 万 t，2005 年全年运量可达到 9280 万 t，超过 2004 年 1880 万 t，远远超过了原设计能力，但仍无法满足未来黄骅港和天津港吞吐量的需要。

朔黄铁路扩能改造工程主要进行 13 个车站的技术改造，其中 4 个重点站神池南、肃宁北、黄骅南及黄骅港站的股道延长至 2800 m，其他 9 个站近期按 1800 m，远期按 2800 m 延长。朔黄铁路扩能改造工程于 2012 年底完成改造，从而实现万吨列车为主、5000 t 和少量 2 万 t 列车为辅的运输格局，使得朔黄铁路运输能力可达 2.4 亿 t/年，远期 2015 年形成 2 万 t 列车为主的运输形式，最终形成 3.5 亿 ~4 亿 t 的大能力通道。

2. 神朔线扩能改造

神朔铁路设计运输能力为 1.4 亿 t/年。由于地形条件的限制，神朔铁路一直是神东煤炭外运的瓶颈。为实现神华铁路发展目标，通过扩能改造，最大限度地为朔黄线提供煤流。神朔铁路扩能工程涉及全线 16 个车站的改造，其中将 6 个车站扩建为万吨列作业站，站前工程 2008 年 6 月陆续开工建设，站后工程 2008 年 9 月开工，所有扩能改造工程于 2011 年竣工。通过扩能改造，神朔铁路设计能力远期可达 2.2 亿 t/年。

3. 包神复线及改造

包神铁路北起包头万水泉站，南至陕西省神木县大柳塔北站，正线全长 172 km，是神华集团煤运专用通路，同时兼顾沿线地方客货运输。目前东胜至神东段已实现双线、全线实现电气化。万水泉—东胜运输能力为6 000万 t/年，东胜—大柳塔可达到1亿 t/年以上。

为配套塔然高勒至韩家村铁路，建韩家村至东胜增建二线工程，线路总长13 km，于2011年开工，2012年与塔韩线同步建成。另外韩家村至万水泉南增建二线，线路长度95.275 km，线路等级为工业企业Ⅰ级、部分国铁Ⅰ级，配套外蒙煤矿开发同步建设，于2012年开展前期工作，2014年开工，2015年完成。该线路建成后运输能力达1亿t以上。

为配套国铁京包线、巴准线、神朔线万吨运输的需要，对包神沿线4个车站进行万吨改造，于2010年开展前期工作，2011年开工并建成。同时为提高区间通过能力，对全线18个站点172 km进行自动闭塞、27个站点电码化改造，以及机车信号改造，与2012~2015年分段开工并完成。

4. 大准复线

大准铁路东起京包铁路大同东站，西至内蒙古自治区薛家湾(准格尔)站，正线长度264 km，是国家Ⅰ级电气化单线铁路。大准线主要承担铁路沿线电厂用煤及准能公司、部分地方煤矿发往大秦线的煤炭运输。

根据运量增长和沿线电厂建设情况，分段增建二线。点岱沟—二道河段增二线全长59.138 km，近期年运量为1.2亿t，远期开行万吨可达2.5亿t。二道河—九苏木段增二线全长99.8 km，设计年运量为2.5亿t。九苏木—燕庄增二线全长100 km，设计年运量为1亿t。复线改造后，运输能力点岱沟—外西沟可达2亿t/年以上，外西沟—大同燕庄可达1亿t/年。

新建铁路及配套铁路的建设是为了完善与建设神华重载铁路网，并与全国铁路网进行对接与协调。同时，既有铁路作为主线铁路，其扩能改造是提升神华重载铁路运能的主要手段，扩能改造过程必然涉及一系列技术突破，亟须成套与关键技术创新以实现既有铁路扩能。

4.3.4 核心技术与装备研发

“大轴重、大牵引质量、高密度”是我国铁路重载运输发展的方向，也是神华重载铁路未来发展的重点。针对神华铁路特点和技术体系现状，神华集团组织重载运输核心技术与装备的研发，特别是加强机车车辆、牵引供电、通信信号、列车同步操纵与控制、重载线路、信息化、系统集成等技术和设备的引进、吸收消化再和创新，解决神华重载铁路发展过程中遇到的技术难题和具有前瞻性的关键技术，加强和提高重载技术的自主研发和创新能力。

1. 既有线桥梁和路基检测与强化技术

神华重载铁路既有线经扩能改造后向大轴重、大牵引质量发展，对既有铁路桥梁和路基提出了更高要求，其中桥梁和路基病害产生的几率增大，由此产生对既有铁路桥梁和路基承载能力进行测定、评估、加固和有效利用的问题。因此，针对重载铁路桥梁和路基病害突出，缺乏有效的检测与强化技术问题，神华集团与中南大学、铁三院合作开展了“重载铁路桥梁和路基检测强化技术”课题研究，该课题列入国家高技术研究发展计划（863 计划）。通过课题研究，解决了既有重载铁路结构强度安全储备下降、各种病害出现的几率加大、危害性加剧等运输生产中出现的重大技术难题，提高了工务及相关专业的技术水平，并提出了我国重载运输条件下铁路桥梁和路基的静动力性能检测技术、桥梁结构实时检测技术、道床与路基状态连续检测技术，建立桥梁和路基状态的评估指标体系，最终形成重载运输条件下桥梁和路基运行中快速加固以及维修技术，制定并开发、重载铁路桥梁和路基检测评价指标及强化技术，以大幅度提高既有重载铁路桥梁和路基承载能力，保证重载铁路运营安全，配套神华重载铁路向大轴重、大牵引质量、大运量、高行车密度发展。

2. 机车车辆技术

重载铁路的发展主要是依靠增加车辆轴重和提高列车牵引定数，其中提高牵引质量是提高重载铁路运输能力的主要技术措施，可通过研制大功率交流传动电力机车实现这一目标。因此，神华集团与南车株洲电力机车有限公司共同组建联合开发小组，采取联合设计的方式，以南车株洲电力机车有限公司设计为主，神华集团参与，以设计联络会的形式共同确定机车技术方案，采用以动力单元为基础的模块化设计，形成八轴、十二轴编组形成，采用高档汽车设计理念体现人性化操纵台及视频后视系统，首次整合机车无线电台、列尾装置、机车重联电话，采用自主研发的 DK-2 制动系统、大功率水冷 IGBT 主辅一体化变流器和基于 TCN 网络控制系统，成功应用了整车系统集成技术、电力机车转向架设计、牵引电机技术、牵引变压器技术、机车车体技术等。机车样机试制完成后，在神华重载铁路进行线路试验，试验成功后进行竣工下线。神华号大功率交流机车是国内功率最大电力机车，开创了一种新型机车组牵引的发展方式，为更大轴重升级奠定了技术基础。

针对神华铁路实际情况及线路条件、装卸货设施要求，神华集团与北车齐齐哈尔车辆厂合作，采用最新的轻量化技术、低动力作用走行技术及重载车钩技术等手段研发载重 100 t 级大轴重重载货车。特别是应用全寿命周期设计理念，全面采用拉铆钉和非金属磨耗件、可拆卸磨耗件；采用沿车体横向布置的自卸式机械底门开闭结构，与地面碰头配合，实现底门自动开闭及边走边卸；增大容积、缩短列车长度、增加编组数量，如采用 5 辆一组、短牵引杆在 1 700 m 站场长度条件下运能得到提高；应用整体铸造牵引梁、高强度车钩、大容量缓冲器、锻造钩尾框、120-1 阀和转向架集成制动等成熟技术，通过这些技术创新，整体提升重载货车技术性能，提高车辆利用率和综合经济效益，满足重载运输需要。

3. 移动通信技术

随着既有铁路扩能改造的实施，站场条件、牵引供电、信号系统已能满足 2 万 t 级组合立车的开车要求，但神华重载铁路万吨列车已有的 800 MHz + 400 kHz 无线重联系统无法满足重载铁路长大编组列车开行需求。为研制满足神华重载铁路 2 万 t 列车开行所需的无线重联系统，神华集团基于新一代无线宽带通信 TD-LTE 技术，以朔黄铁路为示范点，设置暨小觉至西柏坡试验段，进行了世界首例利用第四代移动通信技术的 2 万 t 重载实验，验证了无线重联、可控列尾、无线列调、视频监控等业务搭载 LTE 无线网络的可行性。神华集团联合中铁二院、华为公司不断在试验段上进行搭载实验以及在实验室进行模拟实验，针对新型宽带移动通信系统结合朔黄铁路全线进行调整、改进与优化。

2 万 t 重载组合列车安全开行和平稳操纵的关键在于无线通信系统性能、同步控制系统稳定性、制动系统可靠性等，基于此，神华集团朔黄铁路公司联合株洲南车时代电气股份有限公司、南车株洲电力机车有限公司、中国铁道科学研究院通信信号研究所、中南大学、长沙南睿轨道交通电气设备有限公司等多家单位联合攻关，通过实验室调试和工程现场试验，最终成功制定了 LTE 新型宽带通信技术和既有 800 MHz 无线通信技术相结合的方式承载 2 万 t 组合立车无线重联操控数据通信技术方案，实现了牵引、制动的分布式同步控制。

利用 LTE 通信平台实现移动闭塞是神华重载铁路发展的又一阶段任务，即运用 LTE 宽带移动通信网络作为移动闭塞承载网络。为此要进行现场调查，研讨编制系统构成方案、试验方案等，进行系统关键装备研制，涉及列控车载及接口设备研发、列车完整性建设设备、无线闭塞中心及接口设备研发、临时限速设备研发、TD-LTE 通信接口设备研发、计算机联锁软硬件改造、CTC软件改造。关键技术攻关后则需要进行模拟试验和线上试验及运行调试，为全线工程化推进做准备。基于TD-LTE的重载铁路移动闭塞关键技术和装备研究可达到世界水平，不仅推动通信、信号行业的技术和装备发展，并且有助于提高重载铁路运输能力。

4. 运营与维护技术

世界各国重载铁路钢轨均存在曲线钢轨磨耗和疲劳损伤等病害，其中神华集团朔黄铁路上行线75 kg/m钢轨病害的形成和发展分析表明其轮轨关系不匹配。因此，神华集团联合北京铁路局、中国铁道科学研究院、西南交通大学、同济大学共同攻关，进行“朔黄铁路轮轨关系及延长钢轨使用寿命的试验研究”，研究提出了适合于朔黄铁路运营条件的小半径曲线内、外侧钢轨最佳型面设计方法和具体设计防范，并进行了现场型面试验验证，并提出了朔黄铁路运输条件下的钢轨打磨策略和技术参数，结合朔黄铁路具体特点，研制了具有自主知识产权的车载式智能钢轨润滑装置，提出了朔黄重载铁路轨道结构配置和曲线设施参数方案，共同形成延长朔黄铁路钢轨使用寿命的技术措施，为减少线路养护维修、提高维修质量、提升运输效率等方面带来了显著经济效益。

神华重载铁路的特殊运输条件和日益提高的运量要求重载铁路驾驶员、调度员和车站值班人员具备较高的操作水平。神华集团与西南交通大学联合研发了“运输综合(仿真)培训系统”，集机车驾驶模拟器、车站值班员仿真、列车调度仿真为一体，将列车运行调度、车站作业、列车运行有机结合起来，使得列车运行调度、车站作业、列车运行操作人员等在同一操作平台下进行综合培训。通过朔黄铁路线上安装与调试，实现了重载铁路运输中列车运行、车站作业及调度指挥的联合仿真，满足了机车乘务员、车站值班员、列车调度员等技术工种日常培训的需求。

铁路综合检测及数据分析处理有助于铁路运营与维护技术水平的提升，神华集团开展综合检测车系统集成和数据综合分析处理技术研究，涉及各专业动态检测设备的布局、检测设备与车辆间的安装接口、车载多专业检测系统的数据集成等技术，针对病害间的关联性提出综合评价指标，对各数据进行关联综合分析。综合检测车现已进入试运行阶段，为线路养护维修提供了科学依据。

5. 信息化技术

神华集团朔黄铁路结合运输发展实际，依据企业目标提出信息化总目标，致力于构建立体、高效、安全的现代铁路货物运输信息网络化体系，以更好、更安全、更方便、更高效地服务于企业。在企业目标与信息化目标的共同引导下，实现了“以建为主到建用结合、以用为主到完善提高、以安全为主到创新增效”3个阶段，建设了运输管理、安全管控、资源配置、基础建设、综合管理等5大信息板块。其中自主研发建成的综合运输信息系统，在行业内第一次创新应用了铁路重载运输调度集中系统，第一次实现了铁路综合调度指挥，达到了运输生产的全专业协同，实现了调度系统的智能操控、远程指挥；已建成的企业资源管理系统把信息技术和先进管理思想融为一体，显著改善了企业业务流程，提高了精细化管理水平；已建成的红外线轴温探测系统，列车动态监控系统、运输安全信息认证系统等均处于行业领先水平。

重载铁路信息化技术将综合调度系统（调度集中）、确报管理信息系统、货票管理信息系统、货运管理系统、运输（车站）管理信息系统、机务管理信息系统、车辆管理信息系统、供电管理信息系统、工务管理信息系统、电务管理信息系统、综合地理信息系统等进行整合和二次开发，消除信息孤岛，实现远程控制、信息共享，为运输组织、安全生产和经营管理提供技术支持和辅助平台，为神华集团打造“绿色、高效、数字化”铁路提供了坚强保障。

神华集团以发展重载铁路运输为着力点，立足自身实际，坚持需求引领技术创新，取得了丰富的技术创新成果，掌握了具有自主知识产权的重载铁路核心技术，通过铁路网规划建设与完善、新建线路及配套铁路、既有铁路扩能改造以及核心技术与装备研发等途径，大大提升了铁路运输能力，满足了集团日益增长的铁路运能需求。

第5章
企业主导技术创新

神华重载铁路技术创新采用独特的组织模式——领先用户主导的网络组织模式。在重载铁路技术创新过程中，神华集团作为技术需求者和首要用户，以及技术创新的发起者、组织者和监控者，通过构建技术创新网络组织，在技术创新发起、过程管控和成果管理等方面发挥了主导作用。

5.1 领先用户主导的网络组织模式

“领先用户”的概念早在1986年就由麻省理工学院埃里克·冯·希贝尔(Eric von Hippel)教授率先提出，特指那些对产品或服务有特殊需求的用户，通常是现有技术的使用者，也是未来技术的开拓者。领先用户处于行业领军地位，代表行业技术的最高水平，因此，领先用户遇到的问题和需求在行业中往往是典型的问题，能够代表行业先进技术的发展方向。同时，领先用户可以从自己需求的解决方案中获得相对较高的收益，成为开展技术创新的动力。在重载铁路技术创新过程中，创新发端于行业中的领先用户，它们首先察觉到需求，对其所使用的技术、装备、材料、工艺等进行反思，提出新的设想和创意，并通过联合相关行业的技术供给者或装备制造商解决相应技术难题，实现领先用户的意图。参与创新的技术供给者和装备制造商等合作方可以从与领先用户的合作中获得收益。对领先用户需求和解决方案的分析能提高新产品开发的效率，制造商可以从领先用户那里获知市场未来的需求方向，甚至从领先用户那里获取有价值的新产品设想和原型设计。

5.1.1 神华重载铁路技术创新组织结构

神华重载铁路由领先用户主导的网络组织模式，强调领先用户在技术创新中的作用，紧紧抓住重载铁路技术创新的主导权，把握技术创新的方向和质量；同时，由领先用户来主导技术创新网络组织，形成巨大的凝聚力和向心力，有利于紧紧围绕领先用户的需求和目标开展技术创新。

作为一种全新的组织模式，领先用户主导的网络组织模式可定义为：由基于共同的目标或价值取向的若干活性结点，在领先用户的组织协调下，通过立体连接方式与信息化手段结合而成的有机网状系统。其中，领先用户作为网络组织的核心企业，对网络组织有较强的控制力，在网络组织中处于核心地位，领先用户掌握了关键技术资源，善于捕捉市场机会，负责制定网络组织的运行规则，并负责协调各个成员企业的关系，在成员企业之间出现冲突矛盾时负责调解；网络中每个成员企业担任相应角色并承担任务，成员企业之间可充分交流与协作。

重载铁路技术创新涉及多个学科与领域，同时需要一定的关键技术储备与支撑，创新过程需要多家企业的共同配合，并与科研机构密切合作，共同开展重载铁路技术创新活动。重载铁路技术创新是在一定的关键技术的基础上展开的，而拥有这些关键技术的往往是部分核心企业，因此，重载铁路技术创新网络组织模式属于领先用户主导的技术创新网络组织模式。网络组织各结点之间的联系纽带依靠法律法规、合同、商业信用、商机、指令等信息流，以及人员、原材料、设备、资金等物质流，形成一个开放的、动态的自组织系统，协同合作，推进重载铁路技术创新。

神华重载铁路技术创新网络组织是以神华集团为核心的领先用户主导的网络组织结构。由主管部门、科研机构、设备供应商、高等院校、设计单位、同行企业、施工承包商等结点企业构成，其组织结构如图5—1所示。

这种组织模式在神华重载铁路技术创新实践中积极探索并得到成功应用。在内部管理方面，神华集团坚持自身技术积累和技术创新能力提升，努力使自己担任技术创新主导者的角色，建立完善的内部科技创新组织体系，加强神华集团及子（分）公司的科技管理部门人员编制及力量，设立科技管理部门，归口管理公司的科技创新工作，强化对科研工作的管理和服务，并建立以技术委员会、科技发展部和分公司、项目组相结合的多层次科技创新管理组织体系。

在对外合作方面，神华集团坚持从自身需求出发，坚持合作创新、协

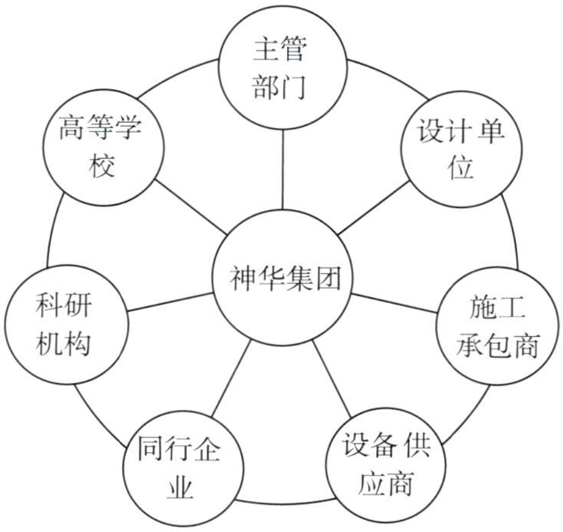

图 5—1　神华重载铁路技术创新网络组织

同创新，建立科研合作战略伙伴关系，积极发挥科研组织平台作用，合理配置外部科研力量与内部研发资源，依托国家“863 计划”、科技支撑计划等重点项目，加强与国内外企业、高校及科研院所的科技合作与交流，与西南交通大学、北京交通大学、中南大学、铁科院等单位建立了广泛的战略联盟，在多学科、多领域开展技术交流，形成了产、学、研紧密合作的开放型技术创新体系。通过联合开发、引进转化和自主开发相结合，协同开展关键技术攻关，聚集和整合有关科研力量，提升了神华集团在重载铁路技术方面的地位和影响力，形成了自己的核心技术。

5.1.2　神华重载铁路技术创新组织特征

神华集团作为国内重载铁路技术的领先用户，在技术创新过程中发挥了重要作用，形成了领先用户主导的技术创新网络组织模式，该模式与一般意义上制造商创新和用户创新模式相比，具有如下特征。

（1）神华集团主动性和控制能力强

制造商创新过程基本由制造商独立完成，只是在产品测试阶段邀请用户参与试用而获得反馈意见，因此，制造商是创新的绝对主体。而在重载铁路技术创新过程中，神华集团和相关合作单位共同参与技术创新过程，并且大部分创新过程都是在神华集团的主导下完成的，体现了领先用户的主动性和控制能力。

（2）神华集团参与创新的各个阶段

制造商创新以及用户创新都是由制造商通过市场调查，产生创新设想并完成研发，而重载铁路技术创新是从神华集团自身需求出发提出创新设想并进行开发，并全程参与创新成果研发与工程化的过程，这与技术购买、技术转让的模式具有本质的区别。这种定制式的创新模式使得创新成果能够很好地适配神华集团的个性化需求，做到创新的高度针对性和有效性。

（3）神华集团与合作单位密切合作

在制造商和用户创新过程中，不同阶段的工作由不同主体独立完成，相互联系与互动程度低。而在重载铁路技术创新过程中，创新过程的大部分阶段都是由神华集团及其合作单位共同完成的，两者进行密切地交流、合作与互动。这种合作组织模式能够轻易地打破企业边界的束缚，通过重载铁路工程平台，不同企业组织或事业组织的专业人员得以轻松地交互，形成一个整体。

（4）神华集团承担创新的收益和风险

不同于制造商创新和用户创新，神华重载铁路技术创新在创新的收益和风险分配方面，创新的动机主要是满足自身需求，他们可以从提前使用创新产品中获得创新带来的经济租金，也承担新技术创新成果工程化的成本和责任，体现了收益和风险相匹配的原则，有利于决策的执行和贯彻。

5.1.3 神华重载铁路技术创新网络的动态变化

在技术创新组织实施过程中，网络组织处于动态变化状况。在以神华集团为主导企业的网络组织中，神华集团是核心企业，结点企业是根据技术创新任务的变化而变化的，换句话说，结点企业是根据技术创新任务的需求来确定的。例如，神华集团主导的重载铁路既有线改造和扩能增效的技术创新项目“神华新型大功率交流传动电力机车研制”，在项目具体实施中，南车株洲电力机车有限公司与神华集团共同组建项目联合开发领导小组和开发工作小组，采用联合设计，通过设计联络会的形式对设计过程中的有关问题进行沟通和协调，以南车株机公司设计资源为主，神华集团参与的形式，共同制定机车技术条件；而“LTE 网络的无线重联同步控制系统”的开发研究中，神华集团联合株洲南车时代电气股份有限公司、南车株洲电力机车有限公司、中国铁道科学研究院通信信号研究所、中南大学、长沙南睿轨道交通电气设备有限公司，采取自主开发、联合攻关的方式，解决了基于 LTE 宽带无线通信承载无线重联数据传输的 2 万 t 无线重联同步控制的技术难点，最终研制出 2 万 t 组合列车安全开行所需的可靠的无线重联控制系统。

5.2　重载铁路技术创新的发起

作为产运销一条龙经营，集煤矿、电力、铁路、港口、航运、煤制油与煤化工为一体的特大型能源企业，神华集团拥有巨大且不断提升的煤炭生产能力，需要有足够的运输能力与之相匹配。为破解制约煤炭运输供需关系的瓶颈，需对神华铁路进行重载化改造，而改造的重要手段就是通过技术创新，构建我国重载铁路成套技术体系，提高重载铁路运输能力。重载铁路技术创新涉及的一些关键技术大多是由某些企业掌握的。因此，神华重载铁路技术创新的组织形式是以神华集团为主导的网络组织，主导作用的实现途径主要包括：神华集团识别技术创新需求、把握技术创新主要方向、整合网络组织中各参与主体技术创新的各种资源、组织和监控技术创新全过程，以及技术创新成果共享等方面。其中，通过识别技术需求和把握方向发起技术创新，是整个过程的首要环节。

5.2.1　识别需求

需求是引导神华重载铁路技术创新发展的首要因素。企业战略目标的达成需要创新，企业发展瓶颈的破解需要创新，在神华重载铁路发展历程中，创新总是在需求的引领下紧锣密鼓而又按部就班地进行。近年来，随着煤炭产能和运能矛盾的日渐加剧，神华集团顺应国家宏观经济发展和企业发展的要求，坚持需求引领，致力于技术创新，联合其他单位共同合作开展技术创新。可以说，需求是神华重载铁路技术创新的起点，任何决策的出台和创新项目的立项，首先在于识别创新需求，进而在需求的引领下开展技术创新活动。

识别需求的过程是随着企业的不断发展，在对企业内、外部形势进行客观判断的前提下进行的。需求识别过程有严格的管理机制和程序作为保障，并转化为制定中长期运输规划的依据。神华集团的产运销协调有专门的机制，同时，神华铁路重载运输板块每年度都会召开计划协调会，由主管运输的副总裁牵头，协调集、疏、运等领域的年度目标。各个部门和各个子(分)公司根据年度计划目标对相应的运输任务层层分解，从而落实到季度、月度和日常的生产过程中。这个过程不是一次完成的，而是经过充分的横向和纵向沟通完成的。任务确定以后，由各个部门、子(分)公司业务部门会同科技管理部等相关部门，识别技术创新需求，研讨年度技术创新重点，再层层汇总，经过集团决策层的统筹平衡和决策，形成最终可执行的技术创新任务。与此同时，神华重载铁路运输需求的识别，也不局限于集团内部的判断，而是充分依托国内专业的咨询和评估机构的智力资源，为我所用。铁道部经济规划研究院、北京交通大学等单位就曾为神华集团的重载运输需求进行过专门的课题研究和预测。

面对巨大煤炭产能，神华铁路骨干网络的输送能力不能满足煤炭业务快速发展的要求，通过多种技术途径扩大神华铁路运输能力的任务十分紧迫。为了满足运输需求，除了建设新的煤运通道外，各条主要煤运专线在加大行车密度的同时，加紧既有铁路线路扩能改造工作，轴重、牵引质量都在向更大、更高方向发展，未来大量既有铁路桥梁和路基需要进行检测、加固、养护和维修。

随着“大销售、大运输和低成本”战略的实施，神华集团致力于加快提升运输能力，通过扩能改造实现重载运输技术突破，力求实现“大轴重、长编组、高密度”的发展目标，规模化开行万吨列车，依靠技术进步，提高运输效率和管理效率，实现内涵式增长，并且注重资源节约与环境友好技术的开发与应用，更好地承担社会责任。神华集团识别出重载铁路技术需求，提出从重载铁路工程建设技术、重载机车车辆与控制技术、重载新型移动通信技术和重载铁路运营与维护技术等方面进行技术创新，并提出具体技术创新任务，如图 5—2 所示。

5.2.2 把握方向

需求识别后，需要有相应的技术创新手段作为支撑，而技术创新的途径多种多样，如何找到代价低、消耗少、速度快、效果好的技术方案，并不是一件容易的事情。神华集团经过不断的摸索，确定了“大轴重、高牵引质量、大运量”的技术发展方向，以企业需求为导向，以研发神华重载铁路自主知识产权技术为主线，开展综合集成、系统创新，重点加强运力提升技术、安全保障技术、铁路信息技术、节能环保技术等领域的成套技术研究。在创新模式的选择上，神华集团广泛利用社会科技资源，构建产、学、研相结合的可持续创新体系，通过引进、消化、吸收、再创新和自主创新，掌握具有自主知识产权的关键技术，形成重载运输成套技术体系。神华集团在“十二五”期间致力于技术创新机制的建设和技术创新体系的完善，通过技术创新驱动企业战略目标的实现。神华集团通过不断加大技术创新的投入，高端科技人才以及领军人才的引进和培养，建立健全技术

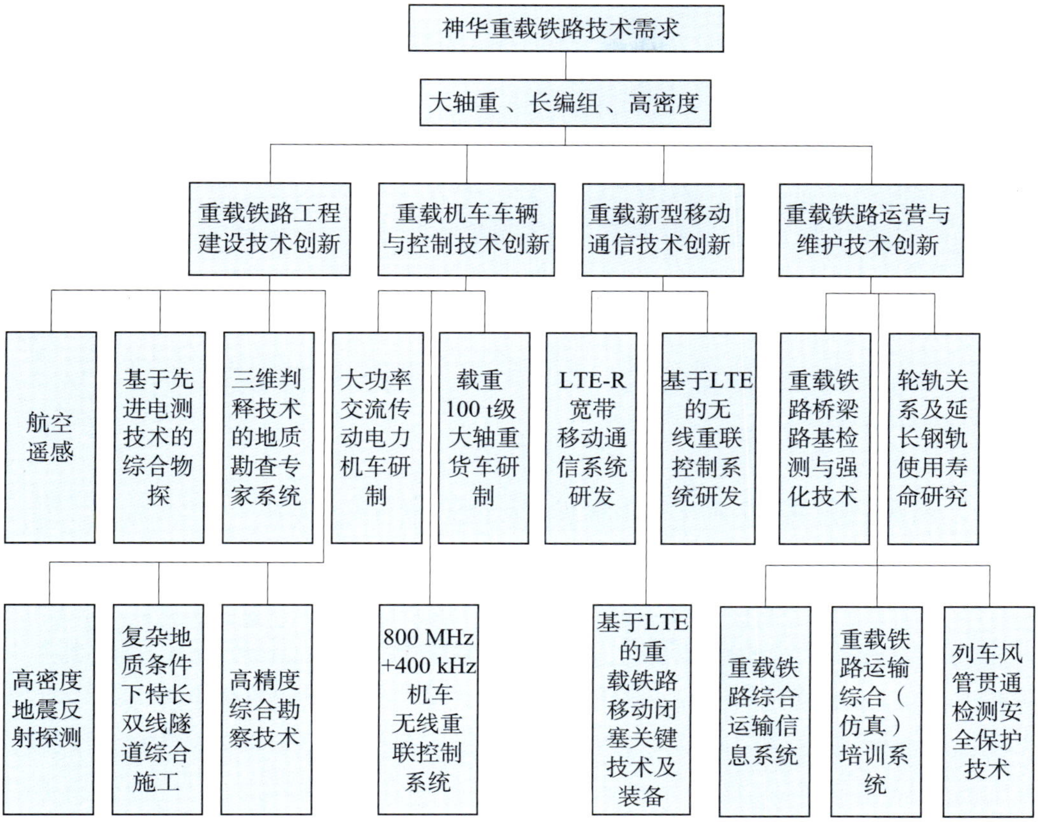

图 5—2　神华重载铁路技术创新任务框架

创新人才的激励机制，完善研发机构与平台建设，提高科技管理的水平，从而大幅提升了重载铁路技术装备水平，实现了提高神华重载铁路运输综合实力的重大战略任务。

重载铁路技术创新不是盲目的创新，神华集团一直致力于把握好技术创新的方向并联合其他参与主体共同研发新技术。技术创新方向是由经济内部因素决定，而不是独立的非经济过程。技术创新路线的选择不是随机进行的，而是由各种资源的赋予状况所决定的。神华集团把握重载铁路技术创新方向正是基于其企业内部经济因素，针对重载铁路的薄弱领域进行技术创新，根据市场的需求来研发新技术。

神华集团认识到重载铁路输送能力大、经济和社会效益显著，铁路重载运输已经成为世界各国铁路运输发展的方向，提出对开行万吨级列车的科技攻关。开行万吨级列车是一个复杂的系统工程，这个系统包括线路质量(包括车站到发线有效长)适应性改造、货源及车流组织、列车组合方式、列车牵引与机车同步操纵、配套重载技术及设备、列车运行及调度指挥等多个方面。开行万吨级列车是技术创新、体系创新和运输组织创新的集成结果，一方面，朔黄铁路公司内部各单位和部门进行协调配合，同时与外部相关单位密切配合，抓好重载运输技术及相关技术装备等领域的研究、开发、试验等工作。在具体研究车辆与线桥、站场关系，确定车辆设计参数过程中，神华集团结合对所属线路、桥梁、站场、装卸货设备、机车牵引能力等调研，分析货车轴重与线路的匹配关系，在站场长度和牵引重量一定的条件下，缩短车辆长度，提高每延米重，增加列车编组辆数，提升了列车运输能力。在此基础上，确定了神华铁路重载货车应采用车体轻量化技术的研究方向。

5.3　重载铁路技术创新的过程管控

对重载铁路技术创新全过程实施有效的管控，是重载铁路技术创新成功的关键。过程管控的内容是从技术创新发起到实现工程应用的全部技术创新活动，对创新活动过程中出现与计划存在的偏差实施控制，并在发起和实施技术创新过程中不断为参与实体注入创新动力，对整个技术创新过程中的风险实施全面监控。为确保重载铁路技术创新的成功，神华集团不断加强重载铁路技术创新项目前期调研和论证，准确把握重载铁路技术发展动态，增强立项针对性、先进性和适用性，紧密结合自身在安全生产、运输效率、科学管理、节能环保等方面的技术需求，切实提高重载铁路技术创新立项质量，减少无效或重复科技投入。通过建章立制、预算管理和风险控制，有效管控了整个创新过程。

5.3.1　建章立制

通过建立技术创新项目管理制度，把重载铁路技术创新纳入标准的科技项目管理，按照科技管理流程，进行前期调研论证，申报立项，规范实施和验收流程，及时上报有关机构备案，完善管理程序。对于大型科技项目，进一步细化和规范重载铁路技术项目管理制度，严格项目组长负责制，明确各方权责，利用合同、经济等多种手段加强项目进展的监督管理，确保研究进度和研究质量，并加强重载铁路技术创新项目后评估。

支撑企业持续发展的技术因素既包括应用型的“硬技术”，也包括管理型的“软技术”。从某种程度上讲，如果没有良好的软实力做基础，企业难以构造出一个高效、完整的科技创新体系。神华重载铁路技术创新通过不断完善科研管理制度和规范研发项目管理流程，有效规范技术创新活动。同时，加强对项目委托研究单位和项目实施单位的检查和考核，加强项目管理力度，确保各科技创新项目按照既定计划完成，进而形成“多出成果，多出人才”的技术创新长效机制。

（1）规范技术创新项目启动程序

重载铁路技术创新项目承担单位和方式确定后，按规定程序实施项目启动手续。针对外委项目，由主持的子(分)公司按项目的不同性质分别签订《技术开发合同》、《技术服务合同》、《技术咨询合同》。合同在正式签订前，由神华集团科技管理部门审查，并根据审查意见进行调整和修改；集团公司签订的技术合同经集团公司法律事务部门审查。合同签订后，由集团公司科技管理部门备案。针对自主研发项目，由集团公司与项目承担单位、项目依托单位及项目负责人签订《项目责任书》。需外聘专家或委托外单位完成部分工作的，项目承担单位与外聘专家、外委单位签订相关协议或合同，报集团公司科技管理部门审核备案。

（2）制度建设贯穿技术创新始终

长期以来，神华重载铁路技术创新注重将企业发展战略固化于技术创新管理制度中，实施自主创新和科技领先战略，把自主创新贯穿于企业发展战略、体制创新和改革发展的各方面。实施“围绕主业发展，构筑创新平台，着力自主创新，实现重点突破，支撑引领发展”的科技发展战略，通过多年的努力，整合知识产权中心、实验中心和技术推广中心，形成“三位一体”的创新基地，构建“布局合理、装备先进、人才一流、管理科学、运行高效”的自主创新支撑体系；通过自主创新，攻克了制约企业科学发展的关键技术瓶颈，取得了一批支撑主业发展和战略目标实现、引领行业发展的重大创新成果。同时，坚持“科研开发与技术改造，当前与长远，自主创新与开放式研究，专业研究与群众性技术革新”四个结合，强化科研成果集成配套和推广应用，系统推进产业技术升级，以领先的科技为支撑和引领，进一步提升了企业的核心竞争力。

（3）营造有利于创新的制度环境

神华重载铁路技术创新充分发挥“科学技术是第一生产力”对企业发展的巨大推动作用，把自主创新作为“一把手”工程来抓，全面落实科技工作责任制，强化考核工作。在激励和考核机制方面，结合神华集团“五型企业”建设，严格执行“技术创新型”企业考评标准；在考核干部和选人用人上，注重把科技工作和技术创新的好坏作为一条重要标准；加大对自主创新及科技人员的奖励力度，在技术要求高、研发任务重的公司或部门，对核心岗位的科技人员逐步实行按任务定酬、按成果定酬、按效益定酬的分配制度，让知识、技术等无形资产参与到企业的利润分配中。

（4）积极完善合作创新管理制度

神华重载铁路技术创新注重在管理体制上寻求突破，不断提高技术开发和创新能力，超前进行技术储备。在产学研合作中，集团公司、各子（分）公司坚持贯彻合作共赢的理念，充分体现各单位的牵头主体地位，通过分工合作，强化管理，明确产学研合作内容、进度、目标、验收标准及成果归属，实现技术创新质量、水平的提升。积极与国际著名工程公司和科研机构开展技术交流与技术合作，引进先进技术和先进管理经验，充分发挥各自优势，互惠互利，共同发展，促进了重载铁路技术实力的快速提高和发展。与此同时，逐步建立规范的科技管理制度，依托信息化手段，实施精细化管理，深入分析运行数据，逐步降低运行费用，提高运行效益。对现有科技管理规章制度进行了梳理和修订完善，适时制定了应用基础研究、高新技术产业化、国际科技合作、创新基金、人才引进、软科学研究等管理办法。

（5）实施知识产权保护和技术标准战略

神华重载铁路技术创新以制定和完善知识产权战略为基础，建立健全知识产权管理与保护工作机制和制度；强化知识产权管理与保护，以及专利申请工作，形成了专利保护圈；加快知识产权成果的广泛应用，努力提高企业核心技术领域的专利实施率，推进知识产权成果的资本化运作；建立健全技术标准体系，进一步规范了神华重载铁路的技术行为，加强国际交流与合作，积极参与国际标准、国家标准、行业标准的制定工作，提升了神华在行业、国家和国际标准化组织中的话语权和主导权，在我国建设创新型国家过程中起到示范和带动作用。

（6）完善科技成果投入产出再投入的良性机制

积极跟踪国际重载铁路相关领域的最新进展，鼓励和支持在引进、消化、吸收国外先进技术的基础上进行再创新，加快科技成果的转化，形成了投入产出再投入的良性循环。加强实用性科技项目的研究和新技术成果的引进、消化、吸收和推广应用，加速科技成果向生产力转化。对于先进适用新技术的推广工作优先安排项目经费、设备经费，并配备相应的人员经费。积极推进项目后评估工作，对于项目完成后，技术成果不能及时转化为生产力的单位和研发单位，采取了相应的惩罚措施，在新项目立项、科研经费支持、年度考核等方面有所体现，有效地促进了技术成果的转化。

（7）加快信息化建设步伐

为进一步梳理和优化业务与管理流程，推动信息技术与业务、管理工作的融合，突破管理壁垒，保证生产、安全、经营、管理的信息化不断升级，神华重载铁路技术创新注重加快信息化建设步伐，加快用信息技术改造和提升传统产业，广泛推广运用信息技术。统筹规划，加快建立统一、高效、覆盖全集团的信息化管理平台，全面建设“数字神华”。

5.3.2　预算管理

神华重载铁路技术创新有一整套切实可行的预算管理办法，项目资金纳入全面预算管理，包括项目研发费和项目管理费。在创新资金使用方面，严格执行国家、集团公司有关财务制度，坚持科学决策、择优支持、合理安排、专款专用，确保项目资金支出、使用范围与批准资金预算一致。项目负责人和承担单位不得超出合同规定的资金明细列支。当年未完的项目资金，结转下一年度继续使用；对于未执行的项目资金要全部退回；因故终止的项目，集团公司或子（分）公司科技管理部门会同财务管理部门根据项目管理权限负责清查处理。

用于重载铁路技术创新的项目资金决算包括年度决算和项目决算两部分。每一会计年度终了时，由国家项目、集团项目的申报单位会同项目承担、实施单位及项目负责人编制项目资金年度决算报告，报集团公司科技、财务管理部门汇总、审核；国家项目根据国家规定向相应主管部门、机构报送项目资金年度决算报告。项目执行期内，国家项目、集团项目的承担单位根据技术合同或项目责任书定期向集团公司财务管理部门报送项目资金支出及项目进展情况的报告。项目完成后，项目申报单位会同项目承担、实施单位及项目负责人如实编制项目决算报告，由相关单位科技、财务管理部门审核签署意见后报集团公司科技管理部门备案。对重大项目，由集团公司科技管理部门委托集团公司系统内审计部门或委托第三方进行项目审计。这种管理方式实现了对科技创新项目资金的动态监控。

子（分）公司项目资金的决算与监督管理，由相关子（分）公司参照集团公司管理体系，制定自身的项目管理办法执行，集团公司科技管理部门会同财务管理部门对项目资金使用与管理情况进行定期或不定期的监督检查。对弄虚作假、截留、挪用和挤占项目资金等违反财务制度和财经纪律的行为，除按照合同规定对项目承担单位和责任人扣除违约金外，视情节轻重对项目申报单位给予取消2～5年度项目申报资格、建议有关部门给予通报批评的处罚。构成犯罪的，依法移送司法机关追究刑事责任。

预算管理的实施有效地保障了技术创新顺利进行。企业主导技术创新的最大优势之一就是主导企业能根据自身财务能力和技术创新项目的资金需求进行科研投入。神华集团根据其自身的财务能力，建立科研投入保障及增长机制，不断加大科技投入力度。研究设立一定额度的科研基金，专题立项攻关日常运输生产中出现的急难课题。积极采取各种措施与途径，拓宽科技资金投入来源。积极申报国家级、省部级重点科研项目，多方筹集科研资金。进一步完善科技创新绩效考核评价制度，探索科技创新业绩与薪酬挂钩的分配政策。研究科技创新奖励办法，修订《科技技术奖励办法》，加大科技创新奖励力度，对取得重大科技成果做出突出贡献的专业技术人员给予重奖。探索采取项目实施奖、创新效益分配奖、合理化建议奖、“五小”（小发明、小革新、小改造、小设计、小建议）创新奖等多种奖励形式，营造良好的科技创新氛围，充分调动了各技术创新主体的主动性和积极性。

5.3.3 风险监控

重载铁路技术创新涉及设计、材料和工艺等诸多技术环节，研发投入大，技术风险高，神华集团为技术研发提供大量的技术和资金支持，也必须对成本风险和技术风险实施监控。作为主导企业，神华集团在重载铁路技术创新过程中组织并参与主要技术参数和标准的制定，负责对技术创新的成本风险和技术风险进行监控。

1. 成本风险控制

重载铁路技术创新成本风险来源于外部环境和内部因素的变化，不仅有技术和经济因素的制约，而且还受到社会政治、文化和自然环境的影响。依据成本风险产生的原因，重载铁路技术创新成本风险包括：(1)技术成本风险。由于技术开发失败的可能性、生产工艺开发失败的可能性以及技术效果的不确定性而带来的成本耗费风险。(2)政策成本风险。因社会政治、国家或地方法律、法规，政策等条件变化而导致技术创新成本增加的可能性。(3)财务成本风险。企业技术创新需要的资金巨大，如果资金不能及时供应而导致技术创新项目在某一环节中断，对企业造成经济损失，从而间接增加成本的可能性。(4)生产成本风险。在技术创新过程中，由于生产系统中的有关因素及其变化的不确定性而导致成本增加的可能性。（5）管理成本风险。在技术创新过程中，由于管理失误而导致的成本增加。（6）市场成本风险。由于新产品不适应市场需求或变化而未被市场充分有效接受，从而造成技术创新的投资无法收回或为适应市场需求而增加技术改进成本的可能性。

企业主导型网络组织模式是由多个参与主体共同组成的，需要建立有效的成本与利益分配机制，以有效降低技术创新成本风险。针对重载铁路技术创新过程中的成本风险，神华集团充分分析技术创新的外部环境和内部条件，挖掘各种有效信息，传达给其他参与主体，将各参与主体的需要融入技术创新的研究与开发过程中。当战略性机遇来临时，神华集团能够根据实际情况做出及时调整。任何新技术的研发最终都要接受实际工程检验，盲目发展以及对市场的错误估计，都将使技术创新功亏一篑，前期的投入也会付之东流，付出的代价将是惨重的。因此，神华集团充分发挥自身的主导优势和网络组织的协同优势，加强了与其他参与主体的交流，及时搜集和分析成本相关信息，尽可能地减少技术创新成本风险，具体说来，采取了以下措施：

（1）根据各企业实际情况合理选择技术创新项目。在项目决策阶段，对企业实力和项目所需资金进行研究，确定企业能否支撑项目进行。

（2）吸引风险投资或政府基金，扩大资金来源渠道。寻找风险投资和政府创新基金都是重载铁路技术创新主导企业的“开源”方式。国家各级政府设立了很多鼓励技术创新的政策基金，重点支持重载铁路技术的发展，风险投资也很青睐重载铁路技术创新，虽然高风险，但是更高的投入回报比让风险投资看好重载铁路技术产业。

（3）合理高效利用资金。合理使用通过各种渠道获得的技术创新资金，财务人员和创新团队人员共同努力，“开源”与“节流”相结合，保证资金都能用到最需要的地方。

2. 技术风险控制

重载铁路技术创新过程中，不仅存在着成本风险，也存在技术风险。在技术创新过程中会面临各种不确定性，比如说技术、市场、政治和经济形势的变化，这些不确定性都会使技术创新面临着失败的可能。

神华重载铁路技术创新的成功之处在于，通过资源整合，采用科学的方法进行预测，有效协调各参与主体之间的联系，加强各参与主体的交流与协同合作，从而减少技术创新的技术风险。具体说来，主导企业对技术风险控制的主导作用表现在：

（1）选择技术项目之前，加强技术预测。对重载铁路技术创新项目进行全方位的预测是神华集团战略决策的第一步。其次，对市场状况进行考察，对创新技术的科学性、先进性进行验证。同时，对项目相关的辅助技术进行调研，以确定在研发和批量生产的时候，有坚实的辅助保障，避免因原材料、相关技术不到位而限制技术创新的发展。

（2）采取积极措施规避和转移风险。一方面采取规避风险政策，在发现技术难题无法攻克的情况下，采取放弃或中止项目的措施，暂时将该项目搁置，寻找更适合的技术创新项目，等待好的时机再重新启动搁置项目；另一方面，在创新的过程中，神华集团持续对项目技术进行市场、技术等方面的考察，将风险规避在前期；通过与高校、科研机构合作，充分发挥各方优势，达到分散风险的效果。

（3）对于技术不成熟的创新项目，神华集团采取引进、消化、吸收、再创新的方法进行新技术学习，通过模仿的方式降低技术风险；同时，通过与拥有成熟技术的企业合作的方式来获得成熟的技术。

5.4 重载铁路技术创新成果管理

重载铁路技术创新成果的评价与分配，关系到技术创新网络组织的稳定性和持续发展。做好成果管理，是神华重载铁路技术创新取得成功的重要保障。通过规范验收流程、严格验收标准、建立后评估机制等手段，确保技术创新项目成果顺利产出；通过创新成果推广、知识产权保护和综合效益分享等一系列措施，保障成果分配与共享使技术创新各参与主体满意。

5.4.1 成果验评

如何评价重载铁路技术创新项目的产出，需要建立专门的标准、流程和机制。神华集团在成果验收、后评价方面进行了大量有益探索，对成果验评实行分类管理、专人负责、全过程监控的制度，加强指导协调、检查监督，及时研究解决项目实施中存在的问题，严格按照进度计划执行，保证项目顺利实施。

1. 规范验收流程

对技术创新项目实行分类管理制度，国家项目由集团公司科技管理部门配合国家有关主管部门对项目进行验收，集团项目由集团公司的科技管理部门组织验收，各个子(分)公司项目由各子(分)公司的科技管理部门组织验收。首先由项目主持单位和各个承担单位，在按技术合同(项目责任书)要求完成技术研发任务基础上，向科技管理部门提出项目验收申请报告，并提交完整的验收资料。科技管理部门负责对项目完成情况及提交的验收材料进行初步审查，批复项目验收申请，并组织验收或委托有关单位组织验收。项目验收以项目技术合同(项目责任书)约定的内容和确定的考核目标为基本依据，对项目完成情况、取得的技术成果、实际应用效果及产生的社会和经济效益、获得的知识产权、经费使用情况等做出客观、实事求是的评价。最终由集团公司科技管理部门审核下达项目验收报告，项目终结。

神华集团及其子(分)公司对技术创新项目验收流程做了明确的规定，项目在规定时间内无法达到验收条件的，要求提前两个月向集团科技管理部门提交推迟验收申请，并明确提交验收资料的具体时间。科技管理部门对项目承担单位提交的管理文档、技术文档等验收资料进行形式及技术审查，审查合格后批复验收申请。科技管理部门根据项目具体情况，确定项目验收方式。验收专家组一般由多名专家组成，独立、负责任地提出验收意见和验收结论。验收结论包括“通过验收”、“需要复议”或“不通过验收”。

2. 严格验收标准

项目承担单位完成技术合同(项目责任书)规定的研究内容及考核目标，经费使用合理，为“通过验收”。项目通过验收后，项目合同终止，所有报告材料必须正式归档管理。研究成果根据进入市场需要和国家有关技术政策要求，需要技术鉴定的，及时向有关鉴定组织单位申报鉴定。因提供的文件资料不详、难以判断等导致验收意见争议较大，或项目成果资料未按要求进行归档和整理，或研究过程及结果等存在纠纷尚未解决，或专家组认为需要复议的内容，为“需要复议”。需要复议的验收项目，在首次验收后的 60 个工作日内，针对存在的问题做出改进或补充材料，再次提出验收申请。

集团和下属公司层面均对技术创新项目验收标准做了明确规定，例如，存在以下情况之一：完成合同任务不到 85%；预定成果未能实现；提供的验收文件、资料、数据不真实、不完整；未经申请或批准，擅自变更项目实施、承担单位或项目负责人，修改合同考核目标、研究内容、技术路线；超过合同或任务书规定期限半年以上未完成，事先未作书面说明；经费使用存在严重问题；因管理不善导致知识产权流失；复议项目若未再提出申请或未按要求进行改进或补充材料；其他专家组认定的不能通过验收的严重问题，都被视为验收不合格而不能通过验收。未通过验收的项目，承担者接到通知三个月之内，经整改完善有关项目内容及文件资料后，可再次提出验收申请。如再次未通过验收，项目承担者不得再承担神华系统的所有科研项目，并按合同承担相应责任。

3. 建立后评估机制

神华集团对重大应用性项目建立了项目后评估机制，确保对创新项目成果进行客观评价。重大应用性项目完成和实施一年后，由集团公司科技管理部门或委托有关机构进行项目后评估，对项目申报单位、承担单位及项目负责人的成果应用状况、知识产权许可前景和经济、社会效益进行后评估。后评估报告作为对项目申报单位新项目立项以及项目承担单位选择的重要依据之一。

5.4.2 成果分配

网络组织核心企业对技术创新的主导最终体现在对技术创新成果分配这一环节。技术创新成果是各参与主体的最终诉求，也是整个技术创新组织核心利益的表现，因而，分享技术成果、主导知识产权、分配综合效益是核心企业主导成果分配与共享的主要内容。神华集团对重载铁路技术知识产权和成果管理始终贯穿于项目立项、实施、验收及推广等工作中。项目立项时，明确创新的知识产权保护及专利申请计划；项目实施过程中，进行专利申报，做好知识产权管理工作；项目验收时，对项目知识产权目标完成情况、知识产权管理和保护情况等进行考核。同时，定期对核心知识产权的应用情况进行评估。

1. 创新成果推广

在重载铁路技术创新取得一定成果后，加强对技术创新成果管理，并以此推动进一步的技术创新。主导企业通过技术创新成果推广来提高整个创新网络组织的创新能力。

（1）发布创新成果信息

重载铁路技术创新获得成功后，项目研发团队把技术创新的相关信息向社会公开发布。重载铁路技术成果发布内容简洁明了，除发布技术成果名称、完成单位、完成时间和联系方式等基础信息外，重点突出项目成果的社会、经济意义和科技水平。项目成果的社会、经济意义，主要突出该项目研发成功有助于解决经济运行和产业发展中的瓶颈问题，以及潜在的市场和产业价值；项目成果的科技水平，主要突出现有成果与既有成果相比的技术进展，技术参数，主要技术经济效果和在国际国内同类研究中的总体水平等。如果是面向行业内部发布，着重介绍技术路线、理论方法、技术成果核心内容、技术经济效果等。为了发挥技术创新在辅助政府决策中的职能，实施重载铁路技术创新成果专报制度，建立基于互联网的重载铁路技术创新成果在线发布制度，让决策部门科学把握重载铁路技术创新的动态与进展。

（2）推介创新成果

面向有需求的重载铁路行业内企业推介重载铁路技术成果，介绍重载铁路技术主要内容与参数、技术特点、技术经济效果、技术适应性等。同时，通过权威机构或者市场第三方出具的成果鉴定书、检验检测报告、使用效果证明等材料，让重载铁路技术成果推介效果得到极大提升。

通过由领先用户主导的网络组织模式，神华重载铁路技术创新取得了丰硕的成果，在科研立项、科研成果获奖、发明专利和软件著作权等方面都取得了长足进展。2005 年至 2012 年，神华重载铁路有多项技术创新成果分别获国家级、省部级和神华集团的奖励。如：2007 年，《朔黄重载铁路建设与运营技术》获国家科技进步二等奖和北京市科技进步一等奖；2007 年，《特殊土和特殊条件下重载铁路路基修建技术》获得“中国铝业杯”首届中央企业青年创新奖；2009 年，《朔黄铁路桥梁振动控制技术》获中国职业安全健康协会科学技术奖；2011 年，《朔黄重载铁路延长钢轨使用寿命综合技术措施》获铁道科技奖一等奖；2011 年，以《重载列车动力分布控制的机车无线重联控制系统》为代表的一系列重载铁路技术创新项目获神华集团科技奖励。这些创新成果的信息发布和推介，极大地提高了神华重载铁路技术创新的积极性。

2. 知识产权保护

神华集团充实与加强研发机构、子（分）公司知识产权管理力量，保证专利数量稳步增长的同时进一步提升专利申请质量，加强针对重大科研项目的专利申请和布局力度，加大知识产权领域的对外交流与合作，实现知识产权与科技创新项目的密切结合，提升了神华知识产权品牌知名度和影响力。

（1）积极获取知识产权

知识产权的获取是神华集团知识产权战略实施的起点，只有尽可能多地取得并拥有自主知识产权，才能将技术优势转化为市场优势。取得知识产权主要途径有两种：一是自己创造，二是通过市场交换。前一种是指企业通过技术创新而获得自主知识产权，即知识产权原始取得；后一种是指企业通过市场途径获得其他企业或个人已经取得的知识产权，包括通过知识产权所有权转让和使用权许可取得。对于神华集团来说，原始取得是最主要的方式，其市场优势也是依靠强大的研发能力来支撑。

（2）成立知识产权保护机构

神华集团根据经营状况和经济技术实力设立相应的知识产权管理部门。知识产权管理部门隶属于企业决策层，其职责除了组织知识产权培训、研究制定知识产权战略、处理企业内外知识产权业务等外，还包括制定知识产权发展规划，对神华重载铁路技术和装备领域知识产权发展状况和动态进行跟踪分析，为技术开发、产品营销提供知识产权方面的建议，并及时对企业知识产权实施保护，预防侵害其他企业的知识产权等。

（3）制定知识产权保护制度

当今世界各国的竞争，与其说是经济的竞争，不如说是科技和人才的竞争，而科技和人才的竞争最终是知识产权的竞争，谁在某技术领域拥有自主的知识产权，谁就能在这一领域取得控制权，知识产权正成为当今世界最重要的一种资源。为了促进企业技术创新的发展，必须制定知识产权保护制度，促进技术创新成果公开和交流。根据经营发展规划，神华集团有步骤、有目的地进行专利、技术秘密和技术标准等知识产权的规划、布局和实施，通过开展重点技术创新项目的专利检索与分析、专利布局、专利侵权预警等工作，为技术创新提供技术、市场、法律等方面的信息，从而加强创新成果的保护，降低市场和法律风险，实现创新成果的产权化保护，知识产权的市场化运作。

神华集团制定并积极推进知识产权战略实施，建立包括集团科技发展部、神华研究院知识产权中心、子(分)公司知识产权管理人员的三级管理体系。集团科技发展部负责集团公司知识产权工作的整体规划、管理和领导工作，神华研究院知识产权中心负责集团及研究院知识产权政策和任务的执行和落实，子（分）公司知识产权管理人员负责各公司具体知识产权工作，并配合神华研究院知识产权中心完成相关工作。

3. 综合效益分享

当技术创新取得一定的效益时，必然会提高企业的创新积极性，从而投入更多精力进行技术创新，以研发更多新技术。不同合作单位加入以神华集团为核心的创新网络组织，并不能改变其追求经济效益和社会效益的本质属性。这是由市场经济的本质特征和社会个体的本质特征所决定的，其合作只是有限范围内的合作。虽然共同努力创造了技术创新网络组织的整体效益，但各创新实体仍以个体效益最大化为行为导向，即合作是手段，竞争是目的。正是个体效益对各创新参与主体的重要性，因此，要重视并实现神华集团以及各个参与单位的效益优化分配，让各个参与单位效益平稳转化为整体效益。

神华集团敏锐地认识到个体利益与网络组织整体利益的矛盾，通过综合效益分享机制，对创新成果进行科学分配，有效地化解了矛盾。例如，神华集团在与西南交通大学合作进行列车员仿真培训系统研发过程中，开发了新的软件产品，按照双方合作协议的约定，其产权归神华集团所有，而为了避免合作协议对创新行为产生抑制行为，挫伤合作单位的积极性，协议中又规定原有创新成果可以实施共享，在原有创新成果基础上研发出来的新的产品或软件，西南交通大学具有知识产权，并享有其收益权。正是有了这种综合效益分享机制，西南交通大学与神华集团成功进行了合作，研发出新一代仿真培训系统，有效地解决了神华集团培训列车员的难题；同时，西南大学由于有了与神华集团的合作经历，与国内其他大型企业合作变得更加顺畅，其科研团队在原有源代码基础上进行了多次改进，研发了新的仿真培训系统，在市场上获得了很高的认可和丰厚的市场回报，在成果转化和应用过程中通过合作实现了共赢。

第6章 平台支撑技术创新

神华重载铁路坚定不移走开放式、集成式、协同式创新之路，通过组织与制度等综合措施，整合国内外技术、人才、资金和信息等优势资源，搭建合作/委托开发、专项课题研究、合作工程试验、产业技术联盟、科研工作站等形式的产学研用合作创新平台，实现技术创新资源整合、组织协同和工程应用等功能，有效支撑了重载铁路技术创新，提升了重载铁路技术创新能力。

6.1 重载铁路技术创新平台的内涵及构成

在神华重载铁路发展历程中，神华集团通过构建重载铁路技术创新平台，实现协同创新；同时，始终以培育和提升技术创新能力为核心，主导技术创新组织和实施过程，牢牢把握住技术创新的主动权。

6.1.1 重载铁路技术创新平台的内涵

“平台”最早出现在工程领域。20世纪初，亨利·福特在其专著《现代人（Modern Man）》中最早使用这一概念，指生产和施工过程中，为操作方便而设置的工作台。随着科技的发展和社会的进步，平台一词有了更为广泛的内涵，越来越多地被其他领域所使用。目前，“平台”已成为具有通用色彩的术语，泛指为进行某项工作而建立的有机整体和要素体系，其具有一定的构成要素和功能，并按照一定机制运行。

重载铁路技术创新平台是为了推进重载铁路基础理论研究、关键技术攻关、集成和应用，以神华集团为核心，整合重载铁路行业内外部优势资源而组成的产学研相结合的企业级平台。重载铁路技术创新平台的主要功能是实现资源整合、组织协同和工程应用，从而提升技术创新能力。重载铁路技术创新平台将各参与主体分散的技术、人才、资金和信息等资源整合到一起，并高效利用整合后的资源开展创新；能够使从事重载铁路技术创新的各参与主体在统一的组织架构下开展创新活动；能够在平台上实现资源共享，确保创新过程的顺利进行，促进科技成果的研发、应用与推广，实现重载铁路技术创新的任务和目标。

6.1.2　重载铁路技术创新平台的特征

1. 开放式创新平台

传统的封闭式创新理论认为，成功的创新需要严格控制其范围，企业依靠自己的力量进行技术研发并将其推广应用。这种模式过分强化和控制自我研究的功能，往往使得有限的创新资源过于分散，不利于技术优势的快速形成和工程应用，同时也带来极大的创新风险。

铁路行业具有较宽的技术跨度，掌握不同专业的重载铁路相关技术单位比较分散，主要包括行业背景比较明显的科研院所、高等院校、装备企业、咨询设计等单位，神华集团作为能源企业，并不具备全部重载铁路技术积累。同时，由于受到运输需求的引领和驱动，重载铁路技术创新具有极大的紧迫性和时效性，成功的创新不仅在于创新的质量，更在于创新的速度。因此，由神华集团独自承担全部技术创新任务，必然难以取得理想的创新效果，通过利用外部资源从而引进吸收技术，最终加快创新速度，这成为支撑神华重载铁路发展的关键。

创新的本质是新知识的创造或知识的创造性应用，企业对知识的应用能力和新知识的创造能力是企业竞争优势的主要来源。重载铁路技术创新需要尽可能地将行业内部拥有与知识创新相关的技术、人才、资金和信息等要素整合进来，与外界组织建立联系，以实现知识在不同组织间的充分共享，构建知识融合、知识共享和知识创新的网络体系，为组织间的知识交流创造良好的知识环境，推动知识创新活动。

重载铁路技术创新平台的构建，能够打破企业间的边界限制，通过搜寻、获取和利用等手段，将具有重载铁路相关技术优势的企业汇聚到一起，通过共赢的协同合作、技术许可、战略联盟等方式实现内外创新资源的整合，具有明显的开放式创新的特点。构建平台的核心理念是不再区分创新资源来自于内部还是外部，而是以最小的成本和最短的时间取得创新成果，并获取最大效益。

2. 集成式创新平台

集成创新是创新主体采用系统工程的理论与方法，对创新要素进行优化和选择搭配，以最合理的结构形式结合在一起，形成一个由适宜要素组成的、相互优势互补且匹配的有机体，从而使有机体的整体功能发生质的跃变的创新过程。重载铁路技术创新涉及基础设施、机车车辆、场站规划、列车编组、运输组织等技术领域，各项技术连接紧密且依存程度高，需要通过技术集成满足更为复杂的需求。重载铁路技术创新所要解决的问题不仅仅是技术供给本身，还包括技术的实际应用问题，要将技术供给与技术应用很好地结合起来，就必须依靠集成创新。

重载铁路技术创新的逻辑起点是把握技术的需求环节，其核心内容是在运输需求与多种技术途径之间创造出一种最优的匹配。例如，随着神华集团煤炭产量与运量逐年上升，其对运输能力提出更高的要求，从技术创新的角度，提高运输能力的技术方案有很多种，如何找到一种方案能够最优化地满足需求，同时消耗最小，这就是运输需求与技术途径的均衡，这种匹配和均衡体现在从需求和技术供给出发的技术体系构建。在构建技术体系过程中，相关领域知识是实现其目标的必要条件，必须摆脱传统思维定式的束缚，充分利用技术来源多样化和替代技术出现的有利条件，集成和利用企业外部的新技术和新知识。重载铁路技术创新需要通过不断地将新领域知识集成植入重载铁路工程中，以逐渐提高重载铁路技术含量。

重载铁路技术创新平台以重载铁路工程为载体，各类技术创新主体围绕工程需求开展技术创新，技术创新成果应用于重载铁路工程，体现了集成创新的重要特征。

3. 协同式创新平台

协同式创新是以知识增值为核心，以多主体协同互动为主要手段，以创新要素的整合以及创新资源在系统内的无障碍流动为表现形式，以知识产权和利益共享为重要保障的创新过程。通过知识增值凝聚产学研合作的各个主体，有利于实现协同创新的可持续发展，同时提高各个创新主体之间的创新积极性，促进技术创新战略目标的实现。在知识增值的实现过程中，通过明晰知识产权归属和利益分配方案，促使技术创新主体间深入合作，产生系统叠加的非线性效应。

神华重载铁路技术创新平台以神华集团为核心，神华集团负责技术创新的组织和协调工作，高等学校、科研院所、设计单位、施工单位、监理单位、咨询单位、材料设备供应商、制造商等参与主体，以契约和信任为纽带，建立基于知识增值的适合协同创新的技术创新网络组织，组建精干高效自主研发队伍，实现多要素、多主体的协同创新；以重载铁路工程为依托，针对重载铁路设计、施工、运营和维护过程中遇到的技术难题进行原始创新、集成创新、引进消化吸收再创新。

6.1.3　重载铁路技术创新平台概念模型

1. 概念模型

神华集团秉承“神华搭台，专家唱戏，博采众长，为我所用”的总原则，注重平台的开放性、集成性和协同性，突出要素整合的基础作用。作为开放式、集成式的协同平台，重载铁路技术创新平台的构建需要解决资源如何汇集、如何整合以及如何支撑技术创新等问题。神华重载铁路技术创新平台以技术、人才、资金和信息为基础要素，通过组织和制度等综合措施使 4 个基础要素有机结合，实现资源整合、协同工作和工程应用等功能，形成和提升技术创新能力。神华重载铁路技术创新平台由要素层、功能层和目标层三个层级构成，其概念模型如图 6—1 所示。

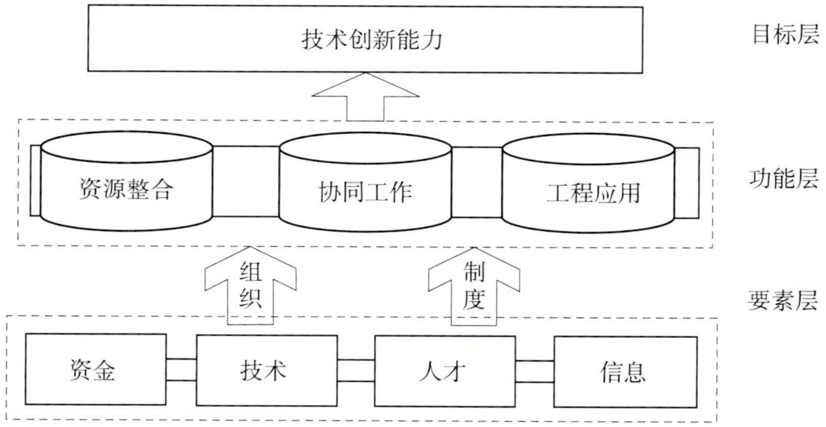

图 6—1　重载铁路技术创新平台概念模型

2. 平台要素

资金、技术、人才、信息是开展技术创新必不可少的资源，故可将其定义为资源型要素。而这些资源型要素的有效整合和运用，以及支撑技术创新活动的开展都需要组织和制度保障。所以，组织和制度要素也是技术创新平台的重要组成，可将其定义为保障型要素。

（1）资源型要素

①资　　金

资金是技术创新平台正常运转的重要保障，技术、人才、信息的获取以及平台的运转和创新活动的开展都依赖于资金的投入，资金是技术创新平台最为重要的要素。资金既包括重载铁路技术创新过程中的资金投入。也包括其他以非现金方式进行的物资资源投入。重载铁路技术创新平台运行所需资金主要由神华集团提供，也包括向国家有关部委申请的纵向科研项目资金支持，以及各技术创新主体投入的资金或物资资源投入。

②技　　术

技术即技艺、技能、知识，是创新平台的核心要素。技术要素主要包括物质范畴与精神范畴两个方面：前者是指诸如仪器、试验设备、成套装备、计算机等物质手段，如重载铁路技术创新平台中的产学研合作研发实体为实现技术创新而提供的场地、仪器及设备、电子化设备、计算机等等；后者是指技术活动中人的经验积累、成果化的专有技术以及信息基础设施中运行的信息系统，如重载铁路技术创新平台中人的经验、技术图纸、科技成果、专利、技术诀窍、办公自动化（OA）系统、管理信息系统（MIS）等。技术积累对重载铁路技术创新至关重要，而重载铁路技术创新所需的技术分散在各个研发参与主体中。重载铁路技术创新平台的构建，促进了技术要素的提取、汇集和整合。

③人　　才

人才指具有一定的专业知识或专门技能，进行创造性劳动并对重载铁路技术创新做出贡献的人员。人才是知识和技术的重要载体，其中重载铁路技术创新所需的隐性知识，主要是凝结在人的大脑中；而以显性知识存在的技术，也必须由具有相关知识的人加以掌握和运用。人才承担技术创新及其管理任务，不同专业的人才相互配合，共同致力于重载铁路技术创新活动。重载铁路技术创新平台的人力资源指从事合作技术创新活动的所有人员，既包括高校的科研人员和企业的科研人员，也包括直接从事平台技术创新活动的人员和相关辅助人员，他们是平台技术创新活动的行为主体，在技术创新活动中起着基础性和决定性作用。

④信　　息

信息指事物发出的消息、指令、数据、符号等所包含的内容。信息要素也是技术创新平台不可或缺的一个要素。在重载铁路技术创新平台中，信息主要起引导和沟通作用，创新主体必须了解国内外行业动态和最新技术进展，包括新技术趋势、新型设备发展，以确定技术创新发展的方向。同时，技术创新获得成功，需要将其产业化并推广运用，也需要技术创新平台提供与环境交换信息的畅通渠道。

（2）保障型要素

①组织要素

广义的组织是指由诸多要素按照一定方式相互联系起来的系统。狭义的组织就是指人们为实现一定的目标，互相协作结合而成的集体或团体。在现代社会生活中，组织是人们按照一定的目的、任务和形式编制起来的社会集团，组织不仅是社会的细胞、社会的基本单元，而且是社会的基础。组织要素决定了组织的结构、功能、属性和特点。

组织是重载铁路技术创新活动取得成功的基础，是在创新总体目标的指导下协同工作的人群实体，通过建立一定的机构，进行分工、合作从而协调配合各参与主体行为。组织是在分工的基础上形成的，组织中的不同职务或职位承担不同的组织任务。在技术创新平台中，组织负责技术创新活动组织管理过程、承担技术创新任务，是技术创新管理主体。由于重载铁路技术创新平台创新主体的多元性，技术创新组织呈现出弹性组织特征，即组织结构和功能随着组织的目标和任务的调整而变化。以主导企业为核心，针对不同的技术创新任务，技术创新组织的结构、功能、运作模式都不同。

②制度要素

诺斯认为“制度是个社会的游戏规则，更规范的讲，它们是为人们的相互关系而人为设定的一些制约”。制度有指导性和约束性、鞭策性和激励性、规范性和程序性等特点。a. 指导性和约束性。制度对相关人员做些什么工作、如何开展工作都有一定的提示和指导，同时也明确相关人员不得做些什么，以及违背了会受到什么样的惩罚；b. 鞭策性和激励性。制度方案张贴或悬挂在工作现场，随时鞭策和激励着人员遵守纪律、努力学习、勤奋工作；c. 规范性和程序性。制度以有关政策、法律、法规等形式，为人们的工作和活动提供可供遵循的依据，对实现工作程序的规范化，岗位责任的法规化，管理方法的科学化，起着重大作用。

重载铁路技术创新平台制度是对技术创新活动及资金管理、成果管理等进行规范和约束的规程或行动准则，包括从项目立项、科研管理、验收评审、成果转化到成果奖励的一整套科技开发管理制度，使得在技术创新的各个过程中都有相应的规定和办法作为依据，确保技术创新工作的顺利开展，有效提升了技术创新管理水平。制度是影响技术创新的重要因素，有效的制度安排能够激发各创新主体的创新热情，优化科技资源配置，提高技术创新的效率。与研发投入、物质或人力资本积累相比，制度是决定技术创新效率更为基本的因素。

3. 平台功能

重载铁路技术创新平台的最终目标是保障技术创新顺利进行，提升技术创新能力。平台的功能可以分为资源整合、协同工作和工程应用等功能。资源整合是平台的基础功能，通过多种形式平台的搭建、组织和制度加以有机组合，实现技术、人才、资金和信息等要素的汇集。协同工作是平台支撑技术创新的主要手段，可通过提供科研课题或者与合作单位共同申报、承担相关课题实现。工程应用是重载铁路技术创新的重要方面，由于神华集团既是创新的组织者，又是技术的需求者，技术创新成果需要在神华重载铁路工程上得到验证，技术创新平台具备提供技术工程验证的功能。

6.2 重载铁路技术创新平台要素的整合

6.2.1 技术要素整合

重载铁路技术要素分散在各创新主体之中，神华集团利用重载铁路技术创新平台，广泛获取技术信息，将技术要素进行整合、集成和综合利用。

加强技术要素整合，是企业实现自主创新的有效途径，不仅可以提高企业技术创新绩效，增强企业竞争能力，而且可能成为关键技术的重要突破口。神华集团主要通过建立技术创新管理组织、完善技术管理制度、开展技术交流、积累自主创新能力等途径，将企业内外部各类技术要素进行有效整合，为技术创新平台的运行提供技术支撑。

1. 建立技术创新组织

建立完善的技术创新组织架构是技术资源整合的首要基础。神华集团设立了技术委员会、专家咨询委员会、技术中心、院士工作站、博士后工作站等，与相关科研院所、高校与企业建立了战略联盟，组建了技术创新基地，形成了精干高效的技术创新网络组织。在技术创新过程中不断完善神华技术委员会，充实神华专家咨询委员会和专家库，加强决策层的建设，各子(分)公司设立独立的科技管理部门，专职负责子(分)公司科技发展、技术创新管理工作，如图 6—2 所示。

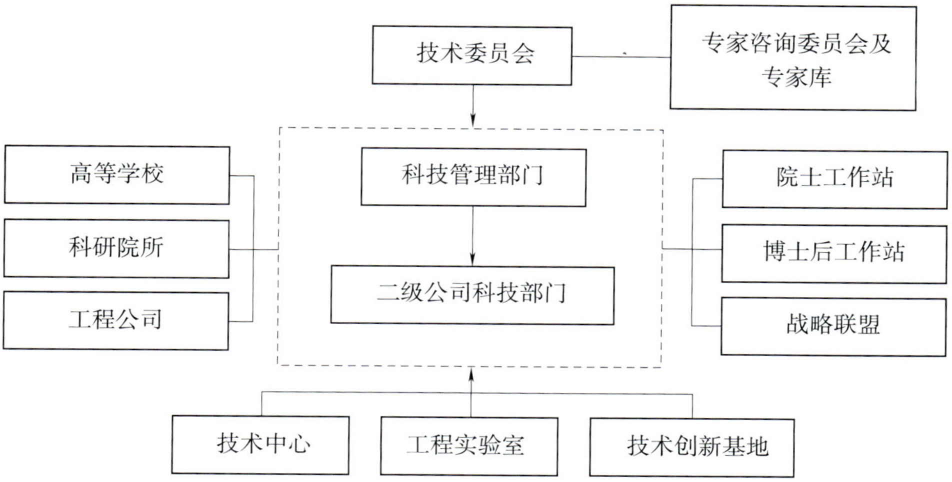

图 6—2　神华集团技术创新组织架构

神华集团公司及各二级、三级公司的科技创新管理部门是技术创新管理机构，其职能如表 6—1 所示。

表 6—1　神华集团科技创新管理机构与职能

管理机构	设立位置	职　　能
集团公司科技创新管理部门	集团公司总部	统筹科技创新战略规划、制定政策和规章制度、整合与优化配置科技资源，国家级科技项目和集团公司重大科技项目的组织实施，对外技术合作与交流，负责集团直属研发机构管理工作，对二级单位科技创新工作的考核和监督等
二级企业科技创新管理部门	各主要生产型子公司	围绕本单位发展中的技术问题组织科技创新工作，统筹制定三级单位科技创新工作的任务与计划，并对三级单位科技创新工作考核和监督等
三级单位科技或兼有相应职能的部门	厂、矿等三级单位	落实科技创新具体的各项计划、任务，推广应用科技成果和组织开展群众性技术创新活动

2. 完善技术管理制度

神华集团相继制定了《科技开发项目管理办法（试行）》、《科技开发项目招投标管理暂行办法》、《科技开发项目验收评审暂行办法》、《科学技术奖励暂行办法》和《科学研究成果档案编制与管理办法》等制度，逐步建立了从项目立项、科研管理、验收评审、成果转化到成果奖励的一整套科技开发管理制度，有效提升了科技创新管理水平。

3. 广泛开展技术交流

技术交流是不同技术创新主体传递信息，以推广科技成果和先进技术为主要目的，使科技成果迅速转化为生产力的有效手段。重载技术发展是一个持续动态的过程，必须准确及时传播信息，以确保满足适应要求的最先进的技术。重载铁路相关技术会议是重载铁路技术交流的主要形式，如国际重载会议是由国际重载运输协会（International Heavy Haul Association，简称 IHHA）与会议举办国行业主管部门共同召开。IHHA 致力于追求先进的重载铁路运营、工程、维护技术发展与进步，通过采集相关知识，组织相关国际和地区会议、专家技术会议和专家研讨会等来达到推动重载技术发展的目的。每四年在某会员国举办一次，一般举办五天，讨论国际重载技术宏观的发展情况。

2009 年 6 月，首次在我国上海市举办了第九届国际重载会议，主题为“重载运输的创新、实践与发展”。来自世界各国的铁路重载运营商、装备制造商、研究咨询机构及重载线路设计施工和维护企业等代表 500 多人共聚一堂，共同交流重载运输技术及管理创新的经验。神华集团在会上做了“朔黄铁路重载运输研究和发展”专题报告，从朔黄铁路重载运输的概况、创新、研究、发展四个方面阐述朔黄铁路以改革开路、科技先行、创新贯穿始终的发展思路，以及在建设和运营过程中关于投融资、建设管理、运营模式、经营机制和企业文化等方面取得的一系列创新成果，同时介绍了正在开展的轮轨关系及延长钢轨寿命技术研究、大轴重重载列车技术研究、重载铁路桥梁和路基检测与强化技术研究和 80 t 级自卸式煤炭漏斗车研制四个重大课题的进展情况。此外，神华重载铁路根据自身发展现状和不足，就技术创新过程中遇到的技术难题，与国内外相关领域优势企业开展了广泛的技术交流。如与株洲南车时代电气股份有限公司就“SS_{4B} 电力机车再生制动电阻改造”项目理论原理、实施可行性和技术方案进行技术交流；与上海交通大学机械系统与振动国家重点实验室就“铁路轮轨噪声机理分析与控制”进行交流；与北京唐智科技发展有限公司就“钢轨断裂车载非接触快速监测技术”进行交流；与美国 Bentley 软件大中国区总代理就“综合监测数据运营决策和轨道资产管理”进行交流。

2014 年 1 月，重载铁路建设养护与安全研讨会在朔黄铁路公司召开，国家铁路局、中国铁路总公司、中国铁道学会以及重载铁路建设、运营、维修、科研等各部门、各领域专家和现场工作人员积极参会，其中发表的意见和研究成果涉及重载铁路施工技术、工务维修技术、大功率机车装备制造技术、专用货车车辆制造技术、通信信号及信息化、运输组织和管理、建设和运营安全保障、新材料技术与质量监督、建设维修装备及检测技术、国外重载铁路技术发展等方面内容，这对重载铁路建设运营实践具有重要的指导意义。

4. 积累自主技术能力

自主研发是企业为了解决技术创新过程中遇到的难题，运用企业自身的技术储备、人力资源以及资金，自力更生解决问题的手段。对于自主研发的产品或者技术，企业都拥有其完整的自主知识产权。自主研发是相对于技术引进、模仿而言的一种创造活动，是指通过拥有自主知识产权的独特核心技术以及在此基础上实现新产品价值的过程。

自主研发主要依靠创新主体自身的力量进行创新，创新所需的核心技术来源于内部的技术突破，摆脱技术引进、技术模仿对外部技术的依赖，依靠自身力量、通过独立的研究开发活动而获得，其本质就是牢牢把握创新核心环节的主动权，掌握核心技术的所有权。自主创新的成果，一般体现为新的科学发现以及拥有自主知识产权的技术、产品、品牌等。

神华集团拥有丰富的重载铁路技术成果，这很大一部分都是神华集团自主研发的结果。例如，主持的铁道部项目“既有线重载路基基床质量的评估”，对既有路基系统的原位检测评估方法进行研究，系统总结了核子密度湿度法、标准贯入试验法、动力触探法等原位方法和电法、瞬态面波法、跨孔波速法等物探检测方法；主持的科技部项目“既有线提速路基综合评估及加固技术的研究”，建立了探地雷达等物探方法检测与历年轨检资料分析、原位勘察相结合的评估办法，根据物探和轨检分析结果及有关资料，将路基划分为一定特征的区段，选取每种特征的代表性区段作详细的勘察，形成了一套完整既有线路基综合检测评估技术，检测评估方法完全适用重载铁路路基。

6.2.2　人才要素整合

人才资源特别是高层次人才是重载铁路技术创新平台中最宝贵的资源，优秀的人才可以为平台带来智力支持，也可以通过有效管理来提高平台运行成效。技术创新是促使产业结构优化升级的关键，而做好技术创新的重要手段则是加强创新人才的培养与素质的提高。技术创新与成果转化的关键是人才，尤其是具有创新能力的人才。在某种意义上讲，创新人才对于技术创新起到决定性作用，创新人才在技术创新平台的构建、改造、升级中发挥巨大作用，创新人才的雄厚积累有助于平台创新能力的提升。

神华集团坚持“以人为本、人才强企”战略，坚持“自主培养为主，加快人才引进”相结合，利用神华的资金优势、产业优势、技术优势、装备优势不断发掘、培养、引进各产业高层次、高水平研发人才、技术人才和管理人才。

1. 自主培养创新人才梯队

神华集团实施“十、百、千”人才工程，即选拔十名享受集团副总师级待遇的神华专家，下属企业及总部中选拔出百名子公司级专家，从基层矿、处、段中选拔上千人的技术能手和创新带头人。神华集团以“三位一体”技术创新基地为培养平台，以神华管理学院为主要培训基地，实施创新型人才培养计划，注重科技人才职业生涯规划设计，强调管理、研究、试验、工程技术等各层次科技人才的专业化、针对性培养；充分利用博士后工作站、神华研究院及与神华建立战略合作关系的高等院校等，培养高层次、高水平技术人才；制定不同层次、不同形式的科技人才培养制度和办法；建立企业首席专家或专业带头人制度，逐步实行技术要素参与分配的薪酬制度，以科技人员的岗位绩效为基础，促进形成科研成果和掌握核心技术，不断提升企业竞争力；依托集团公司路港运输等重大工程，培育科技领军人才与稳定的研发团队和技术创新群体，形成金字塔式的人才梯队；参与国际科技合作与交流，每年委派优秀科技人才出国学习、工作、培训和参加学术会议、开展学术交流；加强职业技术教育，培育适应神华科学发展的应用型人才和创新型技能人才。

其中神华集团包神铁路公司按照“人员集中、设备集中、费用集中”的原则，采取“请进来，走出去”的方式，将员工培训分为集中培训、委外培训和岗位培训三种形式。公司根据基层单位培训计划，由单位按时组织选派人员，培训中心组织集中办班；对于新技术、新设备的适应性培训，中层管理人员培训，主要技术岗位尖子队伍培训、技术人员培训，主要以院校、路局、厂家等进行实地培训；采用编写应知应会题库、编制学习卡、班前提问、每日一题、读书活动、技术革新、技术比武等形式，进行岗位培训。

另外，2007 年神华集团朔黄铁路公司启动“136 人才工程”计划。计划至 2010 年，共培养出 100 名中高级经营管理人才、300 名中高级专业技术人才，600 名中高等级的技能人才。公司每年认真选拔业务技术精和有创新精神的业务骨干继续深造，截至 2010 年，共选送 861 人次外出进修。同年，公司设立了博士后工作站引进高层次人才，加强与北京交通大学、中南大学、西南交通大学等高校的战略合作，提升研发水平。公司先后荣获第八届国家技能人才培育先进单位突出贡献奖、2006 年度集团人才培育先进单位，其中 1 人获全国技术能手称号、2 人获中央企业技术能手称号。

2. 积极引进高层次科技人才

神华集团以技术创新基地建设为平台和依托，引进国际知名科学家和科技领军人才，以及相关领域科技管理人才和关键技术研发人才；制定有利于引进高层次人才的政策，以住房、科研经费、研发条件、福利待遇等方面的优厚条件，吸引科技领军人才；注重待遇留人、事业留人、发展留人、感情留人等多种方式的结合，确保顺利引进并留住高层次科技人才，使其在神华平台上发挥更大的作用。

神华集团对创新平台组织实行“人性化”的人员管理、“项目化”的工作管理、“学术化”的自身管理；采取“竞争机制与宽松环境相结合”、“学术创新与奉献精神相结合”、“招聘、吸引优秀人才与自觉、自愿参与相结合”的管理机制，从而实现先进技术装备、重大项目、高水平成果和杰出人才的协调统一。

神华集团高度重视人才工作，在人才引进方面走在中央企业的前列。截止 2011 年，神华集团引进的海外高层次人才中已有 13 名入选“千人计划”，还有 8 名通过了国资委初步评审。还积极选聘博士、硕士，为神华事业发展储备人才，2011 年共招聘了 118 名博士，598 名硕士。

3. 系统规划技术创新人才管理

神华集团根据企业发展战略，从长远利益出发，对企业创新人才机制做出系统的长远规划。首先进行人才需求分析，依据企业战略要求与内外环境的变化，对企业所需创新人才进行数量及质量分析，确定创新人才储备规划目标；依据创新人才储备规划，制定实施创新人才调整计划、分配计划、补充计划、素质提升计划、退休解聘计划，达到创新人才结构的优化与平衡，为企业发展储备优良创新人才，从而实现创新人才机制与企业战略的有机结合，为企业战略服务。

4. 充分利用合作单位智力资源

由于重载铁路技术创新的复杂性，仅靠神华集团的人力资源无法完成如此艰巨的任务。因此，神华集团通过加强与科研院所、高等院校及其他企业合作，共同开展纵向或横向课题研究，充分利用合作单位的智力资源开展技术创新。

神华集团联合科研院所、高等院校、企业共同承担了多项纵向及横向课题的研究，参与人数众多。例如由神华集团朔黄铁路公司牵头申报的项目“轴重 30 t 以上煤炭运输重载铁路关键技术与核心装备研制”获国家科技部科技支撑计划立项，充分利用和整合了相关合作单位的人才资源：中国铁道科学研究院投入研究人员121人，其中副高级职称以上共48人；齐齐哈尔轨道装备有限责任公司投入人员14人，其中副高职称以上人员12人；株洲电力机车有限公司投入人员15人，其中副高职称以上人才9人；中铁二院工程集团公司投入6人，其中副高职称以上共4人；华为技术有限公司投入6人，全部为副高职称以上人才；中铁第四勘察设计院集团公司投入人才8人，其中副高职称以上7人；浙大网新集团有限公司共投入50人参与项目，其中副高职称以上9人。项目的实施可以将国内重载铁路技术研发一流企业的人才整合起来，共同为突破重载铁路技术瓶颈贡献力量。

6.2.3 资金要素整合

资金是保证重载铁路技术创新平台运行的基本条件，无论是技术设备的购置与运行还是人才的引进与激励都离不开资金的支撑，特别是在市场条件下，技术创新平台的激励机制最关键的还是依靠资金的保障。资金要素对重载铁路技术创新平台构建与运行的作用在于：从企业内部保障技术创新所必需的经费，使得技术创新的组织能够正常运转，技术创新人才的培养、引进能够正常进行，并能够调动技术创新人才的积极性和创造性，设备、物资的供应能够满足技术创新的要求，以及既有重载铁路技术的引进能够顺利进行，从而为开展技术创新提供良好的基础；在重载铁路技术创新网络组织层面，资金要素的整合为经济机制起作用提供了重要保障，使得各合作单位能够在经济协议的调节下自觉地向技术创新的目标努力，使各合作单位在经济激励的促进下充分调动积极性和创造性。

1. 加大科技创新投入

神华集团重载铁路技术创新平台资金来源主要依靠集团自身投入。神华集团通过加大科技创新的投入，有力地支撑了重载铁路技术创新平台建设，企业技术创新能力不断提高，重载铁路技术水平正向国际先进水平迈进。神华集团将技术创新项目所需资金纳入财务预算，有力保障了技术创新项目资金使用；形成技术创新投入保障长效机制，并逐步提高技术创新资金和研发资金投入占营业收入的比例，“十二五”期末研发投入比例将由2010年的0.8%提升至1.2%以上。

2. 争取外部资金支持

神华集团加大对国际合作项目、国家各类科技计划项目、各级政府机构和组织设立的技术创新项目的争取力度，逐步提高外部支持的技术创新资金占集团公司整体技术创新资金投入的比例。如神华集团朔黄铁路公司联合中国铁道科学研究院等单位共同申报国家科技支撑计划，搭建“轴重30 t 以上煤炭运输重载铁路关键技术与核心装备研制”平台，拓宽该技术创新项目的资金来源渠道。该项目设备研制和试验研究总经费概算为19 200万元人民币，其中申请科技部支持3 000 万元人民币，用于研制部分关键设备及相关试验研究，其余经费由神华集团和朔黄铁路公司配套投入，用于大轴重货车、大功率交流机车、移动宽带无线通信系统研制和基础设施强化技术研究、智能控制系统软硬件平台研究、综合示范段工程实施。

神华集团还通过其他途径积极拓宽技术创新资金筹集渠道。如积极引入科技融资、优惠信贷、风险投资等市场化资金筹集方式，改变目前单一的技术创新资金投入渠道，有效地减小资金投入风险、降低资金投入成本、提高资金使用效率。通过重载铁路工程建设的预算资金，专门预留一部分资金作为重载铁路技术创新资金，保证重载铁路建设过程中技术难题的解决。

3. 规范资金使用管理

在资金投入与使用上，采用技术创新资金全面预算管理与相关专项资金投入相结合的方式。具体而言，对于重大技术创新项目、技术创新基地等建设、科技成果转化应用与产业化、科技奖励激励、科技人才队伍建设、科技投资等技术创新活动资金实行全面预算管理。经批复的集团公司各管理部门、分公司、直属研究机构的技术创新活动经费由集团公司直接拨付使用；经批复的子公司（包括全资、控股、相对控股）承担的集团技术创新活动经费由其自有资金先期支付和使用，在当年绩效考核的经营成本外单独反映，在进行年度绩效考核时视同利润；经审核备案的各级企业自行开展的技术创新活动经费可进入各级企业年度经营预算，符合规定的可计入年度考核统计范畴。

6.2.4　信息要素整合

在技术创新过程中，信息与知识的沟通至关重要，充分地整合与共享各个参与主体间的知识和信息，将有助于技术创新总体目标的实现。重载铁路技术创新平台的构建，其重要功能目标就是要实现信息与知识的整合与共享，使得平台内各个主体之间的信息顺畅，协调工作，为技术创新机制的运行创造良好的基础。科学决策的做出，需要有足够的决策信息作为支撑，在重载铁路技术创新平台中，各个主体可以就某一技术创新决策问题充分发表建设性意见，这些意见作为决策的依据和参考，有助于科学决策。激励机制的运行，同样需要大量的信息，神华集团需要了解被考核对象的创新实施状况，以此作为制定激励政策的依据。协调机制的运行，需要建立在信息充分整合和共享的基础上，通过信息的沟通，对创新过程中的各种风险、利益冲突进行排解。

神华集团紧跟国家重载铁路发展规划、政策信息以及世界重载铁路技术最新发展，通过相关期刊、网站、会议等渠道获取国内外重载铁路发展技术和人才信息，开展技术交流，如国际重载协会举办的国际重载会议、中国铁道学会举办的铁路运输技术装备发展研讨会等；积极鼓励科技人员发表论文和著作，对于在国内核心期刊以上刊物发表论文的作者，报销版面费并给予奖励；设立集团著作出版专项基金，支持著作出版；鼓励向高层次的国际学术论坛、研讨会投稿，经录用的论文作者，可公派出席会议。

6.3 重载铁路技术创新平台主要形式

神华集团在重载铁路技术创新实践中，通过产学研合作研发、专项课题研究、合作工程试验、产业技术联盟、科研工作站等多种形式搭建技术创新平台，实现创新资源有效整合与共享，提升技术创新能力。

6.3.1 合作/委托研发

合作/委托研发形式的出现一方面是由于重载铁路运输企业对于技术需求层次的提高，承担技术开发风险的能力增强；另一方面是由于成熟技术存量不足，许多技术项目需要通过合作/委托研发、优势互补的方式攻克技术难关，实现高技术产业化。委托/合作研发是神华集团目前产学研合作的最主要形式，是一种虚拟的重载铁路技术创新平台。神华集团与高等院校、科研院所、装备企业等主体按照市场经济运行规律，以共同利益为基础，以新技术、新工艺或新产品应用等为手段，明确合作目标、合作期限和合作规则，通过资源共享和优势互补，共同参与重载铁路技术创新全过程，形成了产学研合作研发模式。通过搭建委托/合作研发平台，神华集团与其他创新主体进行技术联合，实现技术资源的共享与交流，既节省时间、资金，又提高技术水平。

合作/委托研发彻底改变了传统的内化式创新观念，为科技创新的可持续发展开拓了广阔空间。据统计，2004年至2013年10月，神华集团共批准朔黄铁路公司立项的科研项目51项，科研金额达到33314.74万元；朔黄铁路公司立项的科研项目38项，科研金额达到1966.2万元。如朔黄铁路公司与中国铁道科学研究院、西南交通大学、北京铁路局、美国铁道科学研究院(TTCI)等单位合作进行“朔黄铁路轮轨材质及匹配性研究”；朔黄铁路公司与中国南车株洲电力机车有限公司就“大功率交流传动电力机车研发”展开研究，都是委托/合作研发的成功典型。

神华集团牢牢把握住委托/合作研发的主动权，在充分利用自身丰富技术储备的技术上，吸收其他科研单位的科研成果，共同努力进行科学研究，达到整合和利用技术创新资源的目的。在创新过程中，通过技术学习、知识交流等手段，掌握了研究开发的核心，使得自身的技术能力得到大大提升。

6.3.2 专项课题研究

神华集团针对重载铁路领域的基础理论问题和重大共性技术难题，联合相关科研院所、高校、企业共同申报并承担国家有关部委的科研课题，联合攻关，搭建专项课题研究平台，不仅有利于形成重要的理论方法成果、工艺技术和产品成果，形成先进有效、成熟实用的技术体系，成果实现产业化，而且有利于拓宽技术创新资金渠道，解决神华集团技术创新资金投入问题。专项课题研究是神华重载铁路技术创新平台的重要形式。

例如，朔黄铁路公司与中南大学、铁三院等单位紧密协作，针对重载铁路桥梁和路基病害突出、缺乏有效检测与强化技术等问题，依托国家863项目，搭建“重载铁路桥梁和路基检测与强化技术”研究平台，研究内容及目标主要包括：研究重载运输条件下静动力性能的检测技术，形成具有我国自主知识产权的道床与路基连续检测技术；研究重载运输条件下桥梁和路基结构安全预警的多水平准则和相应的状态评估标准，建立重载铁路桥梁和路基的评估体系；形成技术先进、经济合理的重载列车运行条件下桥梁与路基快速加固和养护维修技术。该项目形成了一套具有自主知识产权的桥梁与路基检测技术，对重载铁路桥梁与路基故障检测及预防具有重大意义。目前，该项目已通过验收，形成的技术创新成果在朔黄铁路以及国内其他重载铁路中得到应用。

6.3.3 合作工程试验

工程试验是技术创新成果检验及应用的必经环节，神华集团依托自身铁路网的优势，为合作单位或产业联盟单位搭建研究—试验平台，为重载铁路技术创新提供了广阔的工程试验和验证平台。

例如，在重载铁路路旁斜向水泥土桩加固新技术研究过程中，为了克服路基常规加固方法要中断行车或加固效果不理想的问题，以中南大学、铁三院为主体的课题组提出重载铁路路旁斜向水泥土桩加固新技术。通过模型试验、计算分析和现场试验，确定了斜向水泥土桩加固既有路基的关键设计参数和设计方法，明确了斜向水泥土桩加固路基的施工工艺、设备集成和检测要求，并编制了《重载铁路运行条件下路基快速加固技术指南》；将斜向水泥土桩法应用于朔黄铁路 DK269 段路基病害整治中进行工程验证，表明该技术专门针对既有铁路路基加固工程，施工工艺明确，施工简便、快捷；不需要上道或天窗时间，不影响正常行车，且可保障列车运行速度 80 km/h。此后，斜向水泥土桩法在朔黄铁路路基加固中逐渐得到了推广，石太客运专线多处路基病害整治也采用了该技术，有效控制了既有铁路路基的沉降变形，施工中列车运行速度达到了 120 km/h。

在进行神华大轴重交流传动电力机车研发过程中，为了适应神华集团铁路运输发展需要，提高列车运行安全性，挖掘神朔、朔黄铁路运输潜力，株洲电力机车有限公司在神朔铁路、朔黄铁路开展了列车牵引制动试验。在神木北—神池南间试验区段进行 4 台电力机车牵引试验，试验机车牵引方式为 2 +2；在神池南—肃宁北间试验区段进行 2 台电力机车牵引试验，试验机车牵引方式为 1 +1 方式和双机重联。试验内容包括静置试验、空气制动静置试验和列车运行试验。该试验对神华大轴重交流传动电力机车的研制起到了重要作用。

6.3.4 产业技术联盟

产业技术联盟是有效整合人才、技术和信息资源的技术创新平台形式。神华集团从实际条件出发，坚持走合作创新、协同创新之路，合理配置外部科研力量与内部研发资源，采取走出去、请进来的方式，与西南交通大学、北京交通大学、中南大学、哈尔滨工业大学、铁道科学研究院等单位建立了广泛的战略合作关系，签订战略合作伙伴协议。同时，在重载铁路技术与装备研发过程中，与中国中铁、中国铁建、南车集团、北车集团、铁二院、铁三院、铁四院、华为集团等工程设计、施工单位、工程咨询单位以及设备供应商进行合作创新，在多学科、多领域开展了多边技术交流，形成重载铁路产业技术联盟。产业技术联盟平台的搭建既锻炼了神华自身的科技队伍，也充分利用了社会科技力量，最大限度地提高创新效率和降低创新风险。

6.3.5　科研工作站

为提升神华重载铁路技术创新水平，尽快实现依靠自主创新支撑神华事业可持续发展、引领重载铁路行业科技进步、提升国家核心技术竞争力的战略目标，神华集团勇于承担中央企业自主创新战略试验田的角色。为充分发挥院士及其创新团队的智力资源优势，神华集团建立了院士工作站，将院士专家科研力量融入企业技术创新体系，为神华发展战略的制定和实施、自主创新能力的提升等提供智力支撑，实现科技与生产直接对接，提高核心竞争力；聘请土木、铁路、机械、材料、信息、管理等领域的院士作为神华专家咨询委员会成员，为神华重载铁路重大决策提供技术支持，并建立重大科技创新项目咨询和指导的长效机制。神华集团院士工作站是解决神华科技创新中实际问题的“智囊团”，在帮助企业开展决策咨询、技术论证、高层次人才培养等方面发挥了重要作用，在协调院士专家等高层次智力资源与博士后工作站联动合作、共同发展方面做出了有益探索。

为积极吸引高端科技人才从事重载铁路技术与装备相关课题攻关，促进人才要素的整合，经国家人事部批准，2006年朔黄铁路发展有限责任公司博士后工作站挂牌成立，并与中国科学院科技政策与管理科学研究所博士后流动站、北京交通大学博士后流动站等联合招收博士后研究人员。

6.4　重载铁路技术创新平台支撑作用

重载铁路技术创新平台是提升神华重载铁路运输能力、实现可持续发展的迫切需要，重载铁路技术创新平台是重载铁路技术创新成果形成、应用和推广的基础，是攻克重载铁路共性技术难题、提升重载铁路技术能力的重要载体。构建重载铁路技术平台的根本目的是实现技术创新资源整合、组织协同，使各方主体在统一的组织框架下开展技术创新活动，从而推动技术创新成果的产生、缩短技术创新活动与创新成果应用的路径，提高技术创新效率。具体来说，平台对重载铁路技术创新的支撑作用主要体现在实现资源整合、加强组织协同和促进工程应用等方面。

6.4.1 实现资源整合

实现资源整合是重载铁路技术创新平台的基本功能。重载铁路技术创新平台对技术创新资源配置具有重要的基础作用，通过平台将企业内外部资源整合，实现资源整体功能的倍增。技术创新平台对创新资源的整合体现在如下5个方面：

（1）内部资源凝练：神华集团通过建立技术创新组织与制度，促进企业内部技术创新人、财、物资源的聚集、整合，使企业内部技术创新资源积累、凝练与升华。

（2）外部资源内化：通过搭建技术创新平台，形成协作创新网络，吸收外部技术人员参与技术创新，通过引进外部技术节约自主创新所需资金、缩短技术创新周期，使外部资源为企业学习、掌握和拥有，拓展企业的资源边界。

（3）内外资源协同：企业内外部技术创新资源相互融合、相互渗透，产生协同效应。技术、人才、资金、信息是技术创新过程中的重要资源，神华集团作为一个能源企业，要引领整个重载运输技术创新过程其难度是可想而知的，首要的困难便是资源的限制。重载铁路技术创新平台的构建，充分利用各个参与主体的技术、人才等方面的积累，整合各方面的力量，形成技术创新的合力。

（4）资源配置与利用：综合配置和利用内外资源，使企业拥有的内外部资源发挥最优效应，实现由“单点”对“单点”连接转变为“单点”到“多点”连接再结成“网”的飞跃，提高企业现有存量资源的潜在价值。

神华集团通过开展产学研合作，整合内外部相关资源，形成创新组合优势；以市场机制为导向，积极开展国内外科技合作与产学研联合科技攻关，提升创新能力；与相关企业、优势互补的制造业或科技型企业集团在技术开发与应用研究等领域结成战略合作关系，以及与有关科研院所、高等院校紧密结合，共同解决神华重载铁路技术创新的各种技术难题。

6.4.2 加强组织协同

重载铁路技术创新具有技术集成性，其实现技术创新必须依赖于多个不同类型的组织之间协调合作才能顺利完成，但多个参与主体在创新过程中的目标和利益诉求不尽相同。为了实现各自利益及技术创新目标，要求各个主体将创新活动的整体价值作为共同的目标，这就决定了在创新过程中需要进行高效的组织协同。

同时，重载铁路技术具有很强的专用性，体现为专业技术的专用性，有时也体现为重载铁路技术整体的专用性。对于专用性很高的技术，由于其应用范围比较窄，回报不高，通常情况下，单一企业缺少投入大量资源开发此类技术的动力，而必须由重载铁路的最终用户承担此类技术创新的主要成本。因此，重载铁路技术创新的实施应以神华集团为主导，高等学校、科研院所、设备供应商及制造商、咨询单位等联合参与。

神华重载铁路技术创新平台通过合理配置外部科研力量与内部研发资源，采取走出去、请进来的方式，与国内外众多高校及科研院所、技术相关企业、优势互补的制造业等建立广泛的战略合作关系，加强产学研联盟，明晰知识产权，保障创新系统中人才、资金、技术、信息等创新要素在系统中无障碍流动；通过构建激励约束机制、协同合作机制和评价反馈机制，充分调动技术创新各参与主体的积极性和创造性。各参与主体以契约和信任为纽带，通过契约的形式明确各方权利和义务，并通过相互之间的信任，使各个主体能够在创新目标的统帅下和神华集团的统一部署下按部就班地进行技术创新。技术创新平台的构建营造了良好的创新环境，激励各参与主体不断增强创新意识，加大投入，使各创新主体按照一定的秩序和内部联系组成整体，形成整体创新能力大于个体创新能力之和，实现协同效应，最终实现重载铁路技术创新目标。

据不完全统计，2001 年至 2010 年，国内外 100 多家研发机构的科技人员近两万人次参与神华集团 100 多个科技创新项目的研发和科技合作与交流活动，这其中就有相当一部分与重载铁路技术创新直接相关。如此庞大的技术创新网络的顺利运行依赖于技术创新平台提供的组织协同功能，使技术创新能够顺利进行。

6.4.3　促进工程应用

由于神华集团重载铁路技术创新平台以需求为主导，技术创新紧紧结合企业运输需求进行，客观上要求实现技术创新成果与工程应用的无缝链接。同时，神华集团拥有自己的煤炭运输铁路网，为技术创新成果的工程试验和应用提供了便利的条件。因此，技术创新平台拥有工程应用的功能。

神华重载铁路技术创新平台运行过程主要依托三大类项目：一是国家层面的纵向科研项目，主要解决重载铁路领域的基础理论问题和重大共性技术的研发，探索我国重载铁路技术共性技术，为我国整个重载铁路技术的发展提供支撑；二是依托神华铁路新建项目及既有技术改造项目，解决工程建设过程中遇到的一系列工程难题，这些实际的技术创新需求转化为横向科研项目加以攻克。另外，神华产业技术联盟企业也结合神华集团实际需求开展技术创新项目研究。这两类项目的研究以及产业联盟企业开展研究都离不开工程试验，需要通过工程应用检验研究效果，并将试验过程中发现的问题及时反馈给研究人员，通过不断的研究—试验—研究，使得技术创新成果满足工程需求，实现技术创新目标。

重载铁路技术创新平台的工程应用功能解决了科研成果与实际应用相脱节的问题，做到研有所用、见到实效。工程应用功能加强了技术创新成果转化和应用，使神华铁路科技含量和科技贡献率不断提高，铁路运输综合能力显著增强，为建设世界一流重载铁路奠定了良好的技术基础。

第7章 机制驱动技术创新

科学高效的技术创新机制使各技术创新主体、各活动环节之间的作用关系密切互动，是提升重载铁路技术创新水平及效率的重要保障。为提升技术创新动力，推动技术创新平台高效运转，神华集团根据重载铁路技术创新内在规律，构建有效的技术创新机制，通过文化引导、制度保障、对标促进和执行控制，实现对技术创新立项选题、团队协作、资源配置和成果考核的激励约束、协同合作与评价反馈等，促进了重载铁路技术创新持续良性发展。

7.1 重载铁路技术创新机制驱动模型

在任何一个系统中，机制都起着基础性作用，重载铁路技术创新系统亦是如此。良好的机制能规范、助推技术创新活动，形成技术创新过程必不可少的驱动力。重载铁路技术创新机制构建基于两方面考虑：一方面根据需求明确重载铁路技术创新目标，如何最大限度地激发各技术创新参与主体的积极性和能力，使参与主体自觉地投入技术创新活动中，以提高技术创新活动的效率；另一方面，如何充分共享和整合整个技术创新系统的资源，开展协同合作，以达到单方利益和系统利益最大化。神华集团根据技术创新的客观环境，遵循技术创新活动的内在规律，应用机制设计理论、激励机制理论和协同合作理论等基本理论，构建了科学高效的技术创新机制；并通过将技术创新过程的经验总结、反馈和传承，形成一个螺旋式上升的循环过程，推动技术创新活动的发展。重载铁路技术创新机制驱动模型如图 7—1 所示。

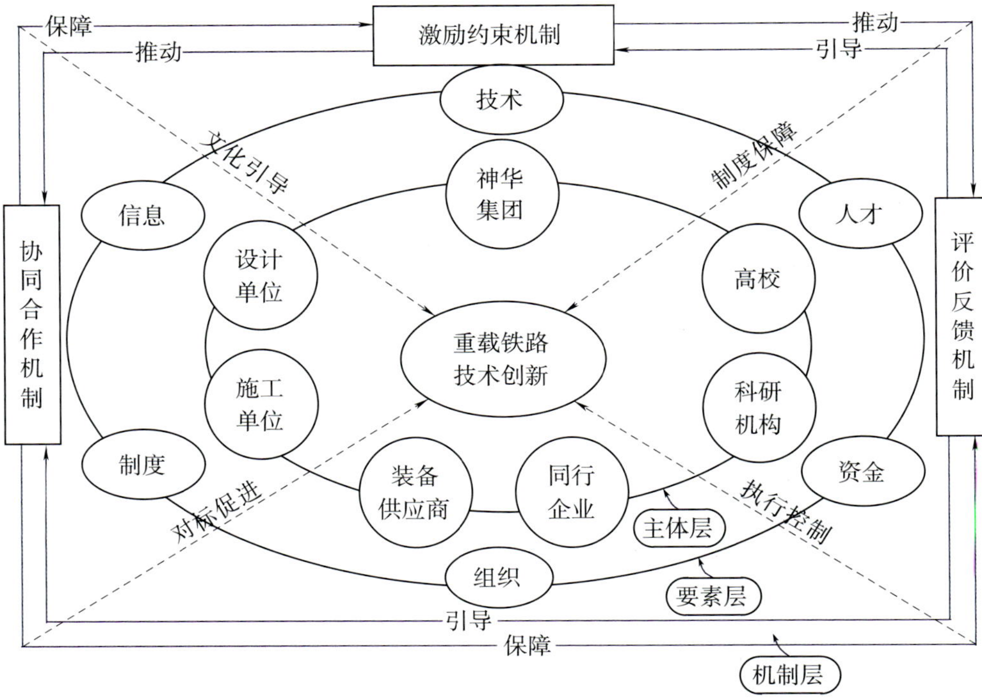

图 7—1　重载铁路技术创新机制驱动模型

神华重载铁路技术创新机制驱动模型包括主体层、要素层和机制层，各层之间相互作用，共同促进技术创新系统的运行。神华集团作为主导企业，组织各技术创新参与主体，围绕重载铁路技术创新目标，整合技术创新要素，在技术创新机制的驱动下，通过文化引导、制度保障、对标促进和执行控制等措施，开展技术创新活动，取得显著成效，实现经济效益和社会效益。

1. 主 体 层

重载铁路技术创新参与主体涉及不同部门和不同性质的合作单位，量多面广，主要有神华集团及各子(分)公司、科研单位、高校、设计单位、施工承包商、供应商和同行企业。各主体既是技术创新的推动者，又是技术创新的实施者，它们直接影响技术创新各机制的运行，在技术创新中处于主体地位，同样，技术创新机制又影响也引导和规范着各主体的创新行为。

2. 要 素 层

重载铁路技术创新要素层包括组织、技术、人才、资金、信息和制度等。组织是指在技术创新总体目标的指导下协同工作的人群实体，通过建立一定的机构，分工与合作，从而协调各参与主体行为；技术是技术创新必不可少的要素之一，对各个先进技术进行集成优化，在此基础上加以创新；人才是技术创新过程中知识的主要载体，不同专业人才之间相互配合，相互协同，共同致力于技术创新活动；资金泛指重载铁路技术创新过程中所需的财力投入，用于购买技术和设备；技术创新系统内部存在大量的信息，技术创新其他五个要素之间都通过信息进行联系，技术创新系统内部与外部的交流也有赖于信息的传递；制度是指在技术创新过程中为保障机制正常运行而制定的一系列管理制度，是管理理念、管理措施的固化，技术创新机制最终的实现依赖于有效的制度。

3. 机 制 层

激励约束、协同合作和评价反馈是技术创新的助推剂、保障体和监控器，三者相互关联、相辅相成、缺一不可，共同形成技术创新系统的内动力。激励约束程度高，技术创新意愿强，能更好地进行协同合作；协同合作效果好，各方关系融洽，便于评价反馈；评价反馈及时，能更有效地进行激励约束，更好的开展协同合作。

（1）激励约束机制的推动作用

激励约束是技术创新活动中最为行之有效的管理方法，具有很强的可操作性。激励能增强参与主体主动创新的动力，约束则增强参与主体被动创新的动力，二者是一个整体，相互促进、相互影响。激励约束从物质、精神和产权三个层面对技术创新各参与主体进行奖惩考评，显著地推动技术创新向前进展。

（2）协同合作机制的保障作用

协同合作是合作基础上的协同，也是协同影响下的合作，二者的融合能产生“1 +1 >2”的效应。合作是一种和谐思想，在合作的状态下进行技术创新，各方的技术创新愿望更强，减少诸多不必要的冲突，保障技术创新的顺利进行。充分应用协同原理在合作的基础上开展技术创新，整合多方资源，充分发挥协同效应，获得更好的合作效果。

（3）评价反馈机制的引导作用

评价反馈是技术创新过程中不可或缺的环节，评价的科学性以及反馈的及时性，引导参与主体更好地进行技术创新，使之在既定的方向上前进而不至于产生偏离。评价反馈机制一定程度上揭示了各参与主体在整个技术创新过程中的绩效和不足，使各参与主体能及时地调整自己的行为以更好地推动技术创新。

7.2 重载铁路技术创新机制构成

神华重载铁路技术创新机制由激励约束、协同合作及评价反馈三个子机制构成，三个子机制具有各自的内涵和实现形式。

7.2.1 激励约束机制

激励约束机制是重载铁路技术创新机制的主要内容，是调动技术创新各参与主体积极性的一种机制，目的就是使创新活动能够适应外在压力，产生内在动力。激励就是将适当的外部刺激转化为人的内部心理动力，激发和鼓励人的积极性、主动性和创造性；约束就是通过一整套科学、系统的规章制度约束人的行为，从而保障技术创新有序进行。

1. 激励约束的目标

神华集团采取各种激励约束手段来促进技术创新活动的开展。首先，从组织外部采取措施调动整个技术创新网络组织各创新主体的积极性，通过创造良好的技术创新环境，鼓励各参与主体积极进行技术创新，推动整个创新活动的发展；其次，从组织内部采用适当的激励约束，调动集团内部科技人员及相关管理人员的创新积极性，正确引导员工的工作动机，使他们在实现组织目标的同时实现自身的需要，增加他们的满意度，从而使他们的积极性和创造性继续保持和发扬，使员工的行为目标与组织目标一致。

2. 激励约束的形式

技术创新呈现多因素、多目标和多阶段的特点，其所处的环境复杂多变，具体表现为创新者的创新动机受内生动机和外生动机的共同作用，这决定了技术创新激励约束的形式要量多面广，物质激励约束、精神激励约束和产权激励约束，按适当方式结合使用。物质激励、精神激励和产权激励是对人们物质需求和精神需求的满足。物质激励约束是基础，精神激励约束和产权激励约束才是根本。从社会角度来看，社会经济文化发展水平越低，人们的物质需求越高；而社会经济文化水平越高，人们的精神需求越高。具体的激励约束形式如图 7—2 所示。

（1）物质激励约束

物质是技术创新激励约束的基础资源，物质激励约束就是从满足人的物质需要出发，对物质利益关系进行调节，从而激发人们创新动机并控制其创新行为的趋向。加薪、奖金等形式是实现物质激励约束的主要形式。

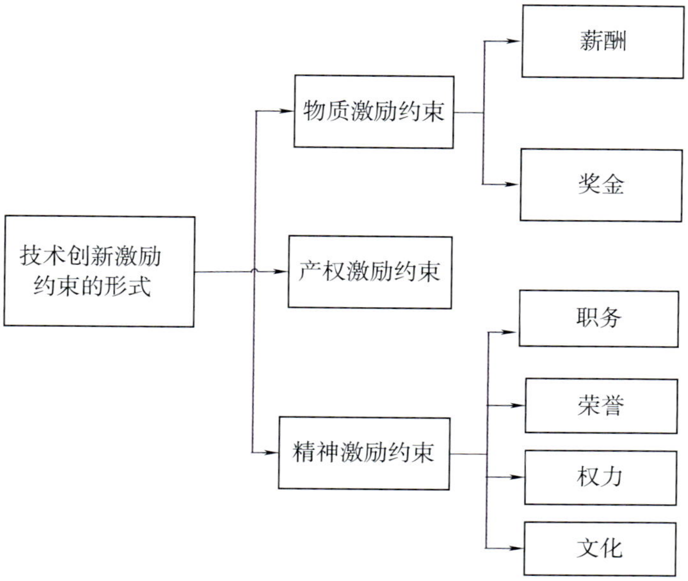

图 7—2　技术创新激励约束的形式

（2）精神激励约束

当物质激励约束达到一定程度后，其边际效应就会明显下降，应当采用精神激励约束的方式以达到效果。精神激励约束就是从满足人的精神需要出发，对人的心理施加必要的影响，从而产生激发力，影响人的行为。人除了具有物质需要之外，还具有信任、表扬、荣誉、称号、认可、尊重和自我实现等精神方面的需要。因此，开展重载铁路技术创新主要从职务、荣誉、权力等方面实现精神激励约束。

（3）产权激励约束

产权激励约束是对人力资本的首要激励约束，是最具激励约束效应的途径与方法。通过产权合约的形式将技术创新成果所有权分配给创新者，是产权激励约束的一种有效形式。产权激励约束采用期权、股权、技术入股、技术作价、技术分红等激励约束手段，给创新者带来丰厚收益。

神华集团为了调动公司各级研究机构、各研发团队和广大科技管理、研发人员开展科技创新工作的积极性、主动性和创造性，确保技术创新实施的顺利、高效，逐步建立并推行科技创新激励和奖励的制度和办法。在原有科技进步奖、论文奖基础上扩大科技奖励范围，设立“神华集团自主创新杰出人才奖”、“自主创新专项奖”和“五小活动明星奖”等奖项。提高奖励标准并实现奖励方式多样化。逐步提高科技进步奖、论文奖、专利奖及各类新设奖项的奖励标准，同时采用对获奖集体和个人采用多样化的奖励方式，注重物质奖励与精神奖励相结合，在物质奖励基础上采用对获奖人员资助出国旅游、延长年度休假时限、赞助出国进修等多种方式进行奖励。

同时，建立积极有效、灵活可操的激励方式，强调奖惩分明、注重长期激励，包括绩效工资、分红、员工持股、总奖金、知识工资、灵活的工作日等。在成果显著、具备完善财务核算条件的前提下，在部分子(分)公司试点技术要素参与分配机制和成果转化激励机制，在相应时间段内按成果年净收入的3% ~5% 奖励成果创造者和转化者；探索和试点建立了产权激励机制，在具备条件的直属研究机构等，对作出突出贡献的人才可以技术、专利等生产要素参与收益分配，或实行期权和股权激励。四是实行严格的科技人员评估、考核与晋升机制，推行以岗位管理为核心的聘用制，实行竞聘上岗制度，形成以能力和业绩为主的各类科技人才考核体系，形成能上能下、能进能出和优胜劣汰的竞争氛围。

7.2.2 协同合作机制

重载铁路技术创新涉及科研、设计、施工、设备、信息等多个方面，是一种以多主体协作为基础的技术创新。神华集团通过对各参与主体的技术创新目标、利益、文化和冲突进行协调，保障技术创新过程高度的协同合作，促进技术创新各主体之间信息的有效共享，提高组织间的学习效率，实现重载铁路技术持续创新。

1. 协同合作创新的流程

(1) 确立协同合作目标

重载铁路技术创新以明确有效需求作为技术创新的起点，在此基础上，明确要解决的关键技术难题；同时在充分了解项目参与主体自身的技术资源储备的基础上，评估现有技术储备水平；再将技术难题与现有技术水平进行匹配，确立协同合作技术创新目标。

(2) 研发关键技术

在明确待解决的技术难题并确立协同合作目标的基础上，根据企业自身的技术水平，区分自行研发的技术和外包技术；选择部分技术外包给合适的企业或组织；与供应商一起协作创新，在计划的时间内提出技术难题解决方案或研发关键技术。

（3）新技术应用

新技术应用包括从技术应用方案设计、新技术实施直至应用评价的整个过程，这个过程既包括新技术的实际应用，也包括新技术的完善提炼过程。

（4）成果总结

技术创新项目完成后，及时组织技术人员进行创新成果总结，向有关部门申请专利，申报奖项，使技术创新成果发挥更大价值。

2. 协同合作创新的途径

神华重载铁路技术创新协同合作，以技术创新项目成功为目标导向，以协同合作创新理论为指导，以关键要素的协同管理为实施重点。良好的协同合作依赖于目标协调、利益协调、文化协调和冲突协调，这也是实现技术创新协同合作的四大途径。

（1）目标协调

技术创新在横向上有多元化参与主体的各自不同经营目标，纵向上有创新进度、成本和创新质量等控制内容，由此形成了纵横交错的多目标体系框架。创新管理是为了实现预先设定的一系列创新目标，实际上就是一种追求创新目标的过程。技术创新目标体系构成具有多指标、多层次性特点，从系统科学角度来看，这些目标组成了整个创新目标系统，目标系统内各个子系统之间相互关联和制约，追求单一目标的最优会导致各目标子系统之间协调程度降低而产生负效应，技术创新目标系统的协调有利于各方更好的协同合作。在明确创新目标体系基础上，通过一定的目标整合程序对共同目标进行整合，使得技术创新目标系统协调得以实现。

（2）利益协调

技术创新各参与主体之间协同合作的根本动因是利益，随着技术创新复杂性的增加，技术创新协同合作的主体数量越来越多，技术创新网络组织结构也更加复杂，协调其利益分配成了亟待解决的现实问题。

神华重载铁路技术创新在实施过程中，其技术创新的主体构成、技术创新投入、技术创新目标、运作风险等随着市场的变化而不断变化，技术创新本身具有动态性特征，使其利益协调方案不能简单地按照静态投入来度量。因此，必须考虑各种不确定性因素作为利益协调的依据，建立兼顾投入、收益和风险的利益分配模式，对各技术创新协同合作主体的利益进行协调，保证技术创新协同合作的顺利进行。

（3）文化协调

技术创新各参与主体构成技术创新网络组织，组织文化是成员理解组织内外现象的过滤器，影响群体之间的价值观融合。组织文化面临着文化兼容性和文化集成性的挑战，其协调和整合有利于技术创新协同合作的实现。技术创新文化协调应明晰技术创新文化内涵和文化差异的基础上，通过相应的技术创新文化建设途径和措施，促进技术创新协同合作。

（4）冲突协调

技术创新多主体的网络组织结构决定了其参与主体存在着多种矛盾和冲突。在技术创新协同合作过程中，由于技术创新项目具有唯一性、一次性、多目标性和生命周期性等特征，不可避免会产生矛盾和冲突。冲突在技术创新中是普遍存在的。技术创新冲突协调需要明确技术创新冲突的来源，在此基础上构建技术创新冲突处理系统，并逐步完善冲突处理方式，为技术创新协同合作的顺利进行提供保障。

神华集团致力于与同行企业、参与单位在技术开发与应用研究等领域结成战略合作关系，以及与有关科研院所、大专院校紧密结合，发挥集团公司管理、资金等方面优势与科研机构人才、技术等方面的优势，共同解决神华当前和今后面临的各种技术难题。在技术创新过程中注重相关方目标、利益、文化和冲突的协调，建立科技成果共享制度，充分发挥大型企业集团在技术创新中的协同效应和收益放大效应的优势，按照优势互补、风险共担、利益共享的原则，在成果转让、技术开发、人才引进与培养等方面，积极与国内外研究机构交流与合作，形成紧密型的战略伙伴关系。同时，促进集团公司科技资源有效利用和内部技术的低成本扩散，最大限度地获得技术创新效益。

7.2.3 评价反馈机制

依据动态控制原理，评价反馈机制是实现技术创新动态控制关键环节。通过建立科学合理的评价指标体系、选取恰当的评价方法，对企业技术创新运行绩效进行考核评价，分别对投入、过程、产出等方面的成效与不足进行反馈，充分揭示神华重载铁路技术创新内在运行规律与成效。根据技术创新运行状况来调整未来的行动，促进技术创新形成“构建→运行→反馈→改进→重建”的螺旋提升与持续完善。评价是对技术创新过程的反映，反馈是评价的目的之一，评价是进行反馈的基础。

1. 评价反馈模型

（1）技术创新评价反馈模型的构建

重载铁路技术创新评价反馈模型构成包括评价主体、评价客体、指标体系、评价标准、评价方法、评价程序等六个要素，如图 7—3 所示。评价主体和评价客体是评价机制中的两个重要因素，确定评价的实施者和被评价对象、评价的指标体系、评价标准、评价方法以及评价程序是进行评价不可缺少的构成要素。

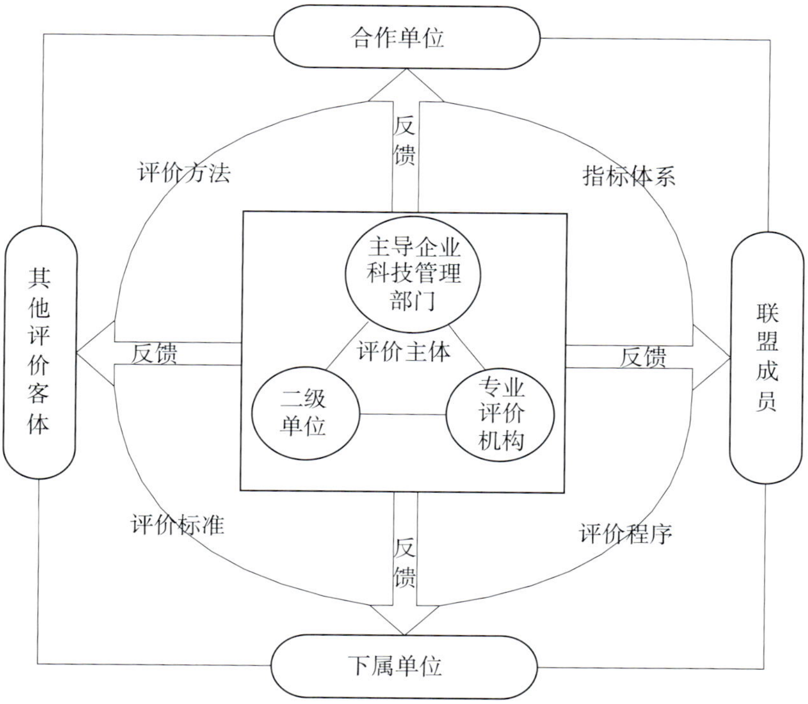

图 7—3 重载铁路技术创新评价反馈模型

（2）技术创新评价主客体

技术创新评价主体是指组织、执行技术创新评价的机构和部门，神华重载铁路技术创新评价的主体由集团科技管理部门、二级公司科技管理部门和专业评价机构等构成。集团科技管理部门主要负责集团层面上与之有合作关系的合作单位的绩效评价以及对二级公司的绩效评价；二级公司科技管理部门主要负责本级公司层面与之有合作关系的合作单位的技术创新评价以及对下属单位的创新绩效评价；专业评价机构是独立的第三方评价机构，对评价客体的计划的实现程度、资源投入的效益、完成的效果和影响、组织管理的有效性等内容进行客观评价，提供详细的评价报告。

技术创新评价客体是指被评价的对象，分为企业内部和外部两个部分，内部包括企业下属的各个二级单位及其下属单位；外部包括参与重载铁路技术创新的各个参与主体、合作单位以及战略联盟中的联盟成员等。

（3）技术创新评价标准与方法

评价标准是判断评价客体是否符合评价主体要求的基准，表现为具体的文字或语言表述，表述的内容主要包括评价主体对客体要达到的目标和发展方向的要求。在具体的评价指标建立后，专家通过判断每个指标是否到达某个级别要求来对指标进行评分。

确定评价指标和标准后，通过采取一定的评价方法来获取创新评价信息，实现对评价指标和评价标准的应用，取得所需的评价结果。科学的评价方法对绩效评价而言，与指标体系、评价标准的地位同等重要。

（4）技术创新指标体系

技术创新评价指标是整个创新评价体系的关键，对评价结果起着决定性作用。评价指标是依据评价对象的目标、任务和定位等来设计，全方位反映评价对象的运行状况和进行同类对象绩效水平高低的比较。遵循指标体系构建的原则和程序，基于创新投入、创新过程和创新产出三个方面，及“事前、事中、事后”三个环节，从经济指标、技术水平、社会效益三个方面，构建重载铁路技术创新绩效评价指标体系。

（5）技术创新评价指标权重

评价指标体系中各指标的权重很大程度上影响重载铁路技术创新绩效评价的结论，因此，指标权重的获取至关重要。指标权重获取的方法包括以层次分析法、德尔菲法等为代表的主观赋权法，也包括以主成分分析法、最大熵权技术法等为代表的客观赋权法。指标权重获取方法可根据实际需要进行选择，亦可选用综合赋权法，既能兼顾主观偏好又能保留客观信息。

2. 评价反馈程序

神华集团在制订评价指标体系和评价标准基础上，由评价主体对技术创新绩效进行评价工作，其流程包括如下几个阶段：

（1）前期准备工作

为了顺利完成评价工作，评价主体依据重载铁路技术创新学科领域的特点，精心策划，认真做好评价的准备工作，获取客观、真实的、与待评价内容相关的原始信息。

（2）初步评价

初步评价是评价反馈的重要环节，通过听取重载铁路技术创新直接责任人的工作报告，实地考察典型重载铁路技术创新活动、访谈个别研发人员、专家讨论评议等各个环节，完成对重载铁路技术创新各方面工作的具体评价，形成客观准确的初步评价意见。评价主体在评价早期对初步评价工作流程及其功能进行通知说明，使评价工作充分发挥作用。

初步评价工作结束后，评价主体提交的有关资料包括：技术创新评价综合意见书、技术创新评价打分表、技术创新数据核查表、技术创新评价个案分析、技术创新评价专家个人意见书、技术创新评价总结等。

（3）综合评价

评价主体在初步评价结束后，在初步评价的基础上进行综合评价，确定重载铁路技术创新绩效的分级，即确定高、中和低三个级别的创新绩效结果。综合评价主要内容包括：听取重载铁路技术创新相关工作总结报告；审阅评价材料和初步评价书面意见；根据评价指标体系和评价标准进行评价打分。

（4）形成评价结果上报

汇总所有的评价统计结果，在评价主体负责人的主持下由各专家进行比较、评议，形成评价意见，汇总形成重载铁路技术创新的评价结果并报集团公司相关部门及领导。

（5）评价结果的管理与反馈

由科技管理部对评价结果进行归口管理，对评价总体结果以及分项指标评价结果进行进一步挖掘分析，形成书面文件，向集团领导及各分公司、子公司、技术支持企业等传达评价结果，并要求重载铁路技术创新管理各相关组织、个人在限定时间提交整改措施方案，以改进管理不足、持续提升技术创新绩效。

神华集团为了保障技术创新目标的成功实现，逐步建立完善的技术创新评价考核体系。结合国务院国资委对央企实施的EVA（经济增加值）考核，以及集团公司“五型企业”考核，构建服务整体、指标合理、程序科学、突出实效、注重能力、兼顾长远的集团技术创新评价考核体系。以创新体系与机制、创新投入、创新效益、创新成果与贡献为主要指标，强调技术创新能力的培养和提升。根据技术创新规划分解任务、落实责任，积极推动各级企业建立科技创新目标责任制，建立因地制宜、注重实效的基层企业技术创新考核指标体系，在考核指标的设置上，重点从科技投入、新产品开发、核心技术知识产权、科技成果转化、群众性“五小”创新活动、人才引进与培养等方面考虑，全面分解、量化基层企业绩效考核指标。对所有技术创新活动开展两个“三评价”，即事前、事中、事后的“三评价”和经济指标、技术水平、社会效益的“三评价”，并将两个“三评价”结果作为评估、考核科技创新活动主体、科技创新活动效果的主要依据。

7.3 重载铁路技术创新机制运行

神华集团在重载铁路技术创新过程中，通过创新文化的引导、相关制度的保障、对标管理的促进、执行过程的有效控制，实现神华重载铁路技术创新机制的有效运行。

7.3.1 文化引导

文化是指导技术创新的灵魂，对重载铁路技术创新整个过程发挥重要的指导作用。创新文化是指与创新相关的文化形态。文化引导必然以提升创新能力为目标，通过文化引导组织的建立、创新文化体系的构建，实现从观念引导到行动实现的过程。

创新文化引导就是为员工营造民主、宽松、和谐、团结、奋发向上的工作氛围和人文环境，使员工在领导力的驱动下迅速反应，快速执行。神华集团将企业的创新文化与技术创新相结合，通过创新文化推动技术创新的发展，不断适应外界环境的变化，持续提高技术创新能力。

1. 创新文化引导组织

创新文化建设是一项有战略意义、长期的系统工作，为确保创新文化引导能顺利发挥作用，必须有专门的机构和人员来负责这项工作。朔黄铁路公司在此方面进行了有益探索，成立“创新文化引导委员会”，下设“创新文化工作小组”，形成自上而下、层层推进的创新文化管理模式。

创新文化引导委员会的工作职责为研究、制定、完善创新文化建设方针政策和规划措施；组织、指导、监督创新文化建设工作的实施；协调有关部门、组织开展创新文化建设活动。创新文化引导工作小组在创新文化引导委员会的领导下贯彻公司关于创新文化建设的方针政策，落实领导小组的决定和要求；负责规划每年开展企业创新文化建设的工作内容和具体细则等；负责撰写每年创新文化建设总结报告；负责提交创新文化建设提升建议；负责开展与创新文化建设有关的其他未尽事宜。

2. 创新文化体系

经过10多年的开拓进取和不断创新，以朔黄铁路公司为代表的神华集团运输板块逐渐形成了自己独特的创新文化体系，如图7—4所示。

(1)“源于国铁，优于国铁”的核心理念

创新文化根源于企业最深层的核心理念，没有思想上的解放和突破，

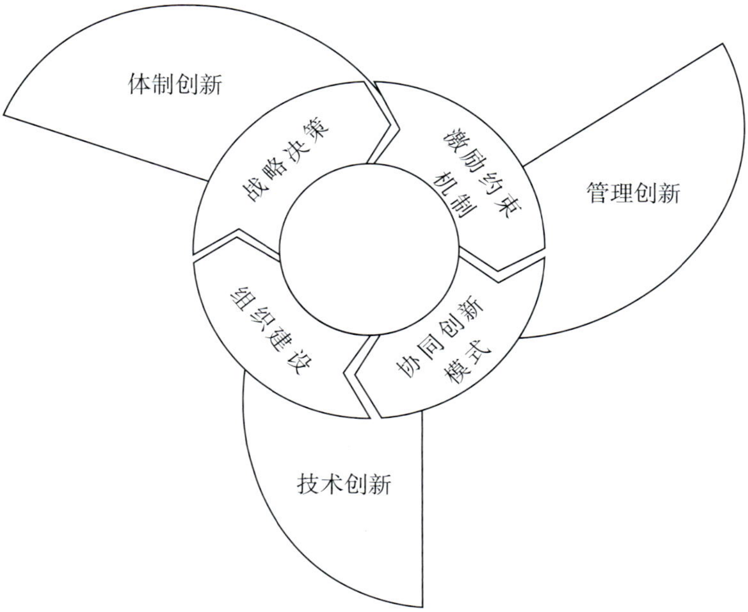

图 7—4　朔黄铁路公司创新文化体系

就不可能产生指导企业发展的崭新文化。“源于国铁，优于国铁”是朔黄铁路公司的建企之基、立企之本、兴企之道，其核心是创新，精髓是扬弃，要害是观念，关键是机制。

朔黄铁路公司高层决策者在创业之初就提出“源于国铁，优于国铁”的核心理念，是建立在大量调研的基础上，经过深思熟虑的慎重决定，体现了对市场经济内在规律的准确把握和对现代企业制度的深刻理解，表现了决策者敢于突破常规、勇于开拓创新的胆略和魄力。这一核心理念既承认铁路运输企业共同的普遍性，又充分考虑到朔黄铁路自身的特殊性，在吸收和继承国铁优秀传统文化的基础上进行大胆创新。

朔黄铁路公司一方面有创新理念的正确指导，另一方面由于起点高、历史包袱小，因此更容易在管理模式、经营机制、用人与分配制度等方面大刀阔斧地进行创新，形成特色鲜明的创新文化。

（2）“立足创新、勇于超越”的战略决策

朔黄铁路公司在“源于国铁，优于国铁”核心理念的指导下，自建设之初就提出“三高三新”，即“高起点、高标准、高质量、新技术、新机制、新纪录”的战略决策，致力于建设国内乃至世界一流的铁路运输企业。

创新文化的特征就是不断超越自我，突破旧有模式的束缚，实现更高水平的发展。朔黄铁路公司的创新文化是一个与时俱进的开放系统，集中表现在对待外来优秀文化成果上，只要是有利于提高公司竞争力、有利于公司的发展壮大、有利于股东和员工的根本利益，无论是国内的还是国外的，都要借鉴和吸收，并在此基础上进行探索和创新。“网运分离、条块结合、修程分管、管理综合”的朔黄模式克服了国铁传统管理模式的弊端，适应了铁路行业外部环境和朔黄铁路自身实际情况，不仅带来了巨大的经济和社会效益，也为合资铁路发展提供了有益借鉴。但是，朔黄模式并不是静止不变的教条，也需要在实践中不断完善创新。

（3） 岗位价值管理的激励约束机制

创新最终是由人来完成的，企业的创新落到实处需要每一位员工不仅具有创新意识，还要具有创新能力。朔黄铁路公司从一开始成立就在人才的“选、育、留、用”等环节上大胆创新，建立健全了劳动人事管理制度和激励约束机制，建立起了结构优化、层次分明、稳定高效的管理团队和高素质、高技能的员工队伍。

朔黄铁路公司在人员使用上坚持不唯身份重能力、不唯学历重业绩，打破身份界限，以实现岗位价值作为评判标准，全面推行优胜劣汰，极大地激励了全体员工的创新积极性。

朔黄铁路公司将科技创新投入、创新成果、创新绩效纳入分（子）公司绩效考核，建立了每年一次的科技创新绩效考核制度，对取得重大科技奖项或做出重大贡献的专业技术人员，在职务晋升、薪酬增加等方面给予优待政策。通过完善激励机制，充分调动各方面的创新积极性，将创新工作与企业目标、个人价值有机结合起来，推动实现全员创新和持续创新。

（4） 创新导向的学习型组织建设

积极向上的学习氛围是创新文化的显著特征，对创新活动的成效产生重要的影响。朔黄铁路公司结合铁路行业的特点，从建设标准化工队开始创建学习型组织，即通过营造一种学习气氛，使员工在工作的过程中不断学习，提倡学习和实践相结合，发现和解决生产经营中出现的新情况、新问题，使学习与创新相结合，不断激发员工的创新欲望，不断产生创新成果。

为此，朔黄铁路公司制订了完善的员工培训计划，鼓励员工不断学习新知识、新技术，适应不断变化的新环境，提高解决新问题的工作能力；

同时，公司为员工提供良好的物质文化环境，使员工解除后顾之忧，全身心地投入到工作学习中。公司还定期邀请国内外著名专家学者来讲课，开阔视野，增长知识，使广大干部员工感受到公司内部浓厚的学习气氛。

公司在建设学习型组织的过程中，大力倡导创新意识，广泛利用各种场合和媒介向员工宣传创新观念，使创新理念深入员工心里，内化为他们的价值追求，使创新成为员工自觉自愿的行为。另外，公司还鼓励员工在工作中不断提出创新建议，改进工作流程，提高工作效率，使员工的潜能得到最大限度的开发和利用。

（5）合作研发的协同创新模式

创新文化是一个开放系统，要求企业充分利用内外部资源加大创新力度，推进创新进程，争取早出创新成果并投入生产经营活动，产生巨大的经济效益和社会效益。

为此，朔黄铁路公司从实际出发，坚持以合作创新、协同创新模式为主，合理配置外部科研力量与内部研发资源，采取走出去、请进来的方式，与南车株洲电力机车有限公司、中国铁道科学研究院、西南交通大学、北京交通大学、中南大学、哈尔滨工程大学等单位建立了广泛的战略合作关系，在多学科、多领域开展了多边技术交流，形成了产、学、研紧密合作的开放型技术创新体系。

朔黄铁路公司广泛开展自主创新宣传教育活动，全面落实国家自主创新的有关政策，使重载铁路技术创新各参与主体都能切实意识到神华集团实施自主创新和科技领先战略的必要性和紧迫性和重大意义。倡导坚持科学精神，弘扬追求真理、大胆探索、开拓创新的科学品质；倡导遵循规律、尊重实践、实事求是的科学态度。努力营造鼓励科技人员创新、支持科技人员实现创新的有利条件，形成鼓励人才干事业、支持人才干成事业、帮助人才干好事业的工作氛围。大力培育和倡导崇尚创新、鼓励创业、宽容失败、竞争合作的创新文化，不断增强员工学习能力和科技素养。充分尊重职工的首创精神，动员和组织广大职工积极投身到建设创新型国际一流综合能源企业的伟大实践中来。近几年来，创新文化在朔黄铁路公司不断焕发生机，自主创新的“新引擎”和“文化能源”，带动重载铁路技术创新走出了一条特色之路。

7.3.2 制度保障

制度是企业推动创新活动的保障，这种制度是保障创新活动的硬性手段，使各项创新建设有章法可参照，有条款可遵循，避免了创新过程中可能出现的盲目性和随意性。通过建立有效的管理及考核制度，充分调动技术创新人员的积极性和主动性，最终保障技术创新目标的实现。

在神华重载铁路技术创新实践中，相关技术创新管理制度为技术创新活动开展提供了基本保障，体现在技术创新活动的激励约束、协同合作、评价反馈等相关制度设计中。

1. 技术创新激励约束的制度保障

在技术创新激励约束中，激励主体担负着制度设计的任务，制度作为有效激励约束的保障，对重载铁路技术创新目标的实现起着至关重要的作用。恰如其分的激励约束制度在提升技术创新人员的创新积极性的同时，还会规范他们的行为，从而有助于技术创新目标的实现。相反，不恰当的激励约束制度在压制技术创新人员创新积极性的同时，还会助长创新人员的懒散情绪及其他不利于创新活动顺利进行的因素，从而阻碍创新目标的实现。因此，在神华重载铁路技术创新活动中，制度设计者意识到激励与约束的统一性，充分考虑所处的文化、经济和社会背景，从而保障制度的可行性及有效性，实现制度、办法、规则形成梯度。

神华集团作为激励约束的主体，建立了《技术后备岗制度》、《技术人员培养考核管理办法》等激励约束制度，将技术创新、技术攻关等方面的成果作为晋升职称、提拔任用、评先树优的重要依据，极大地提高了技术人员的创新动力。为了奖励在科学技术进步工作中做出贡献的集体和个人，充分发挥科技人员和广大职工的积极性、创造性，努力开展科技开发研究、技术革新、技术改造和推广应用新技术、新成果，推进企业科技进步，不断提高企业可持续发展能力，制定了《神华集团公司科技进步奖奖励办法》，朔黄铁路公司还颁布了《朔黄铁路发展有限公司博士后科研工作考核及奖励办法》，以加强博士后研究人员在站期间的考核管理，对获得优秀博士后称号的，按规定，授予荣誉证书并发给奖金。

2. 技术创新协同合作的制度保障

技术创新过程中，完善公司内部科技创新体系组织，加强公司总部及分公司的科技管理部门人员编制及力量，加强与国内外企业、高校及科研院所的科技合作与交流，建立科研合作战略伙伴关系，加强科研组织平台建设，通过协同合作，发挥综合创新效力。积极利用技术创新战略联盟平台，拓宽核心企业整合利用科技资源的领域，提高整合利用科技资源的能力，强化整合利用科技资源的手段，伸长整合利用科技资源的触角。建立科技成果共享制度，集团公司立项的科技成果可在集团范围内无偿转让应用，充分发挥集团公司在技术创新中的协同效应和收益放大效应的优势。

朔黄铁路公司是技术创新协同合作主导企业的典型，公司制定了一系列相关的制度和管理办法，使得技术创新协同合作取得成功。公司相关的制度和管理办法对于技术创新协同合作的保障作用如下：

①《"五型企业"建设考核办法》适用于与公司签订"责任书"的原平分公司、肃宁分公司、机辆分公司、肃宁路畅达发展有限公司、神华铁路公安处等五个单位(以下简称责任单位)的年度业绩考核。其考核结果与责任单位的经理奖励基金、责任单位领导的绩效年薪挂钩。通过这个管理办法，明确了技术创新责任单位各方的权利义务，也为技术创新利益和冲突协调提供了保障。

②《朔黄铁路公司科技开发项目管理办法》第三条指出：科技开发项目管理内容包括：调研论证、项目立项(立项申报、立项评审、项目批复)、计划编制、项目实施(含中间过程控制)、项目验收(项目结题、成果鉴定、项目后评估)、经费使用、专家咨询和成果管理、知识产权保护、申报奖励和文整归档等。科技开发项目管理，对公司内实行分级管理的项目责任制，对公司外部单位实行项目合同制。该条规定为技术创新范围管理提供了依据，并且指出了合同制是技术创新主体之间协同合作的基本制度，为技术创新协同合作提供了基础保障。

第十四条规定：各承担项目的单位根据公司下达的年度科技开发项目实施计划，组织项目的实施，有两个及以上单位联合承担同一项目时，第一承担单位应与合作单位明确分工，签订合作协议，并认真执行。第十八条：按照科技开发项目实施责任书及技术合同的要求，各级领导和管理部门要认真对科技开发项目进行组织、协调和检查，规范各自的职责，保证项目正常实施。第十九条：科技开发项目组，要严格按照科技开发项目实施责任书及技术合同所约定的工作目标、技术参数和计划安排等，做好科技开发项目的研究、试制、试验、测试及成果资料的编制、审查和归档等工作。该条规定将技术创新拓展到了各参与主体，为技术创新的参与主体对各自的责任更加明确，能够避免不必要的冲突。

通过本办法中相关的规定，明确技术创新管理的内容和责任形式，使得技术创新中因管理范围和责任不明导致的冲突得到有效解决，为技术创新协同合作提供有效的保障。

3. 技术创新评价反馈的制度保障

一套完整的评价反馈制度有利于提高技术创新的效率，促进技术创新的良性循环。通过制度来规范神华重载铁路技术创新的评价反馈过程被证明是有效的。朔黄铁路公司制订了技术创新的科学评价和动态反馈的相关制度。

（1）《科学技术奖励暂行办法》明确了评价标准、申报程序和评审组织，规定“设立朔黄铁路公司科学技术进步奖评审委员会，由 9 ~ 15 人组成，一般两年调整一次。评审委员会负责评审公司科学技术进步奖，根据科技成果专业技术要求，亦可聘请相关专业的技术骨干参加评审。公司科学技术进步奖励的日常工作，由公司科技管理部负责。”

（2）《科技开发项目管理办法》明确了公司科学技术委员会有审查公司科技开发项目计划实施和经费使用情况，总结评价科技开发项目工作绩效活动等责任；提出要严格科研程序，做好开发项目的阶段性成果验收和结题验收，提交完整的成果资料，促进技术创新评价结果的反馈程序规范化。

7.3.3 对标促进

对标管理是达成企业战略目标的一种重要手段，是企业持续与标杆企业相比较而不断改善绩效的过程。对标管理工具的引入，不断推动着企业寻求卓越业绩的行业最佳实践，对实现神华集团创世界领先企业的目标具有重大战略意义。神华集团开展对标管理是实践创一流企业的有效形式，也具备相应条件和基础，其开展以行业对标和内部对标为主的对标管理工作在铁路运输行业中尚属首例。

神华重载铁路对标管理的目标是：围绕建设世界一流重载铁路的目标，按照“五型企业”的要求，建立起系统规范的“指标体系、评价体系及改进体系”三位一体的对标管理制度，形成“建标、对标、达标和创标”的良性循环，动态跟踪评价公司所处行业地位，不断发现差距和寻求最佳实践，将对标与日常管理紧密结合起来，持续改善各项业务流程、管理手段与管理方式，为企业绩效指标、管理水平和技术水平取得新突破提供支撑。

以朔黄铁路公司对标管理为例，通过对标管理，发现与国内外先进铁路公司的差距，从而挖掘技术创新点，是技术创新评价反馈的一部分，能够有效促进技术创新评价反馈工作，对标管理的促进作用反映在朔黄铁路公司对标管理工作的具体实践过程中。

1. 对标管理原则严谨，保证技术创新评价反馈的可持续性

朔黄铁路公司对标管理采取闭环管理、动态跟踪、全员参与和全面对标的原则，通过对标的结果实现动态、持续的评价反馈。

（1） 闭环管理原则

对标管理是一个分析自身—建立指标—确立标杆—寻找差距—分析原因—模仿创新—持续改进—赶超标杆的闭环过程，任何一个环节的缺失都将影响对标管理的预期效果。对标管理坚持指标评价与日常管理相结合，注重分析对标指标的影响因素，以此确定改进方向和措施。

（2） 动态跟踪原则

对标管理不是短期行为，而是根据公司不同阶段的发展需要，不断确定标的和完善指标、寻求新的标杆对象和不断发现差距和实现超越的持续过程。企业的发展环境和发展条件在变化，竞争对手以及行业领先企业的情况在变化，都要求对标管理不断进行动态比较。

（3） 全员参与原则

对标管理不仅仅是标杆团队的事情，而是涉及企业组织结构调整、业务流程重组、管理体制变革的系统工程，更是一个持续不断的过程，既需要领导的有力支持，也需要全体员工的配合参与。

（4） 全面对标原则

从争创一流的战略目的出发，朔黄铁路的对标管理不是仅局限于个别流程和个别绩效的对标，在对标内容上是涵盖安全、效率、效益、能耗等多个维度的全面对标，在对标范围上是逐步从公司整体延伸至基层的不同层面的对标。

2. 对标目标对象选择典型，保证技术创新目标的前瞻性

朔黄铁路公司对标目标对象选择的典型合理体现其对象选择考虑的因素全面，从这些重点考虑的因素出发，选择对标管理的标杆对象。朔黄铁路对标管理的标杆对象选择重点考虑以下几个因素：

（1） 运输企业

从世界范围看，随着现代信息技术、自动化技术、制造技术以及新材料技术等在铁路行业的广泛应用，铁路正朝着客运高速化、货运重载化和集装箱化方向飞速发展。重载运输技术的突破和日益成熟，极大地发挥了铁路在中长距离、大宗货物运输中的比较优势，代表了铁路货物运输领域的先进生产力，重载运输也是我国货运铁路发展的基本趋势。朔黄铁路是“西煤东运”通道的重要组成部分，其单元循环开行等运输特点适宜发展重

载运输。朔黄铁路大力发展重载运输，不仅是快速提高运输能力和运输效率，实现朔黄乃至集团战略目标的现实需要；更对推动整个铁路行业货运重载技术进步具有重大意义。因此，从公司的战略出发，朔黄铁路的标杆对象应当是国内外重载铁路运输企业。这既是朔黄铁路对标管理的基本要求，也是确保对标指标可比和改进措施可操作的前提。

（2）行业领先

朔黄铁路是我国目前已投入运营的合资铁路中技术装备水平较高、经济效益较好的铁路，在我国货运重载铁路中占据重要地位。因此，朔黄铁路的标杆对象应当是代表行业最高水平和拥有最佳管理实践的领先企业。对标杆企业的追赶与超越，也就是创国内乃至国际一流企业的过程。

（3）信息可得

信息的来源、质量和深度是关系对标管理成败的核心因素。尽管朔黄铁路对标管理不以竞争性对标为主，但考虑到对标对象包括国外铁路公司以及国内铁路现行体制的制约，信息获取仍然是朔黄对标管理的关键。为此，在对标管理的初期，标杆对象的选择应当尽量以上市公司为主，以保证对标信息的可靠性和可持续性。随着对标管理制度的完善，逐步与有关标杆企业建立对标管理战略合作关系，信息问题将得到更好地解决。

（4）对象多元

朔黄铁路的对标管理是全面对标，而不是仅仅针对某一指标或某一流程的对标。尽管朔黄选择的标杆对象是行业领先企业，但是，一般来说某个优秀企业往往只在某些方面较为卓越或拥有最佳实践，仅以某个企业作为标杆对象具有一定的局限性；而且，单个企业的管理实践不一定能很好地为我所用。因此，需要多元选择标杆对象。

遵循以上重点考虑的因素，朔黄铁路选择的标杆对象主要包括国外标杆企业和国内标杆企业，其中国外标杆企业包括：美国的五大一级铁路公司，分别为太平洋联合铁路公司（UPRR，Union Pacific Railroad）、北伯灵顿—圣塔菲铁路公司（BNSF，Burlington Northern SantaFee）、CSX 公司、诺福克南方铁路公司（NSR，Norfolk Southern Railway）、堪萨斯城市南方公司（KCS，The Kansas City Southern）。考虑到大秦铁路是我国重载铁路的典型代表，而且大秦铁路于 2006 年 8 月 1 日上市，是资产边界清晰的股份制铁路公司。因此，朔黄铁路对标管理选择的国内标杆企业是大秦铁路股份有限公司。

3. 建立对标指标体系，保证评价反馈数据的可行性

构建朔黄铁路的对标指标体系遵循以下原则：

（1）导向性原则。指标选择与促进朔黄铁路公司全面创新、创一流企业的对标管理目标激励相容，充分反映铁路运输企业的生产经营特点和发展规律特征，激励与约束企业持续改善绩效。

（2）系统性原则。铁路运输生产是一个复杂的系统，朔黄铁路对标管理是全面对标管理。因此，全方位、多维度地选择能够反映企业生产经营情况的指标。

（3）可比性原则。指标选择充分考虑指标内涵、统计口径、适用范围、测算方法等的可比性，能够满足横向与纵向对比的需要。

（4）可靠性原则。指标含义明确、简洁明了和易于应用，具有可靠的数据来源，确定的指标在现有核算体系中可以查到或者通过有关数据计算而得。

在上述原则的指导下，朔黄铁路建立了合理的对标指标体系，以保证评价和反馈的数据科学合理和可行。表 7—1 是朔黄铁路对标指标体系。

表 7—1　朔黄铁路对标指标体系

对标维度	指标名称	指标单位	计算公式
安全	亿吨公里安全事故率	起/(亿 t·km·年)	年事故数量/货物周转量
	亿吨公里死亡率	个/(亿 t·km·年)	年事故死亡人数/货物周转量
	事故损失金额	元	
效率	每公里用人	个/km	员工年中数/线路正线营业里程
	人均货物发送量	亿 t/人	年运量/员工年中数
	人均货物周转量	亿 t·km/人	年货运周转量/员工年中数
	货运机车日产	亿 t·km/台日数	年货运周转量/机车台日数
	货运密度	亿 t·km/km	货物周转量/线路正线营业里程
	机车牵引质量	万 t	
	货运机车技术速度	km/h	
	货运机车旅行速度	km/h	
	货车平均净载重	t	货物发送吨数/装车数
效益	成本收入率		年运营成本/年运营收入
	EBIT/营业收入		息税前营业利润/运营收入
	EBIT/期末净资产		息税前营业利润/期末净资产
	吨公里成本	万元/(t·km)	年运营成本/年货运周转量
	吨公里可控成本	万元/(t·km)	年可控运营成本/年货运周转量

续上表

对标维度	指 标 名 称	指 标 单 位	计 算 公 式
效益	收入增长率		(本年营业收入 - 上年营业收入)/上年营业收入 ×100%
	净利润增长率		(本年净利润 - 上年净利润)/上年营业收入 ×100%
财务状况	资产负债率		年末总负债/年末总资产
	资本支出/货运收入		资本支出/运营收入
能耗	能耗效率	吨标准煤/(万 t · km)	
人力资源	技术人才比例		中级以上职称人员/员工总数
	培训经费占工资总额比例		培训经费/年工资总额
科技创新	科研投入强度		科技开发投入/年运输收入
	获得国家或省部级科技奖励项数		
	获得国家专利项数		
信息化	信息化投入占总收入比重		信息化投入/营业收入
	信息化专职人员所占比重		信息化专职人员数量/员工数量
	获得国家软件著作权项数		
货运服务	出发正点率		正点出发列车数占出发列车总数百分比
	运行正点率		正点运行列车数占运行列车总数百分比

4. 对标管理流程科学，提高评价反馈过程的科学性

朔黄铁路对标管理的实施分为选定对标管理项目、指标比较与分析、实施改进计划、对标管理评价、持续对标等五个阶段，具体分为十四个步骤，如表 7—2 所示。

表 7—2 朔黄铁路对标管理实施过程

阶 段	阶 段 内 容	标 杆 管 理 活 动
阶段 I	选定对标管理项目	(1)分析企业现状，明确对标目标和方向
		(2)确定标杆对象
		(3)建立对标指标体系
		(4)制订资料和数据收集计划
阶段 II	指标比较与分析	(5)指标比较
		(6)差距分析
		(7)原因分析

续上表

阶　　段	阶段内容	标杆管理活动
阶段Ⅲ	实施改进计划	(8)与员工交流
		(9)拟定改进方案
		(10)激励与控制
阶段Ⅳ	对标管理评价	(11)对标管理综合评估
		(12)编制对标信息报告
阶段Ⅴ	持续对标	(13)建立对标管理数据库
		(14)对标管理的持续应用

对标管理的关键环节有：

（1）资料和数据收集。标杆对象资料和数据的收集尽量全面和多渠道，并认真进行验证和甄别，确保资料的可靠性。信息收集的过程既是完善对标指标体系的过程，也是建立对标管理数据库的基础工作。一般来说收集标杆企业的渠道主要包括上市公司定期报告、政府部门、行业协会或专业网站、公开出版物、网站、问卷调查、实地考查。

（2）差距与原因分析。认真分析企业与标杆企业有关指标存在的差距，并对造成差距的原因进行深入分析，将分析的重点放在造成结果差异的管理方式、业务流程等原因上，而不是简单地关注结果的排名。在此基础上，形成分析报告，内容包括指标对比、差距原因、最佳实践等。

（3）拟定改进方案。在与员工广泛交流和统一认识的基础上，充分吸收企业内外各方专家的意见，制定相应的改进方案，并在实施过程中分阶段评估方案执行情况，及时予以相应的调整。

（4）激励与控制。在对标管理过程中，定期检验对标工作进展情况，确保对标管理工作符合既定目标，主要包括以下一些措施：一是目标保证措施。健全对标管理组织机构，明确职责，将目标落实到人。制定对标管理的阶段性目标，逐层分解阶段性目标，并与日常工作紧密结合起来。二是过程控制措施。对照阶段性对标工作目标，掌握指标完成情况和预期效果，对影响改进措施效果的问题及时予以解决。三是监督评价措施。将对标管理执行情况与企业的业绩管理与考核有机结合起来，形成有效的激励与约束机制。

（5）对标管理评价。对标管理工作完成后，进行综合评价，系统总结对标管理的成效和不足，定期或不定期发布对标管理评估报告。

（6）持续对标。对标是一个持续不断的过程。不断发现新差距、新问题，寻求新的改进措施，从而不断更新对标管理的指标数据库和最佳实践库，将对标管理与企业的技术创新和经营管理紧密地结合起来。

5. 对标结论分析透彻，有助于找出差距和发现创新点

在对标原则的指导下，建立对标指标体系和对标管理流程，通过与国内外典型企业进行对标，分析对标结论，有助于找出差距和发现创新点。表 7—3 是朔黄铁路主要对标结论及分析，从中可以看出对标结论能够有效帮助朔黄铁路公司找出与其他企业的差距，促进其进行更深入的技术创新活动。

表 7—3　各铁路公司对标指标汇总

		单　　位	UPRR	BNSF	NSR	CSX	KCS	大秦	朔黄
效率指标									
每公里用人		人/km	0.95	0.78	0.74	0.90	0.52	34.09	15.29
人均货物周转量		亿 t・km/人	0.17	0.24	0.11	0.09	0.07	0.05	0.07
货运机车日产		亿 t・km/台日数	0.0026	0.0041	0.0025	0.0020	0.0014	—	0.0141
货运密度		亿 t・km/km	0.16	0.19	0.08	0.08	0.04	1.85	1.14
吨公里成本		元/(t・km)	—	—	—	—	—	0.059	0.045
效益指标									
成本收入率		%	76.3	78.3	75.4	71.1	78.9	56.8	40.6
息税前营业利润/运营收入		%	23.2	21.7	23.7	30.0	20.9	40.8	51.4
息税前营业利润/期末净资产		%	26.0	35.0	33.1	33.2	20.1	22.9	36.5
财务状况指标									
资产负债率	2008	%	61.1	69.4	69.4	63.5	64.5	35.4	38.3
	2007	%	59.0	66.8	66.0	62.8	65.0	26.6	50.6
	2006	%	58.1	66.9	64.4	63.1	65.9	14.0	49.7
资本支出/运营收入	2008	%	15.5	12.1	15.5	14.6	31.1	35.1	13.3
	2007	%	15.3	14.2	16.7	14.2	23.6	16.1	14.5
	2006	%	14.4	13.4	16.1	12.5	14.6	42.7	16.5
能耗指标									
能耗效率		t 标煤/(万 t・km)	0.079					—	0.054

可以看出，在效率方面，朔黄铁路的每公里用人和人均货物周转量远低于美国铁路，高于大秦铁路；货运机车日产远高于美国铁路；货运密度远高于美国铁路，低于大秦铁路；吨公里成本低于大秦铁路。这说明在效

率方面，朔黄铁路劳动生产率与国外公司相比仍然存在差距，但是设施、设备利用率与国外相比还是处于较高水平。在效益方面，朔黄铁路的成本收入率、息税前营业利润/运营收入、息税前营业利润/期末净资产均高于美国铁路公司，说明朔黄铁路具有相对较强的盈利能力和较高的股东回报率。在财务状况方面，朔黄铁路公司的资产负债率远低于美国各铁路公司，但高于大秦铁路公司。美国铁路由于处于发展成熟期，2009～2011 年资产负债率基本保持稳定；大秦铁路公司资产负债率逐年递增，主要是由于近几年不断有购买机车贷款等，负债中的其他应付款逐年增加，其中应付工程及设备款主要为应付铁道部 HXD 机车款及利息费，从 2007 底的 84 亿元增加到 2008 年底的 171 亿元。朔黄铁路资产负债率 2008 年比 2007 年有所降低，主要是由于长期借款逐年降低，并且 2007 年底负债中的一项应付股东股利已经支付。美国铁路公司资本支出占货运收入比重基本保持稳定，朔黄铁路公司 2009～2011 年也未进行大规模的资本投资，资本支出占运营收入比例也较为稳定，大秦铁路公司 2008 年的资本支出占运营收入比率明显高于 2007 年，主要是由于公司 2008 年初决定购置 HXD 型大功率机车 360 台、煤专用敞车 8 000 辆，截至期末已有 327 台机车和 5 340 辆 C_{80B} 型专用敞车交付并投入使用。并且大秦线、北同蒲线扩能改造工程于 2008 年完工转固。在能耗方面，能耗效率按照既有的热当量法即按照电力折成标煤系数 0.129 9 计算，朔黄铁路高于美国铁路公司的平均能耗，但是按照国际通行算法即按发电能耗折算，朔黄铁路的能耗应该约是 0.162 t 标煤/(万 t · km)，即能耗效率仍然低于美国铁路公司。

通过对标管理和对标结论分析，有助于明确神华重载铁路技术现状与其他典型铁路公司的差距，促进神华集团不断寻找重载铁路技术的创新点，实现持续创新的目标。

7.3.4　执行控制

在技术创新过程中，执行控制对重载铁路技术创新机制运行起着保障作用，神华集团在技术创新实践中大胆尝试，突破了过去铁路建设的常规做法，严格的过程控制保证了技术创新的成效。

1. 立项选题

(1) 对于符合国家、行业及公司科技发展战略及规划确定的研究方向并有利于推动降低成本、提高效益和增强核心竞争力的技术创新项目，在项目申报前做好必要的专利检索和分析，防止重复研究，并明确项目相关的专利申请等知识产权目标，研究成果能够直接投入应用或具有较强应用前景，实现研发成果转化和产业化。

（2）结合企业建设、生产、经营中的技术需求，研究确定需要申报的项目，严格按照国家有关部委的相关要求编制《立项建议书》和《立项简表》，并由相关部门负责进行审查和归口管理。

（3）对于申报的项目，组织相关专家对其进行初审，在此基础上进行评议和论证，最终形成审查意见，根据审查意见来作为立项的根据。

（4）在项目执行过程中若有调整，将调整计划正式发下的同时抄报神华集团科技管理部门备案。

2. 团队协作

（1）加强项目文化建设，树立与提倡相互协作、团队努力以及和谐共赢的文化风气，使技术创新过程管控起到事半功倍的效果。加强企业创新环境建设，努力营造鼓励创新的良好氛围。神华集团利用《朔黄铁路》等内部刊物，为员工搭建一个探索发展新思路的平台，广泛开展群众性科技创新活动，动员广大员工开拓思路，献计献策。

（2）坚持营造良好的外部环境，实现上下游企业的协同合作。例如，朔黄铁路公司自创业之初，就秉承"回报股东"的经营理念，按照董事会的要求，努力完成各项任务。同时，积极致力于外部环境的改善：一是加强与上游神朔铁路、下游港口的沟通协调，确保上游货源充足，下游运输通畅；二是加强与国家发改委等部门的联系，共同开展相关问题的研究，熟悉和掌握国家宏观经济政策；三是开展与北京市、天津市、朔州市、忻州市、沧州市、阳泉市、东营市等地方各级政府的沟通交流，把握铁路沿线区域市场动态，这些都为朔黄铁路公司顺利实现发展目标、不断开拓运输市场创造了良好的外部条件。

（3）在技术创新项目的实施过程中，神华集团注重对技术创新参与主体及其下属员工的认可与肯定，增强该主体参与技术创新的归属感，加强其与企业间的沟通交流，对其更好的完成项目建设工作，实现预期效益都会产生积极的促进作用，这种认同与肯定，有利于促进技术创新参与主体和谐外部关系，营造良好创新环境。

3. 资源消耗

（1）注重协同合作机制运行中信息流、物质流、资金流的过程管控。梳理信息在各主体间的流畅传递，有效保障技术创新相关材料、设备及时供应到位，拓宽技术创新资金支持渠道，保障技术创新的资金供给，做到资金管理科学有效。

（2）在重载铁路建设中，对提出技术优化方案、先进工艺或工法，并能够节省投资的技术创新行为，对该行为单位给予实质性的肯定与奖励。集团与该单位分成节省的投资额，或者由企业设置专项资金进行奖励，从而促进技术创新协同合作机制的长效运行。

4. 信息化建设

信息化建设有助于推动技术创新目标的实现，通过信息系统对各参与主体的信息进行综合集成，对技术创新资源进行合理配置，加强内部控制，进而提高技术创新的效率。朔黄铁路采用“大集中、扁平化”的模式进行信息化建设使公司信息化基础设施得到大幅度提升，实现铁路运输生产、资源管理、安全管控等方面的信息化。

（1）信息化建设过程中，坚持“先建业务能力，后建信息系统”的原则，以管理业务为主导，以信息技术作支撑。信息网络按照语音、数据、视频统一模式，实现在一个网络板块上开展多种网络业务，多网合一，以提高公司的工作效率。公司可视化运输实现运输视频监控和铁路安防合一，铁路运输视频会议和公安视频会议系统结合。

（2）构建资源管理系统实现效益提高、结构优化和精细管理，以财务管理为核心，以资产管理为基础，以人力资源为依托，以信息化技术为手段对财务管理、资产管理、人力资源管理、运输生产进行整合，同时考虑专业技术管理系统的接口，形成各专业管理共享资源，确保朔黄铁路安全运营、降低朔黄铁路维修运营成本。在统一的、标准化的数据管理基础之上，进行一体化实施。

（3）构建综合运输信息系统，建设铁路调度指挥中心，建立空天地一体的信息体系，提升铁路重载运输调度集中的系统，实现铁路综合调度指挥系统，完成全专业协同的运输生产板块。以调度集中为核心，各专业调度联合协作，集成计划调度、列车调度、机车调度、车辆调度、施工调度、供电调度、统计分析、救援指挥等系统为一体，根据运营管理的需要，实现信息共享、预测分析、实时监控、应变调整、科学决策。

5. 成果考核

（1）神华重载铁路技术创新的过程中，管理者注重加强组织领导，建立由技术创新各参与主体领导牵头、专人负责执行的过程管控体系和领导机构，实现技术创新的有序协调和高效运作。神华集团奖励评审委员会负责评审公司科学技术奖，根据科技成果专业技术要求，聘请相关专业的技术骨干参加评审。公司科学技术奖励的日常工作，由公司科技部负责。

（2）评价报告和出版物

评价成果通过多种报告的形式反馈，包括跟踪评价报告、实施效果评价报告、后评价报告、影响评价报告。具体的报告形式有进度报告、监理报告、执行效果报告、后评价报告、影响报告和专题报告。除了以上的专题研究以外，每次的评价摘要、成果要点，以《评价报告年报》、《评价过程摘录》、《评价成果》等形式反馈。

（3）成果反馈讨论会

不定期地组织评价成果讨论会，评价部门和技术创新实施人员共同讨论评价结果并达成共识。讨论的重点是未来应考虑的经验教训，包括技术创新管理各方面的调整和完善。讨论会增强了评价部门和技术创新实施者的联系，有利于对评价成果的理解，使之更容易被接受和采纳。此外，通过举行新闻发布会，专业会议以及内部材料等形式进行报告和扩散到社会各个方面。

（4）内部研讨和培训

评价部门的人员参加各种研讨会和培训班，介绍评价的成果，从而加强了技术创新各参与主体之间的联系与交流，扩大了评价成果的影响和作用。评价作为一项专业工作，涉及领域多，技术性强，需要评价人员具有专门业务技能和广泛的信息背景，加强评价人员的培训是做好这项工作的基础。需要制订培训计划，对从事评价工作的现有人员进行有计划、分层次、分阶段的业务培训，以适应评价工作的需要，同时也是将现有评价信息广泛反馈的重要手段。

（5）知识产权和成果管理始终贯穿于项目立项、实施、验收及推广等工作中。项目立项时，明确对创新点的知识产权保护及专利申请计划；项目实施过程中，要及时进行专利申报，做好知识产权管理工作；项目验收时，对项目知识产权目标完成情况、知识产权管理和保护情况等进行考核。同时，定期对核心知识产权的应用情况进行后评估。神华集团明确规定了项目申报前应做必要的专利检索和分析，防止重复研究，并明确项目相关的专利申请等知识产权目标。

通过执行控制体系的有效运行，在立项选题、团队协作、资源消耗、信息化建设和成果考核等方面实现了有效过程管控，有力地保障了重载铁路技术创新的顺利开展。

第8章 工程实现技术创新

在重载铁路技术创新过程中，神华集团扎实推进工程化战略，统筹部署、严格实施与管控，将技术装备研发与实际工程动态关联、综合集成，有效解决了技术创新成果与工程应用脱节问题，做到了研有所用、用有实效。通过工程化实现重载铁路技术创新，最大限度发挥了重载铁路技术创新的综合效应。

8.1 工程实现技术创新概述

工程实现是达到技术创新目标，取得技术创新成效，体现技术创新价值的重要环节。工程实现技术创新，即通过工程化手段实现重载铁路技术创新成果的可理解、可操作、可实施和可推广。

8.1.1 工程实现技术创新内涵

广义的工程实现（工程化）是指在“科学—技术—工程—产业—社会—经济”知识链中，科技成果转化为直接生产力的实践过程，即从“技术”到“工程”的过程和状态。狭义的工程实现是指工业制造过程中，单件产品或研制样机向批量化生产转化的环节或过程。

重载铁路技术创新的工程实现，是通过试验先行、第三方评估、技术集成和知识产权管理与保护等实现途径和保障措施，在技术创新基础研究所形成的理论形态的概念、方法、模型和规律的基础上，形成可度量的执行标准、可操作的技术方法等，并遵循系统化、规范化的工程实现途径和组织流程，以实现技术创新成果转化和价值提升，并迅速推广应用。

从需求分析、统筹规划、研究开发到工程实现的重载铁路技术创新整个链条中，工程化是实现成果落地、提升创新效率、发挥创新价值的关键步骤，它通过过程管控与机制驱动保证技术创新成果与工程应用紧密结合、相互促进，并最终解决理论成果的转化应用问题。工程化也是重载铁路技术创新价值的集中体现，其实施过程、实现途径以及管理模式等需要充分考虑企业特点、工程特征和技术条件，需要各参与主体的统一部署和协同工作。

8.1.2 工程实现技术创新的特征

重载铁路技术创新成果的工程化受到环境、市场、技术、经济等诸多因素影响，具有创新主体多元化、技术系统高度集成化、生产应用复制批量化、创新周期严格时效化等特征，这些特征直接影响重载铁路技术创新成果工程化的实施过程和实现途径。

1. 创新主体多元

重载铁路工程实现技术创新呈现多元化局面，跨学科、跨单位、跨专业的科技人员聚集在网络平台，共同参与研究关于工程实现技术创新过程中继续产生的创新议题。由于环境变化、多元文化和成员更新带来的新思想，增强创新主体企业、装备研发单位、科研院所、技术中介机构等在技术创新成果工程应用过程中的互动合作，有利于解决工程实现过程中所面临的各种问题、协调各种矛盾，有利于进一步深化技术创新成果的系统性、科学性和适用性。

2. 系统技术集成

重载铁路技术集成是企业在复杂的环境下应对外部技术不连续性变化的有效措施，技术创新不仅在于原始性的发明，还在于具有重大应用价值的技术集成创新。工程实现技术创新过程中的集成开发实际上就是企业根据现有的技术基础，抓住技术创新成果的工程应用特性，同时引进已有的成熟技术或参照技术资料，使各项分支技术在装备系统中高度融合，在短时间内进行集成开发，形成成套技术体系，以最快的时间领先进入工程实现阶段，实现成果应用转化。

3. 成果复制推广

重载铁路技术创新成果的工程实现是将技术创新成果在特定工程条件、技术条件下的系统结构、功能质量、环境匹配等特征具体化，把与之相应的铁路建设过程和组织运营流程分解定位并规范化，所需资源保障条件定量化、精确化，以实现在建设条件、运营环境切换后快速、稳定、反复的复制性应用。重载铁路技术创新成果应用的可复制性保障了铁路建设、运营管理的各个环节在理想或非理想状态下的质量安全和效益发挥。

4. 创新周期严格

工程实现技术创新注重技术创新效率和快速成长效应。由于重载铁路技术创新的速度加快，各种设备、软件、技术的老化速度加快、创新周期缩短，也意味其寿命周期缩短。因此，如何在有限的创新周期内，将技术创新成果有效地推向工程应用，及时地收回技术创新成本投入，成为知识经济和创新驱动条件下重载铁路运输企业所关注的重大问题。这对技术创新提出了更加严格的时间限制，使得时间上落后的技术创新不仅没有利润空间，甚至没有生存空间。

8.1.3 工程实现技术创新的过程

重载铁路技术创新成果的工程实现过程是一个试验验证、评估选择、工程试点、系统集成、评价反馈，到最后推广应用的循环过程，工程实现技术创新的过程如图 8—1 所示。

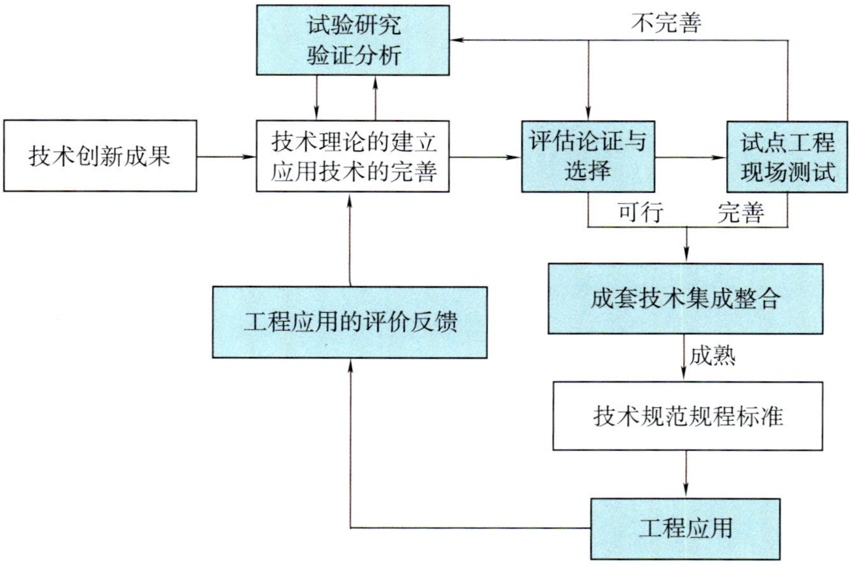

图 8—1 重载铁路技术创新的工程实现过程

1. 技术创新成果试验验证

通过技术创新基础研究及相关应用研究取得的重载铁路技术创新成果，大多是新技术、新设备、新材料的应用雏形，需要进行试验验证。工程实现技术创新的首要任务是要在工程应用之前，针对这些创新成果，结合重载铁路建设和运营的实际条件和现实环境进行有效的试验、分析、计算和论证，保证技术创新成果与工程实践的无缝对接、快速起效，扫除工程应用障碍。

2. 技术创新成果评估论证

为保证技术创新成果的先进性和实效性，将技术创新成果提交第三方咨询评估机构和相关专家进行技术、经济、社会和实施风险等方面的评估论证，论证通过之后，方可在重载铁路工程试验段或试运行路段进行现场应用测试。对于一些使用成本和维护费用过高，对铁路沿线环境影响较大，或者已经有更为先进技术可替代的技术创新成果，需要进行充分的分析、预测、研判和选择。

3. 技术创新成果工程试点

重载铁路技术创新成果在试点工程或试验段的试点，可以检验技术创新成果与所在项目工程条件以及操作流程、工序工法等实施环节的匹配度，以验证其工程推广应用的可行性，指导重载铁路技术创新成果在整个工程中的推广实施，确保工程质量安全、提升运营效率水平。

4. 技术创新成果集成整合

根据工程试点的结果来考量技术创新成果是否可靠、有效和可操作，分析该技术成果能否较好地与现有铁路技术进行配套整合、集成创新，能否形成专业技术体系，并有助于重载铁路各专业技术体系无缝对接、有机结合，形成重载铁路同类工程的成套技术。条件成熟之后，着手编制技术创新成果工程应用所需的制度、规范、标准、规程等可执行文件，在同类工程中推广应用。

5. 技术创新成果评价反馈

在推广应用期间，对采用重载铁路技术创新成果的下属企业单位和相关路段进行跟踪调查，及时将使用情况反馈给技术创新主体单位，进行技术创新成果的改进和提升，再把优化提升之后的重载铁路技术创新成果应用到工程实践中。由此形成一个重载铁路技术创新成果从研究开发到试验验证、评估选择、工程试点、系统集成、评价反馈和推广应用的完整链条。

8.2 重载铁路技术创新的工程实现方式

重载铁路技术创新成果的工程实现需要一系列的途径来实现。首先，通过试验措施来保障创新技术装备的安全可靠，加强与既有线的融合，并把风险概率降至最低。其次，第三方咨询评估机构或专家对技术装备应用进行各方面评估，综合论证其技术先进性、经济合理性和社会效益性等。进而通过技术集成使得技术创新成果的整体性能得到发挥。另外，在技术创新成果的应用过程中，加强知识产权保护意识，完善配套管理制度，充分体现创新成果的意义和价值。

8.2.1 坚持试验先行

神华重载铁路新技术、新材料和新设备在投入使用前都经过严格的检测和试验。重载铁路试验对象涵盖机车车辆线路结构材料、轨道部件、轮轨关系、电气化、通信信号等专业领域，虽然各专业试验各有不同，但一般可分为三个环节：工厂（试验室）调试、试验基地（试验段）试验和现场综合集成试验，通过各类试验促进扩能改造与既有铁路的兼容，保证载重提升新技术的安全适用，保障重载技术装备体系的稳定运转。

1. 试验与验证的实施

神华集团在不断完善工务工程、机车车辆试验、通信信号试验、线路工程试验、牵引供电与弓网试验、货运服务系统试验等子试验的基础上，兼顾各子系统之间的相互作用、相互影响分析，全面地对重载铁路系统的速度、安全、节能环保等综合性能进行系统验证。在试验过程中坚持安全性、系统性、创新性原则，把系统思想贯穿于试验的各个环节，并不断坚持理念、技术和方法的创新，以提升创新成果活力、实现创新综合目标。

（1） 系统布局

从重载铁路系统整体性出发，把系统试验看做是各子试验以一定联系组成的结构与功能统一整体，把全局观点、整体观点贯彻于试验的各个方面、各个部分、各个阶段，对整个技术创新成果试验进行全面规划和协调，从整体上把握试验的发展、趋势和特点。在研究神华重载铁路系统的综合表现、系统功能以及耐久性等性能的同时，采用系统思维方式理解系统与子系统以及子系统之间相互协调、相互合作或同步作用机理，充分利用神华重载铁路企业内外各个领域专家的知识来综合分析、妥善解决重载铁路系统内部各分系统、各专业、各要素之间的总体协调问题。

（2） 安全管控

为了保障重载铁路试验安全，神华集团采取了以下具体措施：①建立健全安全保障机制，在总体上对试验资源进行统一调度配置，统一制订安全生产计划，避免试验作业冲突；②完善安全检查制度，实行安全责任制。规范试验流程，及时排除试验中的隐患；③建立重载铁路安全监测系统，将固定设备监测系统与移动设备监测系统进行系统集成，实现对试验环境中各元素的实时监测，通过智能预警模块及时发现潜在的不安全因素，并借助专家诊断系统选取合理方案，防患于未然；④建立事故应急处理与救援系统，迅速了解事故发生地点的相关信息及事故现场的实时状况，并据此及时动态调整抢修方案，形成综合的指挥、控制、通信及信息管理分析功能，减少事故带来的影响。

（3）优化创新

神华集团在试验中立足科技前沿，坚持原始创新、集成创新和引进消化吸收再创新相结合的手段，从试验检测技术、试验理念以及试验运作模式上进行改革和创新，以尽快提高重载铁路系统试验检验水平。在技术层面上，神华集团密切关注国际先进技术发展趋势，提高系统试验的科学性，采用适度超前的试验检测技术与方法，不断完善优化系统试验体系，建立有线和无线相结合的动态监控模式，并加强综合检测系统平台的开发。在试验理念上，神华集团坚持采用创造性思维指导重载铁路系统试验，不断加强学习能力培育，以适应重载铁路技术发展、环境变化带来的新要求。

神华重载铁路系统试验分为三个层次：试验室试验、试验基地试验和现场试验，形成不可分割的有机整体，其功能和作用各有不同。在试验室主要通过试验对设计和工艺进行改进；在试验基地借助综合性试验手段对各项技术装备进行改造；在实际现场试验最终确定各项技术参数。在试验基地开展试验具有一些特殊的优势，如具有与正常铁路运营线路相类似的条件，能保证试验结果的适用性；由于试验条件的可控性，还可以模拟出各种理想化的试验状态，提供个性化的试验条件，有利于开展重载铁路创新试验，研究高效适用的重载铁路技术装备等；在试验基地开展系统试验，避免与运营线业务的交叉影响，可以连续集中地进行试验，提高时效性。试验基地作为神华重载铁路系统试验的重要载体，已得到广泛的应用并取得了显著成效。

2. 典型案例：朔黄铁路 2 万 t 重载列车开行试验

为确保 2 万 t 重载列车试验取得成功，朔黄铁路公司根据神华集团统一安排，开展了一系列技术创新工作。一是进行朔黄铁路 3.5 亿 t 以上扩能改造工程；二是进行了一系列重载铁路技术研究；三是成功将 4G 无线网络技术运用于重载列车试验，前期试验的顺利完成为开行 2 万 t 重载列车奠定了坚实基础。

2012 年 12 月，朔黄铁路组织开展 2 万 t 重载列车开行试验，一列编组 C_{80} 型车辆 216 辆、总重 21 600 t、列车总长为 2 720 m 的神华 2 万 t 重载试验列车，从朔黄铁路神池南站出发，由 4 组电力机车牵引穿过太行山，跨越滹沱河大峡谷，经过 7 个多小时的安全运行驶入朔黄铁路肃宁北站。试验期间，开展了重车起动牵引、常用全制动、坡道起动、长大下坡道循环制动 4 个项目的试验，并取得预期效果。

该次试验是在先期进行 2 万 t 重载列车静态条件下空车、重车试验后开展的动态运行试验。试验过程中，测试了 2 万 t 重载列车机车牵引、制动及纵向动力学性能，2 万 t 重载列车试运行下轨道、桥涵、路基、隧道等设备的承载情况，以及 2 万 t 重载列车对供电系统、通信信号系统的影响情况，获得了大量技术参数和现场资料，为朔黄铁路进一步扩大运能积累了重要的编组和开行经验。2 万 t 重载列车开行试验如图 8—2 所示。

图 8—2　朔黄铁路 2 万 t 重载列车开行试验

8.2.2　开展第三方评估

根据技术合理性原则，由技术创新组织单位和实施单位之外的第三方咨询评估机构和专家等，将被评估的重载铁路技术创新成果与国内外其他技术加以比较，以确定其技术发展的先进性水平，主要评估内容包括：技术成果在技术体系中的地位与影响，技术成果在重载铁路技术研究与工程活动中的地位和作用，推广应用的难度，风险评估、经济效益和社会效益评估等方面。

1. 第三方评估的实施

神华集团积极开展第三方评估，制定了合理细致的流程安排，促使重载铁路技术创新项目第三方评估咨询机构成员更加清楚如何按照已经定义的方法开展工作。一般包括第三方评估咨询前期准备、评估咨询活动组织及评估咨询后期总结等几个阶段。第三方评估的范畴包括技术评估、经济评估、社会评估和风险评估等。

（1） 技术评估

神华集团对重载铁路技术评估包括技术发展水平的相互比较，各种重载铁路相关技术的性能和用途在时间、空间上的分析比较、某项技术与其他相关技术的关联度问题，同时对技术结构层次和知识水平上的空间特性（高层次的、核心的、先进的、尖端的程度）与时序特征（新兴程度）以及与基础科学的发展相关联的程度等问题做出正确的评估解答。

（2） 经济评估

经济评估是从技术创新成果应用的经济效益角度进行评估，即开展经济可行性研究和技术经济分析。技术创新成果所产生的效益可能在近期内即可实现也可能在近期内难以实现；可能表现为直接的财务效益，也可能难以表现为直接的财务效益。因此，神华集团对技术创新成果的经济效益评价，既评价其近期的直接财务效益，也评价其对神华重载铁路运输长远的间接经济效益，即战略效益。

（3） 社会评估

重载铁路运输企业不仅承担许多社会责任和义务，而且对社会的贡献是获得政府和社会支持的重要条件。因此，神华集团对技术创新成果产生的社会效益也十分重视，从就业、环境、基础设施利用率、技术扩散等方面进行社会效益综合评估。

（4） 风险评估

重载铁路技术创新成果的不确定性、市场的不确定性及企业运行的不确定性都会给技术创新成果的应用带来风险。一般说来，风险与收益之间存在一定的关联：风险大、收益也大；风险小、收益也小。神华集团决策层依托第三方评估机构，对技术创新成果的潜在风险进行识别和评估，在风险与收益之间进行有效的权衡与决策。

2. 典型案例：TTCI（美国交通技术中心）的桥梁加固评估

从 2009 年开始，朔黄铁路面临一系列扩能改造的障碍，如桥梁过大横向变形、部分桥梁需要加固、过大的钢轨磨耗、严重的钢轨表面滚动接触疲劳等。为此，神华集团委托 TTCI 和 HDR 公司共同承担桥梁加固的评估工作。TTCI 在大轴重运输研究和咨询方面处于世界领先地位，HDR 公司具有超过 200 个铁路和相关客户，集工程、结构与咨询于一体。HDR 公司既是北美铁路货运工业供货商，也是铁路桥梁设计、检测和评估领域的权威。

TTCI 根据朔黄铁路运输条件，提出合理的典型桥梁初始荷载评估分析；桥梁初始评估分析完成后，TTCI 和 HDR 公司建议在现场进行测试工作，并据此进行细化分析；TTCI 和 HDR 公司提出测试设备的技术要求，在测试工作开始前审阅并认可测试设备和计划；根据北美重载运输实践经验和 AREMA（美国铁路建设与维护协会）标准进行对比，提出朔黄铁路既有桥梁结构安全承载较大货车轴重的可行性，完善朔黄铁路在考虑增加货车轴重时的既有桥梁加固和改造技术。既有重载铁路桥梁墩柱加固前后对比如图 8—3 所示。

图 8—3　既有重载铁路桥梁墩柱加固前后对比

初始荷载评估分析建立在大量的资料收集与整理的基础上，资料的完善与精确性，直接影响评估结果的准确性。同时，评估分析是建立在理想化条件或一些假设基础上的，评估结果需要反复验证。由于美国重载铁路与朔黄铁路的结构与特征有明显差别，对于朔黄铁路的桥梁测试结果与AREMA标准进行对比就存在统一标准的问题，需要进一步进行风险评估。

8.2.3 加强技术集成

技术集成既是根据企业技术基础以及其他资源条件，通过系统集成方法来评估、选择适宜的新技术，并将新技术与企业现有技术有机地融合在一起，从而推出新产品和新工艺的一种创新方式，也是集成各种技术要素来实现某一技术创新目标的行为过程。换言之，各种技术要素围绕着某一创新整体目标进行优化组合的动态过程就是技术集成。

重载铁路技术集成系统应能充分满足使用要求或消除原有缺陷，使其整体性能全面、大幅度地提高。集成系统与其应用环境在结构、功能、动力与精度等方面和谐统一，操作、运行和管理无障碍，形成一个结构完善、功能合理的集成整体。

1. 技术集成的实施

在重载铁路技术集成动态过程中，神华集团重视技术评估和选择、工程开发、技术集成体的考评等环节，对技术集成的实施进行有效管控。

（1）技术评估和选择

神华集团建立了专家智能决策系统，成立决策委员会，由决策委员会进行技术评估和选择。在决策委员会中，一部分是外聘的技术专家，一部分是企业内部的技术骨干，他们都拥有丰富的理论和实践经验。通过内外专家结合的决策委员会及其开展的技术评估工作，实现多领域知识的互动和整合，掌握技术和市场的第一手资料，并利用集体智慧确定最优集成方案、预测技术发展前景。

神华集团在明确重载铁路系统的全局目标后进行技术集成。首先，进行项目明细处理，明确哪些是企业已拥有的技术、哪些是新技术，并分析两者之间的关系。其次，在神华重载铁路全局目标指导下，确定项目的范围和目标，明确项目基础技术、核心技术和相关技术的组成，为有效的技术集成做好准备。

（2）工程开发

神华重载铁路技术集成的工程开发包括实施和控制两个环节，并且整个过程都贯穿着技术集成方案的调试和修正。

技术集成工程开发的实施自工程试点开始至完成验收结束，技术集成在本阶段的目标是应用技术集成系统完成规定的技术任务，在其他工程要素的配合下，使整个工程达到验收、交工的条件。这一阶段，技术集成以技术要素集成为中心，对各方面的资源要素(包括资金、组织等)及环境条件进行综合集成，并按组织流程实施。

神华重载铁路技术集成工程开发的控制工作包括：①管理和监督技术实施。如技术任务的分配、各技术主体之间的关系协调、记录各技术主体的执行情况，并收集资料等；②实行现场控制。相关部门跟踪实施全过程，获得正确的第一手资料，及时认识技术偏差，分析原因、预测它们对项目可能带来的冲击等；③采取调控措施，针对现场控制的情况，结合来自各个参与技术集成的相关单位的反馈信息，采取相应的调控措施，以顺利完成技术集成的目标。

(3) 技术集成体考评

当重载铁路技术创新项目的目标已经实现或因其他原因终止时，相应的技术集成体便进入了总结考评阶段，这也是工程技术集成时效性的体现。项目结束审查时，神华集团对其进行绩效评价，主要是对工程技术集成的整体考评。按照项目完成结果进行分类(成功结束或失败终止)，对工程中的技术集成进行总结评价。

2. 典型案例：无线重联同步控制系统的技术集成

重载组合列车由多台机车牵引，采用多机车无线重联同步控制技术。机车控制命令由主控机车通过无线通信方式传输给各从控机车，各从控机车的同步控制装置根据主控机车的命令控制机车运行，各从控机车的工作状态及故障信息通过无线通信方式传送到主控机车，由主控机车根据本组合列车的运行状态进行协调操作及优化控制，如图 8—4 所示。由于组合列车编组长度增加、牵引质量增加、制动距离变长等因素，无线通信系统的性能、同步控制系统的稳定性、制动系统的可靠性等问题成为万吨及以上重载组合列车安全开行和平稳操纵的关键。

神华重载铁路的万吨重载组合列车机车无线重联同步控制系统由三大技术集成：远程同步控制技术、无线通信技术和列车制动技术。以无线通信技术为基础来构成全列车中各机车重联控制的桥梁；以远程同步控制技术来实现重载组合列车的动力分布控制，有效减少列车运行过程中的纵向作用力；以列车同步制动技术加快列车风管的充、排风，减少循环制动周期，缩短列车制动距离。为此，截至 2013 年 8 月，朔黄铁路开展了三次 LTE-R 实验室业务联调联试，在既有 800 MHz 通信组合列车无线重联车载设备的基础上，增加支持 LTE 通信方式的车载和地面设备，结合同步控制系统和制动系统设备的软、硬件升级，实现 LTE 通信模式的无线重联数据传输和重载组合列车控制，为神华重载铁路开行 2 万 t 组合列车提供了有力的技术和设备支撑。

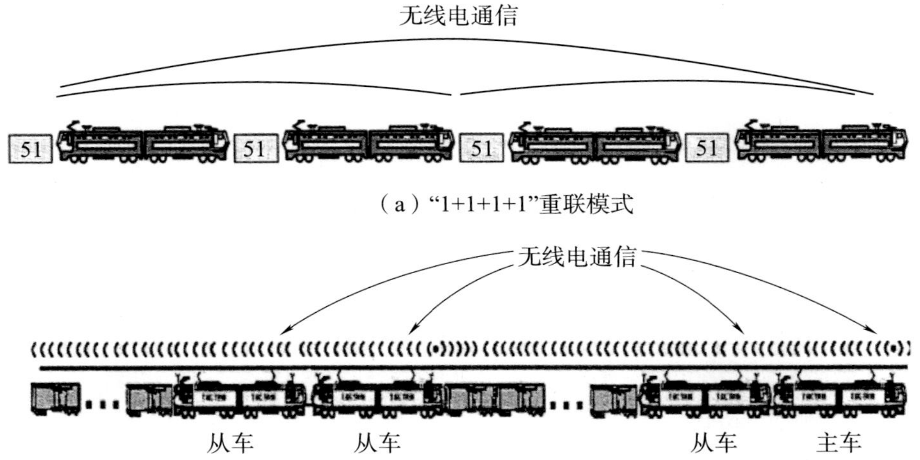

（a）“1+1+1+1”重联模式

（b）“2+2”模式

图 8—4　无线重联同步控制系统的工作模式

8.2.4　重视知识产权管理与保护

知识产权保护的核心是根据法律保护知识产权所有人一定时期的独占性来鼓励智力创造活动。知识产权保护以知识成果的产权明确界定和有效保护为主要特征，为技术创新提供了一种内在的动力机制和一个外部的公平竞争法律环境，对促进技术创新具有重要作用。

技术创新在知识经济的冲击下，创新成本越来越大，风险不断增加，企业获得知识产权后，可凭借技术上的优势地位，在市场竞争中获取合法的高额利润，收回投资成本，既能确保企业技术创新的顺利进行和成果转化，又可促进企业投入更多的资金进行技术创新，从而形成一种良性循环。在知识产权的有效保护期内，企业可通过技术转让和使用许可，获取可观的利润，从经济上、技术上激励企业技术创新成果转化。而专利保护领域的扩展、保护期限的延长、对侵权行为严厉的处置等也增加了企业技术创新的预期利润。利润和成本都意味着强化知识产权保护，将有利于企业创新能力和成果转化效率的提升。

1. 知识产权管理与保护的实施

神华集团通过对专利、商标、商业秘密、版权、域名等知识产权相关信息进行保护，企业面对激烈变化、严峻挑战的国内外市场竞争时，在充分研究分析竞争对手的技术水平和市场发展趋势的基础之上，依靠技术和市场优势，主动利用知识产权制度提供的法律和政策环境，牢牢掌握市场动向，提升神华集团的核心竞争力。

神华集团初步建立知识产权工作体系，实施知识产权管理办法、技术标准管理办法等制度，在科技管理人员和基层技术人员中初步培养了一批专利挖掘、撰写以及管理方面的骨干，并且对每项授权专利的发明人进行奖励。神华重载铁路专利技术成果转化取得了显著经济效益，在专利对外许可和知识产权产业化等方面也取得了一定的突破。

（1）增强知识产权保护意识

神华集团科技人员增强知识产权保护意识，采取申请专利等形式有效保护自身合法权益，逐步改变长期以来将成果、论文、鉴定、获奖等作为科研管理主要目标的现状，增加专利等知识产权指标在各种科技评价活动中所占比重。注意避免技术创新成果通过论文发表、成果鉴定、学术研讨等方式向国内外公开技术秘密，防止知识产权等无形资产被无偿占有和利用，造成技术创新成果的资产和权利的流失，神华重载铁路获得的主要专利见表8—2。

（2）建立知识产权管理机构

神华集团成立了知识产权管理机构，明确其权责，选择适合企业特点和市场环境的组织模式，建立相关的组织制度和管理流程，组织专门的管理人才开展卓有成效的知识产权管理工作。

（3）注重知识产权管理人才培育

知识产权管理机构人才素质对提高知识产权管理水平具有重大的影响，直接决定着企业的发展趋势。神华集团针对知识产权管理工作专业性强等特点，注重知识产权管理人才培训和队伍建设，坚持对知识产权管理机构工作人员高标准、严要求。

（4）强化知识产权保护的合同化管理

随着神华重载铁路各项业务的快速发展，涉及知识产权保护方面的纠纷发生频率有所增加，尤其是买卖类合同和技术类合同纠纷比较集中，合同条款不完善是导致合同纠纷的主要原因。神华集团要求各级合同工作人员对知识产权保护有一个立体、全面、深入的理解，切实提高各级合同工作人员的知识产权保护业务素质；同时，在合同管理各环节充分利用合同中知识产权保护条款，依法维护企业的合法权益，避免类似事件的重复发生。

神华集团加强知识产权保护的合同管理措施具体有：完善合同中知识产权保护条款，明确约定知识产权保护内容以及合同双方的知识产权保护义务等内容；重视知识产权保护法律法规知识的培训，提高各级合同工作人员的知识产权保护法律素质和业务水平；重视合同选商工作，将知识产权保护作为合同谈判的重要内容之一；结合合同项目的实际情况，合理确定合同条款中知识产权保护的具体内容和范围；重视合同中知识产权保护条款的履行，督促合同相对人全面履行合同约定的知识产权保护义务；积极应对知识产权侵权纠纷，依法维护神华集团的合法权益。

2. 典型案例：路基检测与强化技术研究的专利保护与变更

在神华集团、中南大学及铁三院共同承担的“朔黄重载铁路路基检测与强化技术研究”课题合同中规定所产生的知识产权归双方共有，但并没有明确申请专利的数量。在 2009～2011 年的研发过程中，朔黄铁路与中南联合申请专利 21 项，中南大学单独申请 8 项，铁三院单独申请 2 项，大大超过了合同预期的专利数量，依据知识产权归双方共有的原则，需要进行专利申请人变更。其中南大学将“一种桥梁疲劳寿命计实时温度补偿方法”，“一种参比传感器”两项专利做出变更，由中南大学单独申请改为神华集团、朔黄铁路公司、中南大学三方共同申请；铁三院将“铁路路基斜向水泥土桩加固结构”进行变更，增加了神华集团和朔黄铁路公司，变更手续均严格按照规定流程进行。

中南大学其余专利：“一种具有电阻自动累积功能的箔式传感器”、“一种具有电阻累积性能的精密电阻合金及其制备方法”、“一种铜镍系精密电阻合金箔材及制备方法”、“一种桥梁疲劳寿命计修正系数的测量方法”为研制测试仪器而申请专利，未增加申请人；“一种剔除轨枕干扰的铁路路基检测雷达数据处理方法”、“铁路枕下道床刚度检测装置”两项专利虽然与本项目有关，但为朔黄铁路公司与中南大学签订合同之前申请专利，不受合同约束。铁三院另一专利“土工合成材料包裹式真空预压垫层结构专利”与本项目关系不大，也未变更专利申请人。

8.3 神华重载铁路技术创新成效

神华重载铁路技术创新在工程实现方面形成了鲜明的特色，在工程试验、第三方评估、技术集成和知识产权管理等方面形成了完善的管理模式和制度，促进了技术创新成果的快速转化和高效应用。经过多年的探索和实践，神华重载铁路在多项关键技术与核心装备方面取得了重大突破，在科研获奖、技术发明、软件著作等方面硕果累累，经济效益和社会效益显著。

8.3.1　关键技术突破

神华集团通过创新管理模式，推进技术创新成果的工程化，重载铁路关键技术取得突破，形成了一批具有自主知识产权的重载铁路核心技术，打破国外技术壁垒，部分技术达到了国内甚至国际领先水平。特别是“基于 LTE 的重载列车动力分布无线重联控制系统”填补了我国在该领域的技术空白；“神华号”电力机车形成八轴、十二轴的编组形式，开创了新型机车组牵引动力方式的发展方向，并为更大轴重升级奠定技术基础，达到了世界领先水平；综合检测车通过一次检测能够对全部的固定行车设备进行病害查找和安全状态评定，并实现检测数据的系统集成；“运输综合（仿真）培训系统”主要技术具有首创性，成果总体上达到国际先进水平，其中视景生成技术、动感仿真技术等达到了国际领先水平；既有线加固方面形成了具有我国自主知识产权的重载铁路桥梁和路基检测与强化技术体系；综合运输信息系统实现运输生产、安全管控、路网维护、综合管理等方面一体化，实现了中国铁路第一个大专业协同的运输生产平台，是目前国内最为先进的综合铁路运输信息系统。

8.3.2　创新成果丰硕

神华集团通过技术创新管理模式的推行，重载铁路的技术创新实践效果良好、成果丰硕，技术创新成果转化率高、应用效果显著、综合效应明显，多项技术创新成果填补了国内空白，具有广泛的推广应用价值。具体表现在科研立项、科研成果获奖、发明专利和软件著作权等方面都取得了长足的进步。2004 年至 2012 年，神华集团从集团层面或子（分）公司层面共进行科研立项 24 项，内容涉及重载铁路系列技术中的基础设施、机车车辆、通信信号、运营管理等各个方面，主要参与单位涵盖了企业、高校、科研机构等。公司有 1 项创新项目和 3 项新纪录分别被列为第十二批中国企业新纪录重大创新项目、中国企业新纪录，其中《朔黄重载铁路盐渍土路基两布一膜土工布修建技术》获重大创新项目。

以朔黄铁路公司为例，2003～2011 年，先后有 18 项技术创新成果分别获国家级、省部级和神华集团的奖励，如表8—1所示。其中，《朔黄重载铁路建设与运营技术》获2007年国家科技进步二等奖和北京市2007年科技进步一等奖；《特殊土和特殊条件下重载铁路路基修建技术》获得2007年“中国铝业杯”首届中央企业青年创新奖；《朔黄铁路工务线路设备加强技术研究》获2005年神华集团科技二等奖；《列车接近无线防护系统》获2005年神华集团科技三等奖。《朔黄铁路运输综合(仿真)培训系统》、《朔黄铁路桥梁振动控制技术研究》获2009年神华集团科技进步二等奖，《列车贯通检测安全保护装置研制》获2009年神华集团科技进步三等奖。

表8—1　朔黄铁路公司主要创新成果获奖(2003～2011)

序号	时　间	项　目　名　称	颁　奖　机　构	获　奖　等　级	完成单位
1	2003.1	复杂地质条件下特长双线隧道综合施工技术	中华人民共和国国务院	国家科技进步二等奖	神华集团
2	2005.9	朔黄铁路工务线路设备增强	神华集团	神华集团科技进步二等奖	原平分公司 肃宁分工公司
3	2005.9	列车接近无线防护系统	神华集团	神华集团科技进步二等奖	朔黄铁路公司
4	2006	朔黄重载铁路建设与运营技术	北京市	北京市科学技术奖一等奖	朔黄铁路公司
5	2006.6	朔黄铁路生态环境建设工程	国家环境保护总局	国家环境友好工程	朔黄铁路公司
6	2007.12	朔黄重载铁路建设与运营技术	中华人民共和国国务院	国家科技进步二等奖	朔黄铁路公司
7	2007.5	特殊土和特殊条件下重载铁路路基修建技术	中国共产主义青年团、中国企业青年联合会、中国企业联合会	“中国铝业杯”首届中央企业青年创新奖	朔黄铁路公司
8	2007.11	网运分管 联合运输 条块结合	中国企业联合会 中国企业家协会	中国企业新纪录	朔黄铁路公司
9	2007.11	防粉尘飘逸	中国企业联合会 中国企业家协会	中国企业新纪录	朔黄铁路公司
10	2007.11	盐渍土两布一膜土工布修建技术	中国企业联合会 中国企业家协会	中国企业新纪录 重大创新项目	朔黄铁路公司
11	2007.1	朔黄铁路环境保护管理示范工程	中国环境保护示范单位和技能创新先进人物推选活动组委会	中国环境保护示范单位	朔黄铁路公司
12	2009.9	朔黄铁路运输综合(仿真)培训系统	神华集团	神华集团科技进步二等奖	朔黄铁路公司
13	2009.9	朔黄铁路桥梁振动控制技术	神华集团	神华集团科技进步二等奖	朔黄铁路公司、中铁五院、铁三院、中铁一局

续上表

序号	时　间	项　目　名　称	颁　奖　机　构	获　奖　等　级	完成单位
14	2009.9	列车贯通检测安全保护装置	神华集团	神华集团科技进步三等奖	朔黄铁路公司
15	2009	朔黄铁路桥梁振动控制技术	中国职业安全健康协会	中国职业安全健康协会科学技术奖》三等奖	朔黄铁路公司、中铁五院、铁三院、中铁一局
16	2010	朔黄铁路桥梁振动控制技术	共青团中央工作委员会、中央企业青年联合会	“神华杯”第二届中央企业青年创新奖优秀奖	朔黄铁路公司、中铁五院、铁三院、中铁一局
17	2010	重载列车动力分布控制的机车无线重联控制系统	神华集团	神华集团科技进步一等奖	神朔铁路公司
18	2011	朔黄重载铁路延长钢轨使用寿命综合技术措施	中国铁道学会	铁道科技奖一等奖	朔黄铁路公司

以朔黄铁路公司为例，2005～2012 年，朔黄铁路公司技术创新成果获得的主要国家发明专利和实用新型专利，如表 8—2 所示。

表 8—2　朔黄铁路公司重载铁路主要专利（2005～2012）

序号	专　　利　　名　　称	专利类型	授权公告日	证书编号
1	信号灯泡断丝自动选点装置	实用新型	2007.11.28	984503
2	铁路区间自动闭塞监控设备	实用新型	2007.11.28	982152
3	移动式井台装置	实用新型	2007.12.12	991697
4	铁路供水自动控制系统	实用新型	2007.11.28	981396
5	开闭所进线备自投回路远程控制电路	实用新型	2007.12.19	994878
6	变电所自投装置	实用新型	2007.12.26	998094
7	电气集中电源屏一路优先电路	实用新型	2008.4.9	1038557
8	机车受电弓无线视频自动监控系统	实用新型	2008.11.19	1134076
9	弓网保护装置	实用新型	2007.2.7	867726
10	带有电连锁的机车重联阀	实用新型	2008.1.23	1010509
11	一种机车运用状态实时监测系统	实用新型	2007.3.7	876594
12	列车接近人身安全防护系统	实用新型	2007.11.28	984625
13	一种列车车辆复轨用分体式复轨器	实用新型	2009.11.11	1308564
14	车站作业仿真子系统	发明专利	2010.5.19	621901
15	铁路车辆起复索具卡头	实用新型	2010.6.23	1470329

续上表

序号	专　利　名　称	专利类型	授权公告日	证书编号
16	列车驾驶模拟系统	发明专利	2010. 4. 21	609203
17	机车信号信息检测器	实用新型	2010. 2. 24	1365965
18	一种高空作业支撑装置	实用新型	2010. 9. 8	1531209
19	机车火灾和防盗报警器	实用新型	2010. 11. 24	1609371
20	一种机车运行数据无线自动转储的系统	实用新型	2010. 11. 17	1292039
21	站场列车尾部排风制动控制系统	发明专利	2011. 2. 9	737682
22	机车受电弓无线视频自动监控系统	发明专利	2011. 4. 6	757765
23	列车进路故障报警装置	发明专利	2011. 4. 13	761224
24	检波器	实用新型	2011. 4. 13	1759154
25	一种铁路道床阻力检测装置	实用新型	2011. 4. 6	1744318
26	轨道区段占用检测系统	实用新型	2012. 9. 5	2394355
27	检波器	发明专利	2012. 9. 5	1036709
28	列车移动闭塞系统	发明专利	2012. 12. 19	1104947
29	列尾主机的锁紧装置和安装结构	发明专利	2012. 9. 5	1037452
30	一种复轨器	实用新型	2012. 6. 13	2250293
31	一种控制轨道继电器的控制系统	实用新型	2012. 11. 28	2536085
32	一种桥梁	实用新型	2012. 8. 29	2379723
33	用于大机清筛作业中的洒水装置	实用新型	2012. 9. 19	2411652
34	铁路大型养路机械的通信终端及通信系统	实用新型	2013. 5. 15	
35	超声波检测装置和车轮在线检测系统	实用新型	2013. 6. 12	
36	大型养路机械检查保养系统	实用新型	2013. 5. 15	
37	用于列车运行监控装置显示屏的稳压电源	实用新型	2013. 6. 12	
38	起重臂架和机械救援车	实用新型	2013. 7. 24	
39	万吨组合列车的列尾通话系统	实用新型	2013. 8. 21	
40	一种接触网线路故障智能切除设备和系统	实用新型	2013. 6. 12	
41	一种 400 kHz 与 800 MHz 混合通信装置及方法	发明专利	2013. 11. 27	
42	有轨车辆防溜系统	发明专利	2013. 3. 13	
43	一种制动控制设备和多机车制动控制系统	实用新型	2013. 7. 10	
44	无线测温装置	外观设计	2013. 2. 27	
45	一种钢轨监控系统	实用新型	2013. 4. 10	
46	无线测温装置的壳体、无线测温装置和电力设备	实用新型	2013. 6. 12	

续上表

序号	专　利　名　称	专利类型	授权公告日	证书编号
47	高电压无线测温设备以及包含该设备的系统	实用新型	2013.4.10	
48	一种用于信号电缆屏蔽层单端接地的系统	实用新型	2013.1.30	
49	一种铁路信号监测系统	实用新型	2013.1.23	
50	电力机车制动风机进风口防雪装置及其安装结构	实用新型	2013.3.13	
51	一种用于机车调度的系统	实用新型	2013.1.23	
52	道岔转辙器的转辙机械	实用新型	2013.1.23	
53	机车同步控制系统以及用于该系统的机车同步控制方法	发明专利	2013.8.28	
54	铁路电力线路故障自动隔离系统和方法	发明专利	2013.1.16	
55	用于铁路通信网的综合网络管理系统	发明专利	2013.8.21	

以朔黄铁路公司为例，2005 年至 2012 年，朔黄铁路公司重载铁路技术创新成果获得的主要软件著作权，如表 8—3 所示。

表 8—3　朔黄铁路公司主要软件著作权(2005～2012)

序号	软件名称	软件著作权人	发表日期	证书编号	登记号
1	企业单元办公自动化系统(简称 EUOA)V1.0	朔黄铁路有限责任公司、北京慧点科技开发有限公司	2006.01.01	53500	2006SR05834
2	铁路工程建设管理系统 V1.0	朔黄铁路有限责任公司	2005.05.01	62208	2006SR14542
3	铁路企业项目管理系统 V1.0	朔黄铁路有限责任公司、华迪计算机集团有限公司	2008.09.30	149990	2009SR022991
4	铁路企业资源编码系统 V1.0	朔黄铁路有限责任公司、北京威视数据系统有限公司	2008.9.30	149988	2009SR022989
5	铁路企业资源管理系统 V1.0	朔黄铁路有限责任公司、华迪计算机集团有限公司	2008.9.30	149985	2009SR022986
6	企业办公自动化系统 V1.0(简称 EOA)	朔黄铁路有限责任公司、北京慧点科技开发有限公司	2005.9.1	53499	2006SR05833
7	铁路车号确报系统 V1.0(简称 TCQS)	朔黄铁路发展有限责任公司、北京康拓红外技术有限公司	2008.3.10	97600	2008SR10421
8	朔黄铁路货票管理系统 V5.0	朔黄铁路发展有限责任公司	2006.01.01	66612	2007SR00617
9	红外线与车号综合应用系统 V1.0(简称 TZCS)	朔黄铁路发展有限责任公司、北京康拓红外技术有限公司	2008.03.10	97601	2008SR10422
10	企业岗位考勤系统 V1.0	朔黄铁路发展有限责任公司	2009.08.10	252379	2010SR064106

续上表

序号	软件名称	软件著作权人	发表日期	证书编号	登记号
11	集群综合诊断系统 V1.0	朔黄铁路发展有限责任公司	2009.08.20	252381	2010SR064108
12	机车车号识别系统 V1.0	朔黄铁路发展有限责任公司	2009.09.20	252408	2010SR064135
13	铁路企业综合指标管理系统 V1.0	朔黄铁路发展有限责任公司	2009.08.20	252554	2010SR064281
14	党群管理信息系统 V1.0	朔黄铁路发展有限责任公司	2010.07.20	252556	2010SR064283
15	机车调度管理系统 V1.0	朔黄铁路发展有限责任公司、北京华兴致远科技发展有限公司	2011.6.10	371006	2012SR002970
16	铁路企业职教网考学习系统 V1.0	朔黄铁路发展有限责任公司、北京华兴致远科技发展有限公司	2011.6.10	371156	2012SR003120
17	机务管理信息系统 V1.0	朔黄铁路发展有限责任公司、北京华兴致远科技发展有限公司	2011.6.10	371186	2012SR003150
18	铁路企业地理信息系统 V1.0	朔黄铁路发展有限责任公司、武大吉奥信息技术有限公司	2011.6.10	370990	2012SR002954
19	车辆移动作业系统 V1.0	朔黄铁路发展有限责任公司	2011.1.18	370942	2012SR002906
20	电子采购拍卖系统 V1.0	朔黄铁路发展有限责任公司、华迪计算机集团有限公司	2011.6.10	371201	2012SR003165
21	车辆调度管理系统 V1.0	朔黄铁路发展有限责任公司	2011.1.16	371190	2012SR003154
22	路网清算管理系统 V1.0	朔黄铁路发展有限责任公司、北京康拓红外技术有限公司	2010.8.10	370939	2012SR002903
23	重载运输管理系统 V1.0	朔黄铁路发展有限责任公司、中科软科技股份有限公司	2011.2.10	371025	2012SR002989
24	车站管理系统 V1.0	朔黄铁路发展有限责任公司、河南辉煌科技股份有限公司	2010.8.11	371325	2012SR003289
25	铁路运输决策支持系统 V1.0	朔黄铁路发展有限责任公司、中科软科技股份有限公司	2011.3.15	370997	2012SR002961
26	运输网安全监管系统 V1.0	朔黄铁路发展有限责任公司、北京翔科佳信系统技术有限公司	2011.2.20	371139	2012SR003103
27	铁路企业设备管理地理信息系统 V1.0	朔黄铁路发展有限责任公司、武大吉奥信息技术有限公司	2011.6.10	371179	2012SR003143

8.3.3　综合效益显著

1. 经济效益

经过前期建设、投产运营、扩能改造和技术革新，神华重载铁路经济效益日益显著。以朔黄铁路为例，投入运行 10 多年来，运量持续快速增长，运输收入和利润大幅增加，年运量增长如图 8—5 所示，年收入增长如图 8—6 所示，年利润增长如图 8—7 所示。截至 2012 年底累计完成货物运量 13.4 亿 t，累计运输收入 858.08 亿元，利润总额 432.23 亿元，净利润 309.85 亿元，上交税收 88.4 亿元。神华重载铁路体现了重要的战略价值，在我国煤炭运输中发挥了重要的战略作用，为保障我国能源供应和国家经济安全做出了重要贡献。

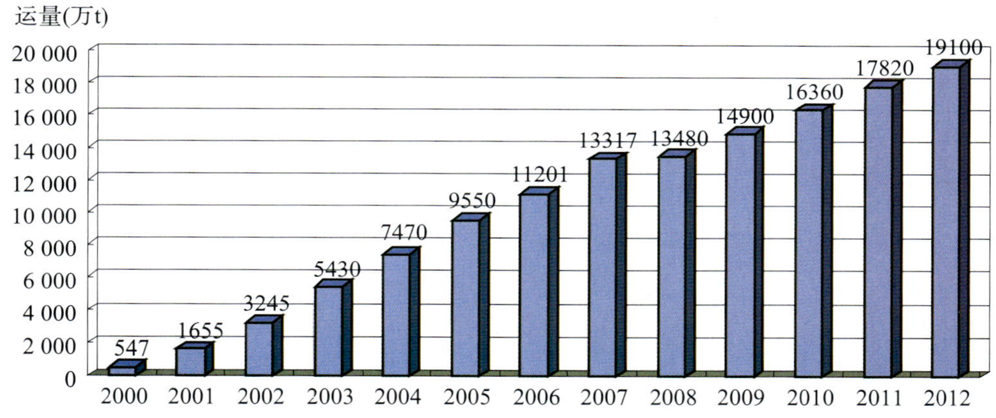

图 8—5　朔黄铁路公司年运量增长对比图

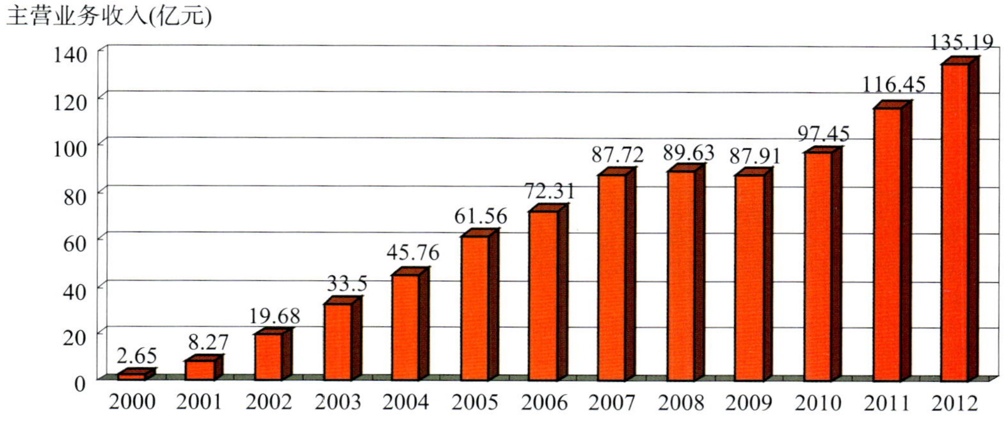

图 8—6　朔黄铁路公司年总收入增长对比图

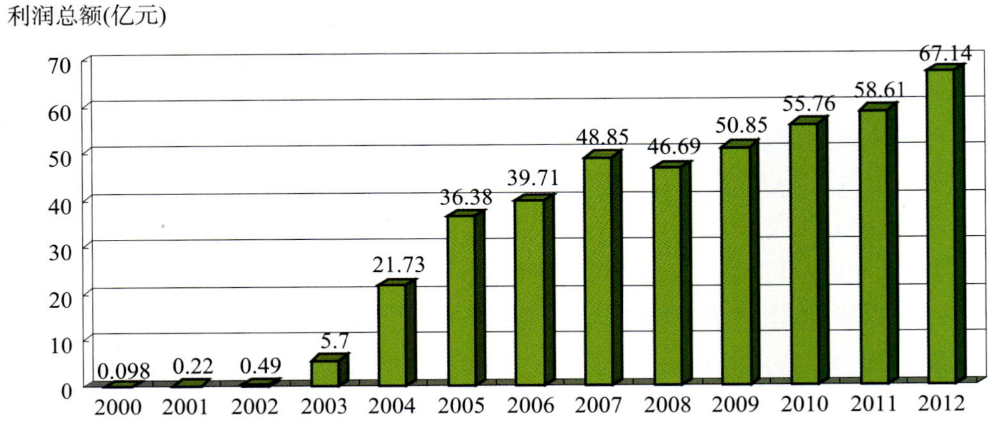

图 8—7　朔黄铁路公司利润增加对比图

朔黄铁路与同行业相比，共有八项综合经济指标在国内处于领先水平（详见表 8—4），综合经济指标在国际也处于领先水平（详见表 8—5）。

表 8—4　综合经济指标对比表（一）

序号	项目名称	主要指标	朔黄铁路公司	全国铁路
1	运输收入	人均创收（万元）	66	12.56
2	劳动用工	每公里用工（人）	11.38	20.85
3	全员生产率	人均货物发送量（万 t）	1.07	0.16
4		人均货物周转量（万 t · km）	550	162.6
5		货运机车日产（万 t · km）	287.8	102.2
6		电力机车平均牵引重量（t）	3 583	3 028.8
7	能耗	电力机车万吨公里耗电量（kW · h）	79.8	110.8
8	治安保障	公安每公里警力人员（人）	0.1	0.8

表 8—5　综合经济指标对比表（二）

名称	人均货物发送量（万 t）	人均货物周转量（万 t · km）	货物密度（万 t · km/km）	货物机车平均牵引总重（t）
朔黄	1.068	550	6 474	3 583
美国	1.098	1287	837	5 116
俄罗斯	0.088	134.5	1 944	3 386
印度	0.031	52.3	1 309	2 279

续上表

名　称	人均货物发送量（万 t）	人均货物周转量（万 t·km）	货　物　密　度（万 t·km/km）	货物机车平均牵引总重（t）
日本	0.022	145.2	219	800
德国	0.137	73.8	739	949
英国	0.082	56.2	195	509
法国	0.093	70.7	500	926

2. 社会效益

神华重载铁路经过一系列的技术创新和管理创新，特别通过既有线扩能改造工程，在不增加一寸土地的基础上，显著提高了运输能力，保障了国家煤炭运输安全，为促进资源开发、带动地方经济发展起到了重要作用。神华重载铁路的建成运营，为东南沿海电厂提供了有力的能源保障，使西煤东运第二大通道作用得到了充分发挥。

神华重载铁路在建设运营过程中，注重环境保护、水土保持，造福沿线百姓，践行“以人为本”的核心价值观，支持相关产业发展，积极促进当地就业，努力维护社会稳定，热心各类公益事业，带动行业科技进步，促进了中央企业与地方经济、资源与环境等方面的和谐统一。国家环保总局验收朔黄铁路工程时一致认为，神华重载铁路环保工作走在了全国铁路建设的前列，“神华重载铁路绿色经济带”已现雏形。

8.4　展望：坚持走特色创新之路

神华重载铁路技术创新实践与成效表明，以“需求引领、企业主导、平台支撑、机制驱动和工程实现”为特征的技术创新模式，促进了神华重载铁路核心技术与装备的研发，促进了神华集团和合作企业的发展共赢，具有蓬勃的生命力和光明的前景，是一条独具特色的重载铁路技术创新发展之路。展望未来，掌握具有自主知识产权的重载铁路成套技术是我国重载铁路技术创新的重点和方向，这对适应我国铁路货物运量快速增长的需求，缓解铁路运输能力不足的压力，提高铁路运输的综合效益，保障国民经济持续稳定快速发展具有重要意义。

1. 坚持需求导向，战略统领创新

客运高速、货运重载是当今铁路发展的两大趋势。在我国大规模、长距离的货物运输格局下，铁路货运具有明显的比较优势，大力发展重载铁路尤为必要。神华重载铁路发展的关键在于技术创新，突破一系列关键技术难题，掌握先进的重载运输成套技术。神华重载铁路技术创新成绩的取得，一方面得益于国家对神华集团和合资铁路等方面的政策支持，另一方面就是坚持在需求引领下，通过对铁路网系统规划和完善，不断改进技术及装备水平，从神华重载铁路自身实际需求出发，立足于解决企业生产运营活动中遇到的重大问题和现实问题，以需求为导向全面开展应用技术创新，着力提高创新的针对性、实用性和前瞻性。

因此，应继续坚持需求引领技术创新，以系统战略规划统领重载铁路技术创新，以保障安全生产和提高运输效率效益为立足点，将企业实际需求与国家创新战略需要紧密地结合起来，兼顾先进性与适用性、前瞻性与现实性，着眼解决运输生产中的重大技术问题，不断加大技术引进、改造及创新力度，使神华重载铁路科技含量和科技贡献率不断提高，为建设一流重载铁路奠定良好的技术基础。

2. 构建网络组织，企业主导创新

重载铁路技术创新网络组织的技术集成性、组织协同性、风险复杂性和工程应用性等方面的特征，决定了神华重载铁路的技术创新既要弘扬传统，又必须打破传统，走出一条适合自身发展的新路子。神华重载铁路技术创新采用了独特的组织模式——领先用户主导的网络组织模式。在重载铁路技术创新过程中，神华集团既作为技术需求者和首要用户，又是技术创新的发起者、组织者和监控者，通过构建技术创新网络组织，在技术创新发起、过程管控和成果管理等方面发挥主导作用。

从重载铁路成套技术研发内容看，涉及多领域、多学科，既包括基础理论的研究，也包括应用技术的创新，任何一个企业单凭自身力量都无法完成。因此，发展重载铁路技术，必须坚持企业主导创新的思路，聚集和整合相关科研资源与力量，协同开展重大关键技术攻关。重载铁路技术创新的顺利实施需深度整合企业内部和外部资源，并以作为企业软技术的组织、制度等非技术因素的创新作为支撑保障。通过整合技术创新的技术、人才、资金和信息等要素，运用开放式和协同创新原理，既加强企业内部的科技管理部门人员编制及力量，又加强与高校、科研院所等合作单位的合作和战略联盟，构建网络型的技术创新组织架构，充分利用各方面的科研力量及资源，联合开发、引进转化和自主开发相结合，协同开展关键技术攻关，更好地聚集和整合有关科研力量，提升神华集团在重载铁路运输技术方面的地位和影响力，形成自己的核心技术。

参 考 文 献

[1] 安路生．中国铁路运输新实践［M］．北京：中国铁道出版社，2009.

[2] 白晓勇，郎茂祥．铁路货运量预测的改进 BP 神经网络方法［J］．交通运输系统工程与信息，2006，6(6)：1-3.

[3] 蔡宁，潘松挺．网络关系强度与企业技术创新模式的耦合性及其协同演化——以海正药业技术创新网络为例［J］．中国工业经济，2008，(4)：137-144.

[4] 陈傲．开放环境下中国大型客机研制的技术集成模型［J］．科研管理，2009，(S1)：29-34.

[5] 陈海平．鄂尔多斯市煤炭产运销现状及发展趋势预测［J］．科技交流，2008，(2)：30-34.

[6] 陈劲．开放式创新：机理与模式［M］．北京：科学出版社，2008.

[7] 陈劲．协同创新［M］．杭州：浙江大学出版社，2012.

[8] 陈晶莹．企业技术创新动力的研究综述［J］．现代管理科学，2010，(3)：85-86.

[9] 陈琦．企业集成创新的四维分析框架［J］．科技管理研究，2010，(16)：180-184.

[10] 陈清泉．创新与发展是中国的机遇［J］．中国科技奖励，2010，(5)：6-7.

[11] 陈秋英．国外企业开放式创新研究述评［J］．科技进步与对策，2009，(23)：196-200.

[12] 崔远淼．我国企业技术创新模式选择的现状、问题及对策［J］．科技进步与对策，2008，(8)：38-42.

[13] 崔总合，杨梅．企业技术创新能力评价指标体系构建研究［J］．科技进步与对策，2012，(7)：35-39.

[14] 蒂德，贝赞特．创新管理：技术革命、市场革命和组织革命的整合［M］．北京：中国人民大学出版社，2012.

[15] 丁娟．创新理论的发展演变［J］．现代经济探讨，2002，(6)：27-29.

[16] 董洁霜．港口集疏运系统优化模型［J］．上海理工大学学报，2007，29(5)：453-456.

[17] 杜伟．企业技术创新动力的基本构成分析及现实启示［J］．软科学，2005，(4)：77-79.

[18] 范振平，林柏梁，赵长江．大秦铁路煤炭运力规划分析［J］．综合运输，2006，(8)：146-147.

[19] 范振平，林柏梁．澳大利亚重载运输对我国铁路重载的借鉴［J］．物流技术，2006，25(9)：86-90.

[20] 冯芬玲，陈治亚．铁路重载运输集疏运一体化的协同学动因及实践［J］．铁道运输与经济，2010，32(8)：25-29.

[21] 冯芬玲，李夏苗，周艾飞．铁路重载运输组织的规模经济性分析模型［J］．技术经济，2009，28(9)：53.

[22] 冯芬玲．铁路重载运输发展动因及组织策略研究［M］．长沙：湖南人民出版社，2011.

[23] 冯宁．神华大物流市场竞争分析及营销策略研究［J］．神华科技，2010，(3)：5-9.

[24] Frank Richter. 美国铁路重载运输［J］．国外铁道车辆，2006，43(5)：1-3.

[25] 傅家骥．技术创新学［M］．北京：清华大学出版社，1998.
[26] 傅选义．铁路集疏运系统规划建设的实践与探索［J］．铁道运输与经济，2009，31(7)：1-5.
[27] 耿志修．大秦铁路重载运输技术［M］．北京：中国铁道出版社，2009.
[28] 龚敏卿，肖岳峰．开放式创新研究述评［J］．科技管理研究，2011，(8)：12-15.
[29] 顾大钊．创新型国家战略及神华面临的机遇与挑战［J］．中国煤炭，2009，(02)：21-24.
[30] 顾大钊．依靠科技进步加快神华经济发展方式转变［J］．神华科技．2010，(2)：3-7.
[31] 顾大钊．中央企业能够率先成为自主创新主体［J］．中国煤炭，2008，(11)：27-30.
[32] 哈肯(德)．郭治安，译．高等协同学［M］．北京：科学出版社，1989.
[33] 韩建成．大连港铁一体化集疏运体系研究［J］．中国铁路，2006，(5)：45-48.
[34] 何继善，王孟钧．哲学视野中的工程管理［J］．科技进步与对策，2008，(10)：1-3.
[35] 何卫平，刘雨龙．集成创新理论的研究现状评析［J］．改革与战略，2011，(3)：183-186.
[36] 贺贵才，于永达．知识产权保护与技术创新关系的理论分析［J］．科研管理，2011，32(11)：148-156.
[37] 侯文葳．大秦重载铁路修建及运营管理技术［J］．中国铁道科学，2001，(6)：136-137.
[38] 后锐，张毕西．企业开放式创新：概念、模型及其风险规避［J］．科技进步与对策，2006，(3)：140-142.
[39] 胡平波．网络组织合作创新中知识共享及协调机制［M］．北京：中国经济出版社，2009.
[40] 黄芳，陶杰．港口物流集疏运系统网络结构优化分析［J］．交通运输工程与信息学报，2007，5(2)：80-83.
[41] 蒋惠园，杨大鸣．货运量预测方法的比较［J］．运筹与管理，2002，11(3)：74-79.
[42] 李伯聪．工程创新：突破壁垒和躲避陷阱［M］．杭州：浙江大学出版社，2010.
[43] 李伯聪．关于工程和工程创新的几个理论问题［J］．北方论丛，2008，(2)：103-108.
[44] 李灿，辛玲．调查问卷的信度与效度的评价方法研究［J］．中国卫生统计，2008，25(5)：541-544.
[45] 李东旭，刘萍．黄骅港煤炭运输发展战略及对策分析［J］．时代经贸，2010，(3)：168.
[46] 李宏．国外重载铁路综述［J］．铁道工程学报，2000，68(4)：32-34.
[47] 李南．环渤海地区煤炭输出港之竞争与发展［J］．中国港口，2004，(5)：19-20.
[48] 李琪．企业技术创新能力评价指标体系及评价模型研究［J］．科学学与科学技术管理，2004，(8)：41-15.
[49] 李喜荣．我国铁路发展重载运输的历程及建议［J］．铁道运营技术，2011，(2)：46-48.
[50] 李晓建，尹成斐，唐永康．朔黄重载铁路建设与运营技术［J］．神华科技，2009，(1)：59-63.
[51] 李晓建．大秦铁路重载运输发展对朔黄铁路的启示［J］．神华科技，2009，(2)：53-56.
[52] 李长淮．疆煤外运内陆港建设方案研究［J］．中国铁路，2010，(3)：21-32.
[53] 梁成谷．我国铁路重载运输再创世界奇迹 大秦铁路年运量突破4亿吨［J］．铁道运输与经济，2011，(1)：14.
[54] 廖先玲，孟祥军，何静，等．技术创新绩效及创新模式的案例研究［J］．中国管理科学，2008，(S1)：665-669.
[55] 林向义，罗洪云，王艳秋，等．集成创新中的知识整合模式研究［J］．科学管理研究，2011，(3)：16-20.

[56] 林晓言，陈有孝．基于灰色一马尔可夫链改进方法的铁路货运量预测研究［J］．铁道学报，2005，27(3)：15-19.
[57] 凌文．神华基于资源整合的技术创新模式研究［J］．神华科技，2009，(2)：3-7.
[58] 刘朝杰．问卷的信度与效度评价［J］．中国慢性病预防与控制，1997，5(4)：174-177.
[59] 刘杰伦．对我国铁路重载运输发展的探讨［J］．铁道运输与经济，2006，(12)：23-25.
[60] 刘军．管理研究方法原理与应用［M］．北京：中国人民大学出版社，2008.
[61] 刘兰剑，司春林．创新网络 17 年研究文献述评［J］．研究与发展管理，2009，(4)：68-77.
[62] 刘文远，肖倩，陈红梅．港口煤炭物流集疏运网络优化模型［J］．水运管理，2009，31(10)：23-26.
[63] 刘晓军．基于开放创新理论的装备制造业国际化配套模式［J］．科学学研究，2009，(4)：604-609.
[64] 刘瑜．神朔和朔黄铁路扩能方案探讨［J］．铁道运输与经济，2008，(3)：20-22.
[65] 刘瑜．优化运输组织实现神华铁路重载运输［J］．中国铁路，2008，(7)：9-12.
[66] 陆佑楣，张志会．“原生态”概念批判与动态和谐的工程生态观的构建［J］．工程研究——跨学科视野中的工程，2009，1(4)：346-353.
[67] 罗金保．运用重载技术实现大秦铁路扩能目标［J］．中国铁路，2003(12)：26-28.
[68] 罗明．网络经济时代的技术创新体系建设［J］．科技管理研究，2009，29(8)：17-19.
[69] 罗仁坚．中国综合运输体系理论与实践［M］．北京：人民交通出版社，2009.
[70] 吕涛．煤炭供应链的系统结构与协调机制［J］．中国矿业大学学报(社会科学版)，2009，3(1)：74-79.
[71] 马晓珂，王慈光．三次指数平滑法在大秦铁路运量预测中的应用［J］．华东交通大学学报，2005，22(3)：8-11.
[72] 曼昆(美)．经济学原理(上)(第三版)［M］．北京：机械工业出版社，2005：57-63.
[73] 毛荐其，杨海山．技术创新进化过程与市场选择机制［J］．科研管理，2006，(3)：16-22.
[74] 梅亮，许庆瑞．创新网络研究述评［J］．科技管理研究，2011，(10)：18-25.
[75] 潘开灵，白烈湖．管理协同理论及其应用［M］．北京：经济管理出版社，2006.
[76] 彭正龙，蒋旭灿，王海花．开放式创新模式下组织间知识共享动力因素建模［J］．情报杂志，2011，(8)：163-168.
[77] 彭正银，韩炜，韩敬稳．基于任务复杂性的企业网络组织协同行为研究［M］．北京：经济科学出版社，2011.
[78] 钱立新．世界铁路重载运输最新进展［J］．铁道建筑，2007，(8)：46-48.
[79] 秦宝来．大秦重载铁路扩能总体设计中的关键技术问题［J］．铁道标准设计，2008，(8)：10-13.
[80] 全利平，蒋晓阳．协同创新网络组织实现创新协同的路径选择［J］．科技进步与对策，2011，(9)：15-19.
[81] 石良清，风翔鸣，张亚明．我国集装箱干线港集疏运系统分析［J］．集装箱化，2005，(4)：23-25.
[82] 侍霞．构建 P2P 技术创新应用模式研究［J］．情报杂志，2006，25(6)：27-29.
[83] 苏楠，吴贵生．领先用户主导创新：自主创新的一种新模式——以神华集团高端液压支架自主创新为例［J］．科学学研究，2011，(5)：771-776.

[84] 孙永福．努力开创合资铁路工作新局面 [J]．铁道工程学报，1999，(4)：1-8.
[85] 孙永福．对铁路投融资体制改革的思考 [J]．管理世界，2004，(11)：1-4.
[86] 孙永福，张国安，王孟钧．铁路工程项目技术创新动力机制研究 [J]．铁道学报，2012.(4)：76-81.
[87] 朔黄铁路编写领导小组．朔黄铁路 [M]．北京：中国铁道出版社，2008.
[88] 斯蒂芬·P·罗宾斯 [美]．管理学 [M]．北京：中国人民大学出版社，1997.
[89] 宋彩萍．加强我国铁路煤炭运输通道建设的思考 [J]．中国工程科学，2009，11(9)：78-80.
[90] 苏敬勤，王延章．合作技术创新理论及机制研究 [M]．大连：大连理工大学出版社，2002.
[91] 苏勇．探讨重载铁路的运输组织及线路加强模式 [J]．铁道工程学报，2006，(7)：21-23，67.
[92] 唐颖，谭世琴．港口集装箱集疏运系统现状与分析 [J]．物流工程与管理，2009，31(3)：34-35.
[93] 汪碧瀛，杜跃平．企业技术创新模式的路径选择与实证分析 [J]．科技进步与对策，2006，(9)：40-42.
[94] 汪秀婷，胡树华．面向自主发展的产业技术创新平台的构建 [J]．科学学与科学技术管理，2007，28(2)：103-106.
[95] 王大洲．企业创新网络的进化与治理：一个文献综述 [J]．科研管理，2001，(5)：96-103.
[96] 王红丽，彭正龙，谷峰，等．开放式创新模式下的知识治理绩效实证研究 [J]．科学学研究，2011，(6)：949-960.
[97] 王林．基于 SWOT 定量分析的神华集团物流发展战略 [J]．辽宁工程技术大学学报(自然科学版)，2011，(5)：797-800.
[98] 王孟钧，刘慧，张镇森，陆洋．重大建设工程技术创新网络协同要素与协同机制分析 [J]．中国工程科学，2012，(12)：106-112.
[99] 王明明，徐磊，贺雅丽．科技项目第三方评估咨询管理模式研究 [J]．中国科技论坛，2009(6)：11-14.
[100] 王舒宁．行业领先企业技术创新模式分析——以宝洁公司 360 度·联系与发展型创新模式为例 [J]．China's Foreign trade，2011，(10)：192-193.
[101] 王晓东．高新技术的综合评估 [J]．科学学研究，1998，16(1)：75-79.
[102] 王晓松，卢宏伟．神华集团物流 SWOT 分析及其策略研究 [J]．山东工商学院学报，2008，(1)：42-45.
[103] 王圆圆，周明．企业开放式创新中的利益相关者管理 [J]．市场研究，2008，(4)：49-52.
[104] 韦铁，鲁若愚．多主体参与的开放式创新模式研究 [J]．管理工程学报，2011，(3)：133-138.
[105] 魏国江，李霞．分工创新——放大技术创新效应的必然选择 [J]．科技与经济，2007，20(3)：23-26.
[106] 吴殿祥．大秦铁路建设与社会经济效益 [J]．经营与管理，1997，(6)：43.
[107] 吴贵生．技术创新管理：中国企业自主创新之路 [M]．北京：机械工业出版社，2011.
[108] 吴明隆．问卷统计分析事物——SPSS 操作与应用 [M]．重庆：重庆大学出版社，2010.
[109] 吴强．开放式创新理论研究综述 [J]．商业时代，2010，(6)：70-72.
[110] 武汛．大胆创新 勇于实践 打造世界一流的大秦铁路重载煤运通道 [J]．中国铁路，2007，

(3)：5-8.
[111] 武汛．坚持系统集成与自主创新相结合全面提高大秦铁路重载运输能力［J］．铁道运输与经济，2007，(10)：50-52.
[112] 夏胜利，杨浩，张进川，等．我国重载铁路发展模式研究［J］．铁道运输与经济，2011，(9)：9-13.
[113] 谢洪涛，王孟钧．重大工程项目技术创新组织障碍生成机理研究［J］．中国科技论坛，2010，(6)：25-30.
[114] 谢洪涛，陈帆．基于 CoPS 理论的 TBM 技术创新组织模式研究［J］．科技进步与对策，2012，(08)：9-12.
[115] 熊彼特．经济发展理论［M］．北京：商务印书馆，1990.
[116] 许庆瑞．全面创新管理：理论与实践［M］．北京：科学出版社，2007.
[117] 薛继连，白东升，史立新．朔黄模式：合资铁路制度创新及效应［M］．北京：中国经济出版社，2006.
[118] 薛继连，曹彦平，陈伟．朔黄铁路重载信息技术［M］．北京：中国铁道出版社，2014.
[119] 薛继连．从朔黄模式看我国合资铁路制度创新［J］．综合运输，2007，(9)：9-11.
[120] 薛继连．发展重载铁路 构建西煤东运通道［J］．求是，2011，(21)：53-54.
[121] 薛继连．国有铁路的振兴之路——朔黄铁路公司发展历程的回顾与思考［J］．求是，2005，(22)：41-43.
[122] 薛继连．精心打造资源节约型和环境友好型铁路公司［J］．求是，2007，(2)：40-42.
[123] 薛继连．神华重载铁路技术创新与实践［J］．中国工程科学，2011，(8)：43-49.
[124] 颜红．铁路第三方物流企业市场需求分析［J］．综合运输，2010，(02)：45-48.
[125] 杨丹珩，陈建国，彭栋宇．建筑业创新引擎——业主驱动创新研究［J］．建筑经济．2010，(9)：113-116.
[126] 杨浩，魏玉光．铁路重载运输［M］．北京：北京交通大学出版社，2010.
[127] 杨婧，陈英武，沈永平．基于相互作用网络的大型工程项目组织结构风险分析［J］．系统工程理论与实践，2011，(10).
[128] 杨艳萍，孙华．基于超循环理论的企业创新网络形成与演化机理研究［J］．技术经济与管理研究，2008，(2)：24-26.
[129] 杨元明．既有铁路扩能改造若干问题探讨［J］．铁道工程学报，2010，12(147)：2-4.
[130] 叶剑，宋向群，郭子坚．港口吞吐量预测的 Verhulst 模型［J］．水运工程，2004，(12)：18-22.
[131] 易恺．技术创新对我国铁路运输企业运营管理的影响与对策研究［D］．贵阳：贵州大学，2006.
[132] 伊志宏，宋华，于亢亢．基于资源整合的技术创新模式——神华集团的案例研究［J］．管理案例研究与评论，2008.(1).1-13.
[133] 殷瑞钰．工程创新是技术进步的主战场［N］．学习时报，2005-11-7.
[134] 殷斯霞，肖伟，赖明勇．知识产权保护与技术创新关系研究——中国汽车产业的实证检验［J］．兰州学刊，2010，(12)：64-68.
[135] 尹传忠，李秀泉，卜雷，程学庆．港口铁路集疏运系统规划研究［J］．2010，(2)：67-69.
[136] 游达明，熊哲．集成创新网络成员利益分配模式研究［J］．文史博览(理论)，2009，(9)：57-58.

[137] 于军．大秦铁路战略地位分析［J］．铁道经济研究，2006，(5)：25-27.
[138] 俞卫斌．不确定性和网络组织研究［M］．北京：中国社会科学出版社，2007.
[139] 宇传华．SPSS 与统计分析［M］．北京：电子工业出版社，2007：615-626.
[140] 袁乐平，赵为上．株冶集团技术创新模式研究［J］．企业家天地，2011，(11)：26.
[141] 云天宝，宋琳，徐会军．神华集团多元化发展模式研究［J］．中国煤炭，2011，(6)：24-26.
[142] 曾娟，万君康．企业技术创新模式影响因素分析论证［J］．科技进步与对策，2000，(4)：3-4.
[143] 曾伟．我国高速铁路集成创新对行业技术进步的作用研究［J］．科技进步与对策，2009，26(2)：52-54.
[144] 张殿卿，张熙．实现大秦重载铁路跨越式发展目标的几点对策［J］．中国铁路，2004，(4)：31-33.
[145] 张进川，杨浩，刘博，等．重载列车组合站通过能力计算方法研究［J］．铁道运输与经济，2010，33(2)：6-9.
[146] 张凌．企业技术创新项目评价与决策体系［M］．北京：人民出版社，2006.
[147] 张戎，黄科．集装箱港口集疏运体系影响因素通径分析［J］．同济大学学报(自然科学版)，2009，37(1)：57-62.
[148] 张伟峰．企业创新网络：一种新型的技术创新模式［J］．生产力研究，2009，(23)：18-20.
[149] 张镇森，王孟钧，陆洋．面向铁路工程项目的技术创新模式与运行管理机制研究［J］．管理现代化，2013，(2)：.28-30.
[150] 赵继阳，熊天．用改进的前向神经网络预测铁路货运量［J］．西南交通大学学报，1998，33(3)：252-256.
[151] 赵平平．从神华大准铁路运载现状谈煤炭重载运输［J］．内蒙古科技与经济，2008，(24)：19-20.
[152] 郑小平，刘立京，蒋美英．企业开放式创新理论的研究述评［J］．中国科技论坛，2007，(6)：40-44.
[153] 郑兴祥，孙国梁，罗彦平．苹果公司集成创新对我国国防科技工业的借鉴意义［J］．国防科技工业，2011，(9)：30-32.
[154] 中国铁道学会重载委员会．重载铁路建设运营及安全养护研讨会论文集［C］．北京，2014.
[155] 仲伟俊，梅姝娥．企业技术创新管理理论与方法［M］．北京：科学出版社，2009.
[156] 周怀峰．国内市场需求对技术创新的影响［J］．自然辩证法研究，2008，(8)：42-46.
[157] 周伟坤，周梅华，孟剑，蔡翔．基于均衡供给的煤炭供应链特征研究［J］．中国矿业大学学报(社会科学版)，2007，9(3)：41-45.
[158] 周晓宏．技术集成概念、过程与实现形式［J］．科研管理，2006，(06)：118-124.
[159] 周孝文．大秦铁路集疏运通道能力分析与对策［J］．铁道经济研究，2005，(1)：35-37.
[160] Freeman C. Newworks of Innovators：A Synthesis of Research Issue［J］．Research Policy，1991，20：236-243.